2018年度天津市金融学会重点研究项目
"京津冀绿色金融与能源产业精确对接机理分析及协作机制研究"
（项目编号：TJX201807）

高晓燕 著

# 构建中国绿色金融体系 —— 发展与实务

Constructing Green Financial System in China:
Development and Practice

中国财经出版传媒集团
经济科学出版社
Economic Science Press

**图书在版编目（CIP）数据**

构建中国绿色金融体系：发展与实务/
高晓燕著. —北京：经济科学出版社，2020.7
ISBN 978 - 7 - 5218 - 1665 - 5

Ⅰ.①构… Ⅱ.①高… Ⅲ.①金融体系 - 研究 - 中国
Ⅳ.①F832.1

中国版本图书馆 CIP 数据核字（2020）第 112289 号

责任编辑：杜　鹏　常家凤
责任校对：杨　海
责任印制：邱　天

**构建中国绿色金融体系：发展与实务**
高晓燕　著
经济科学出版社出版、发行　新华书店经销
社址：北京市海淀区阜成路甲 28 号　邮编：100142
编辑部电话：010 - 88191441　发行部电话：010 - 88191522
网址：www. esp. com. cn
电子邮箱：esp_bj@ 163. com
天猫网店：经济科学出版社旗舰店
网址：http：//jjkxcbs. tmall. com
固安华明印业有限公司印装
710×1000　16 开　15.75 印张　290000 字
2020 年 9 月第 1 版　2020 年 9 月第 1 次印刷
ISBN 978 - 7 - 5218 - 1665 - 5　定价：88.00 元
（图书出现印装问题，本社负责调换. 电话：010 - 88191510）
（版权所有　侵权必究　打击盗版　举报热线：010 - 88191661
QQ：2242791300　营销中心电话：010 - 88191537
电子邮箱：dbts@ esp. com. cn）

# 前　　言

　　本书是天津财经大学金融学院高晓燕教授，在其承担的 2018 年度天津市金融学会重点研究项目《京津冀绿色金融与能源产业精确对接机理分析及协作机制研究》（项目编号：TJX201807）基础上完成的。本书得到中华环保联合会绿色金融专业委员会指导支持。

　　2012 年 2 月，中国银监会发布了推动商业银行发展绿色信贷的一个纲领性文件——《绿色信贷指引》，表明绿色信贷被提到了战略发展的高度，成为发展绿色金融、低碳经济、循环经济，促进发展方式转变的重要依托；2013年，中国银监会发布了《绿色信贷统计制度》，针对银行信贷投放制定了多项指标，以界定其是否属于绿色信贷；2015 年 1 月，中国银监会、国家发改委发布《能效信贷指引》，鼓励和指导银行业金融机构积极开展能效信贷业务，有效防范能效信贷业务风险，支持产业结构调整和企业技术改造升级，促进节能减排，推动绿色发展等；2016 年，财政部、国家发展改革委等七部委联合发布了《构建绿色金融体系指导意见》，绿色信贷是其中的重要组成部分。对我国绿色金融发展史进行梳理可以发现，我国对绿色金融的发展一直十分重视，这些政策的出台在引导我国银行业发展绿色金融方面起到了积极作用。

　　绿色金融与传统金融的本质区别就在于，绿色金融将生态观念引入金融内部，使得生态观念成为金融经营活动的核心理念。传统金融与生态经济是脱钩的，生态环境资源属于公共物品，产权不明晰或具有多重性，市场机制在这一领域无能为力，导致传统金融并没有和生态观念结合起来；而绿色金融是通过金融部门自身的运作来支持环保，维护生态环境平衡，它强调金融业在投融资活动中自始至终必须体现"绿色"，无论是面向企业、团体的借贷行为，还是面向个人的零售业务，都要注重对环境的保护、治理和对资源的节约使用。

　　近年来，在各种政策的大力支持下，绿色金融已经取得了长足的发展，尤其是绿色信贷和绿色债券的发展处在世界前列。就绿色信贷而言，其规模在稳步增长，国内 21 家主要银行绿色信贷规模从 2013 年末的 5.2 万亿元增长至2018 年末的 8 万多亿元，同比 2017 年增长了 16%。就绿色债券而言，我国绿色债券的发行规模一直在上升，2018 年，我国共发行绿色债券（含资产证券化）超过 2 800 亿元，存量接近 6 000 亿元，位居世界前列。其中，兴业银行利用集团多牌照的优势，在信贷、信托、租赁、基金、证券等方面发展完全覆盖绿色金融的产品。兴业银行已经为 17 000 多个绿色企业提供 18 000 亿元的绿色融资。虽然绿色金融获得了较好的发展，但目前还缺乏系统的理论探索，学术界关于绿色金融支持的理论研究正在逐步完善。

面向未来，围绕推动绿色金融高质量发展这一目标，需要着力做好四方面工作：第一，加强对绿色金融理论研究，为绿色金融发展奠定坚实的理论基础；第二，着力构建标准体系，保障绿色金融规范健康发展；第三，深化绿色金融产品和服务创新，推动绿色金融可持续发展；第四，强化绿色金融国际合作，不断提升中国在绿色金融领域的引领作用。

本书论述了中国绿色金融的发展背景与政策发展历程，绿色金融的作用机理，绿色金融与传统金融的关系；国外商业银行绿色金融发展概况；绿色信贷、绿色证券、绿色保险和碳金融发展现状，以及现阶段绿色金融发展存在的主要问题。目前，绿色金融发展存在的问题主要是：绿色金融总体体量较小，实施力度较弱；绿色金融产品创新匮乏，市场尚不完善；绿色金融盈利能力不足，盈利模式单一；绿色金融制度设计欠缺，政策法规不全等。本书对中国绿色金融体系顶层设计及创新发展，绿色金融政策体系的总体框架进行了探讨；分析了健全绿色金融制度，发展绿色金融市场，创新绿色金融工具，培育绿色金融机构，完善绿色金融监管等方面的理论和实践；对中国绿色金融体系建设及前景进行了展望。

天津财经大学金融学院高晓燕教授对本书进行了策划和写作提纲的撰写，以及终稿的编纂。由金融专硕 1608 班叶晓琳、鄢园等同学参与了初稿写作，是天津财经大学金融学院的教师和研究生们一起完成的。本书执笔写作的具体分工是：第 1 章由天津财经大学金融学院高晓燕、刘畅撰写，第 2 章由天津财经大学金融学院李和润、刘畅撰写，第 3 章由李可新、弓雯瑞撰写，第 4 章由天津银保监局降卫东、李可新撰写，第 5 章由天津银保监局许可、赵宏倩撰写，第 6 章由天津财经大学金融学院教师王旭丹、赵宏倩撰写，第 7 章由生态环境部办公厅任子平、祝凯月撰写，第 8 章由中华环保联合会绿色金融专业委员会秘书长王远与祝凯月、纪文鹏撰写，第 9 章由秦皇岛市金融创新发展研究中心张婧婷、刘亚楠撰写，第 10 章由高晓燕、刘亚楠、卢悦撰写，第 11 章由高晓燕、郑小慧撰写，第 12 章由天津电子信息职业技术学院经济管理系俞伯阳、张世杰撰写，第 13 章由天津财大学经金融学院教师王旭丹、陈曼撰写，第 14 章由王旭丹、邓朝雅撰写，第 15 章由张帆、焦云撰写，第 16 章由天津财经大学金融学院教师卢紫珺、张帆撰写，第 17 章由天津财经大学金融学院教师卢紫珺、焦云撰写。

我们希望通过本书的出版，对于完善中国绿色金融发展理论，推进中国绿色金融实践，构建中国绿色金融体系，进行抛砖引玉，以求引起讨论和共鸣。

**课题组**
2020 年 6 月

# 目　　录

# 第1章

# 中国绿色金融发展背景与政策发展历程

## 1.1 研究背景与意义

### 1.1.1 研究背景

当前，我国经济环境形势日益严峻，资源浪费、环境污染、生态恶化成为经济发展的短板，经济发展与自然环境恶化之间的矛盾日益突显，威胁着中国的可持续发展。在此背景下，以习近平总书记为核心的党中央把生态文明建设和环境治理摆上了更加重要的战略位置，提出绿色发展理念引领中国发展。党中央、国务院明确提出转变经济发展方式、实现产业结构优化升级，既要金山银山，也要绿水青山。

在这种情况下，顺应而生的绿色金融对环境保护和资源配置起到了积极的导向作用。绿色金融用以支持环境改善、应对气候变化、资源节约以及高效利用，并且对环保、节能、清洁能源、绿色建筑等领域的项目融资、项目运营、风险管理等提供金融服务。近年来，在各种政策的大力支持下，绿色金融已经取得了长足的发展，尤其是绿色信贷和绿色债券的发展处在世界前列。就绿色信贷而言，其规模在稳步增长，国内21家主要银行绿色信贷规模从2013年末的5.2万亿元增长至2019年6月末的10.6万亿元，占21家银行各项贷款比重的9.6%，且信贷质量优良。就绿色债券而言，我国绿色债券的发行规模持续上升。2019年上半年，我国绿色债券市场共发行绿色债券84期，发行规模1 316亿元，较2018年同期水平呈现大幅度增长，且品种更加多元化。虽然绿色金融发展取得了较好的成绩，但目前还缺乏一定的理论系统性，学术界关于绿色金融支持的理论研究正在逐步完善，绿色金融支持这条思路逐渐明朗起来，用其支持循环经济的发展已是大势所趋。

### 1.1.2　研究意义

金融是国民经济的核心和社会的资金枢纽，而金融机构在金融体系中占有重要席位，因而在保护环境、节约能源方面必然要扮演重要角色。金融机构进一步加强社会责任意识，制定社会责任发展战略目标，使融资活动符合现阶段节约能源和保护环境的要求，也是我国金融可持续发展的内在要求。为此，社会主义经济要向可持续的目标发展，其中以可持续发展为目的的绿色金融必将成为经济发展的产物。

中国的绿色金融提出较晚，而其他很多国家早在 20 世纪就提出了这个概念及相关理论。因此，研究其他国家绿色金融的发展历程及经验，可以窥见整个绿色金融体系的构建过程，以从中吸取经验及认识不足并进行改进。同时，要结合我国具体国情，构建符合中国可持续发展的绿色金融体系。在当前环境保护已经成为全球普遍关注的热点问题背景下，中国的绿色金融业务有很大的发展空间，因此，研究中国绿色金融体系的发展及其相关理论具有十分重要的现实意义。

## 1.2　绿色金融概述

### 1.2.1　绿色金融的概念

绿色金融是一个新兴概念，又称环境金融或可持续性融资，最早约出现于1997 年。关于绿色金融的概念有四种比较有代表性的观点。一是《美国传统词典》（第四版，2000 年）提供的定义：环境金融（绿色金融）是环境经济的一部分，研究的是怎样使用多种金融工具来保护生态环境及生物多样性。二是指金融业在贷款方面，如贷款政策、贷款对象、贷款条件、贷款种类和方式，将绿色产业作为重点扶持项目，从信贷的投放量、期限及利率等方面给予倾斜和优惠的政策。三是指金融相关部门把环境保护作为基本国策，通过金融业务的运作来体现可持续发展战略，从而达到促进环境资源保护和经济协调发展的目的，并以此来实现金融领域的可持续发展。四是将绿色金融作为金融和资本的手段来支持环境经济政策。

从我国绿色金融的发展实践看，绿色金融是指在开展金融业务时，将环境、生态指标纳入金融可持续发展体系，将环境保护作为指导金融业行动的原则，在金融业经营活动中体现"绿色"；通过最优金融工具和金融产品组合的方式解决全球环境污染和气候变迁问题，实现经济、社会、环境的可持续发展。

### 1.2.2　绿色金融的内涵

大部分学者都认为，绿色金融是指金融部门把环境保护作为一项基本政策，在投融资的决策过程中要把与环境条件相关的潜在回报、风险和成本都融合到金融业务中。在金融经营活动中注重对生态环境的保护及环境污染的治理，通过对社会经济资源的引导，促进社会的可持续发展。

总的来看，绿色金融有两层内涵：一是金融业促进环保和协调经济社会的可持续发展，二是金融业自身的可持续发展。从绿色金融的第一层内涵来看，在绿色信贷方面，是指在贷款时考虑环保因素，把绿色环保产业作为重点扶持产业，优先支持该类产业的发展。在保险方面，是指当高危企业发生环境污染事故后，通过绿色保险这一工具保护受害人的权益，用以规避环境风险。在资本市场方面，是指优先满足环保型企业或资源再生类企业的融资需求，支持发展循环经济的企业；通过发行绿色债券进行融资，引导社会资金流向绿色环保产业。从绿色金融的第二层内涵来看，金融业要保持可持续发展，就要避免只看重短期利益的投机行为，要承担相应的社会责任，支持社会整体可持续发展，否则会降低其资金使用效率。总之，绿色金融的突出特点就是将生态因素纳入金融业务的核算和决策体系中，重点关注绿色环保产业，以未来良好的生态效益和环境效益支持金融的长远发展，进而实现我国产业结构调整和经济发展模式的转型升级。

### 1.2.3　绿色金融的作用机理

改革开放以来，我国经济发展突飞猛进，然而当人们在享受着经济发展带来的好处时却以牺牲生态环境为代价。这是由于生态环境资源属于公共资源，企业和金融机构作为理性经济人，企业不会考虑环境污染带来的负外部性，金融机构也不会主动考虑贷款方的生产及其相关活动是否带来环境风险，由此引发企业在生产过程中造成环境污染治理的市场失灵。为了矫正市场失灵，就需要政府的干预；而政府的措施事前监督收效不大，而事后惩罚已无法避免环境污染及破坏的发生。市场和政府的"双失灵"导致政府和金融机构无法通过传统的金融手段、金融政策影响资源配置，进一步影响环境与经济的可持续发展。

因此，需要有更好的金融模式来取代传统模式，在此背景下，催生了绿色金融发展模式。绿色金融发展模式将环境风险纳入金融风险中进行管理，将外部性的环境污染内在化和显性化，借助完善的金融风险管理技术来管理包含环境风险在内的金融风险。在企业融资前就需要分析、评估融资项目的环境风险，进而决定是否提供融资及其他金融服务，并将事后处罚变为事前预防和事中监督。一方面，加强对节能环保型企业的融资支持；另一方面，对不符合产业政策的企业进行资金控制，从而制约高能耗、高污染企业的盲目扩张，倒逼其在防污治污上由被动变为主动。由此，提高企业环保意识，减少环境风险，从而解决市场和政府的"双失灵"，实现经济和环境的可持续发展。

## 1.2.4　绿色金融与传统金融的关系

（1）从理念的本质看，绿色金融与传统金融的本质区别就在于绿色金融将生态观念引入金融内部，使得生态观念成为金融经营活动的核心理念。传统金融与生态经济是脱钩的，生态环境资源属于公共物品，产权不明晰或具有多重性，市场机制在这一领域无能为力。而绿色金融是通过金融部门自身的运作来支持环保，维护生态环境平衡，它强调金融业在投融资活动中要始终体现"绿色"，无论是面向企业、团体的借贷行为，还是面向个人的零售业务，都要注重对环境的保护、治理和对资源的节约使用。

（2）从经营的导向看，和绿色金融相比，传统金融业考虑的因素要单一得多。以银行业为例，传统的商业性金融往往以"盈利性、安全性、流动性"为经营目标，最终的落脚点则是项目的盈利状况，经济利益压倒一切；而传统的政策性金融往往以执行国家的特定政策为己任，例如农业发展银行，其业务范围是办理农副产品的国家专项储备贷款以及粮、棉、油收购和调销贷款等。总之，传统金融业在对资金的配置方面不是以经济效益为导向，就是以执行国家下达的政策性任务为己任，对于资源短缺、生态平衡、环境污染等问题一般不列入决策变量，而绿色金融弥补了传统金融在该方面的空白：第一，绿色金融的经营理念不是以眼前的利润为最终归宿，而是始终把"绿色利润"作为自己的目标区，注重人类社会生存环境的利益，最终促成经济效益与社会效益的双赢；第二，绿色金融以保护环境、节约资源为己任，将资金输送到与人类健康密切相关的环保产业，以实现经济社会的可持续发展。

## 1.3　国外商业银行绿色金融发展概况

### 1.3.1　绿色金融的行动准则——赤道原则

#### 1.3.1.1　赤道原则内涵

赤道原则是一套基于国际金融公司的可持续发展政策与指南的金融行业基准，由金融机构自愿参加，目的在于判断、评估和管理项目融资中的环境与社会风险。赤道原则倡导金融机构对项目融资中的环境社会问题有进行审慎性审查的义务，只有在融资方能够证明该项目不会对社会和环境造成污染和破坏的前提下，金融机构才会向融资方融资。

正在施行的最新版赤道原则文件主要包括四个部分：序言、范围、原则声明和免责声明。其中，序言部分对赤道原则出台的动因、目的和采用赤道原则的意义作了简要说明；适用范围部分规定赤道原则适用于全球各行业项目资金总成本超过 1 000 万美元的所有新项目融资，以及因扩充、改建对环境或社会造成重大影响的原有项目；原则声明是赤道原则的核心部分，列举了采用赤道原则的金融机构（EPFIs，即赤道银行）作出投资决策时需依据的 10 条特别条款和原则。原则声明具体包括：审查和分类、社会和环境评估、适用的环境和社会标准、行动计划和管理系统、磋商和披露、投诉机制、独立审查、承诺性条款、独立检测和报告、EPFI 报告。

赤道原则对于银行业来说是一个里程碑式的文件，它第一次将环境与金融紧密地结合在一起，通过项目融资的方式向商业银行及生产企业施加影响，将生产活动对社会及环境的影响降到最低的限度；同时，赤道原则也为商业银行提供了一个可供参考的共同的信贷指南，为生产活动对环境及社会的影响提供了一个分级的标准，使得商业银行实施绿色信贷的活动更加具有可操作性。赤道原则的实施，在一定程度上减少了投资项目可能对环境和社会产生的不利影响，降低了投资成本，提高了投资效益。总的说来，赤道原则已成为国际金融的发展趋势，一些银行已承诺采用比赤道原则更加严格的环境政策。截至 2019 年 6 月底，共有分属 37 个国家的 96 家金融机构宣布采用赤道原则，约占新兴市场 70% 以上的项目融资份额，包括国际性领先银行：花旗银行、巴克莱银行、荷兰银行、汇丰银行等，以及两家国内商业银行：兴业银行（2008 年加入）、江苏银行（2017 年加入）。目前，赤道原则正处在第四版的更新过程中。2019 年 6 月发布的第四版草稿与正在施行的赤道原则第三版相比较，更新内容主要聚焦以下五个方面：赤道原则的适用范围、赤道原则指定国家和应用标准、社会与人权、气候变化以及生物多样性保护。

### 1.3.1.2　赤道原则的特点

首先，赤道原则是一项自愿参加的环保准则，它并不具有法律效力，也不要求遵守赤道原则的商业银行必须按照赤道原则的条款执行，但是商业银行出于企业社会责任及自身声誉的考虑，会自觉的按照赤道原则的要求来进行融资。在这个过程中，既能促使商业银行自觉地去维护社会和环境和谐，又能提高全社会的环保意识。

其次，赤道原则对项目潜在影响和风险程度分类，以及适用的社会和环境标准的划分比较详细，对项目融资实施流程的定义也比较清楚，因此，赤道银行可以很容易将赤道原则加以修改，形成自己的绿色信贷操作手册。

最后，赤道原则对发达国家和发展中国家是区别对待的，对在发展中国家进行的项目要求更为严格，各类评估报告要求内容更细、操作流程更加烦琐，而项目资金要求却相同。这种不同的待遇可能会对发展中国家的经济发展造成一定影响，同时也极大限制了发展中国家商业银行加入赤道原则的意愿。

## 1.3.2　主要发达国家代表性银行绿色金融发展现状

### 1.3.2.1　美国花旗银行

作为最早签署联合国环境声明的金融机构和赤道原则发起机构之一，美国花旗银行十分注重绿色金融投融资业务，制订了千亿计划，并开展绿色金融产品创新，建立了环境与社会风险管理体系，持续关注银行自身的绿色运营。2003 年，花旗银行制定自己特有的环境及风险管理政策——ERSM 管理系统，扩宽其产品和服务范围。同时，花旗银行另类投资部门不断创新绿色金融业务，例如环保抵押贷款，银行卡以及商业融资。其在 2010 年制定了一个 10 年致力于减少温室气体排放的长远规划，2015 年制定了一个 3 年贷款 240 亿美元给小微企业的长远规划和一个 10 年投资 500 亿美元用于改善气候的长远规划，还制定了为期 5 年的《可持续发展战略（2015～2020）》。这个可持续发展战略主要定位于三大支柱：环境金融融资、环境与社会风险管理体系、绿色运营和绿色供应链。该银行致力于通过商业活动应对气候变化，并承诺到 2020 年，将 100% 的可再生能源用于为花旗银行的全球设施供电，覆盖近 100 个国家超过 5 500 万平方英尺的房地产①。

此外，花旗银行每年的社会责任报告都会详细披露相关长远规划的具体完成进度，通过多种途径来实现这一目标，例如，在内部运营中，购买绿色能源设施，实行绿色办公；在策略方面，投资替代能源、清洁能源技术和研发碳减排；与此同时，花旗银行还积极参与清洁发展机制下的碳交易以及欧盟排放交易计划，帮助客户购买和交易碳金融产品，并在监管市场上提供优化投资策略等服务。

### 1.3.2.2  德国复兴信贷银行

德国复兴信贷银行（KFW，Bankengruppe）是德国的一家政策性银行，也是较早加入赤道原则的银行，其将实现德国联邦政府的可持续发展目标为己任。1995 年，KFW 签署了联合国环境规划署 UNEP 声明，KFW 认为发展可持续金融不仅是贷款业务的核心、也是金融投资的核心，应把环境、社会和治理等问题融入投资策略和分析决策的过程中。

自 20 世纪 70 年代以来，KFW 一直是德国绿色资金的主要提供者，早在 2003 年就参与了碳排放交易。2012 年实施的"KFW 能源转型行动计划"，直接支持了德国的能源转型。据统计，在 2012 ~ 2016 年间，KFW 支持能源转型行动计划的资金规模高达 1 030 亿欧元；2017 年，KFW 提供了总计 76.5 亿欧元的资金，其中 43% 用于旨在保护气候和环境的措施。此外，该行尤为重视支持中小型绿色项目，在 KFW 中小企业银行下专门设有"能效贷款项目"，主要为供热、能效建筑和可再生能源领域的中小企业提供低息贷款。与此同时，该行还为一些绿色项目提供担保，有助于项目以较低利率获得商业贷款，进而提高收益率。总体而言，上述投资方式有助于将绿色项目的正外部性适度内部化，从而吸引私人投资者参与。随着德国海上风电产业的日渐成熟，市场化融资规模日益扩大，德国复兴信贷银行已基本完成了绿色金融的引领工作。

### 1.3.2.3  英国巴克莱银行

英国巴克莱银行作为老牌赤道银行，一直严格恪守"赤道原则"，并为此制定了集社会和环境于一体的信贷指引，该指引涵盖了所有的融资条款和 50 多个行业，为银行评估和审核贷款提供了支持。2007 年，巴克莱银行推出绿色信用卡服务，并承诺将所获利润的 50% 用于支持改变气候变化，提供优惠利率以刺激绿色消费，例如：乘坐火车、大巴，购买绿色能源产品、住宅隔热

---

① 资料来源：2017 年《Citi global citizenship report》。

设备等都能获得一定的折扣。2008 年，巴克莱银行对中小型企业推出了 500 万英镑的绿色信贷实施计划，企业申请贷款去支持低碳项目就可获得一定的现金返还，最高可达到 51 000 英镑。面对绿色债券市场的新兴及迅速发展，在 2014 年，巴克莱银行联合摩根士丹利资本国际（MSCI）联合推出绿色债券指数，反映固定收益市场，并且为投资者提供指数投资产品，丰富投资产品，优化产品结构。截至 2016 年底，该银行依据"赤道原则"对贷款项目进行环境评级，其中环境优先级、正常级、警示级三类贷款投放余额分别为 11.762 亿、3.083 亿、0.277 亿英镑①。目前，中英双方还将致力于合作共同推动绿色金融在"一带一路"建设中的应用。

### 1.3.2.4　日本国际协力银行与政策投资银行

2006 年，日本国际协力银行（JBIC）建立金融环境工程系以加强支持环境保护的项目。该部门与贷款部门合作利用金融创新，在京都机制的环境下，对日本企业提供专业的服务，增加项目的盈利能力、降低融资成本以及改善投资环境。JBIC 还运用日本公司所拥有的环保技术和经验，借助日本温室气体减排基金和碳融资积极参加世界合作，帮助其他国家开展环保项目，例如，2012 年与巴西合作开展了温室气体通过天然气燃烧减排项目，与哥伦比亚合作开展了支持可再生能源项目。

日本政策投资银行是注册资本超过 100 亿美元的日本大型国有银行，于 2004 年 4 月开始实施促进环境友好经营融资业务。通过该银行自行开发的环境经营评价系统，对申请环保贷款企业的环境绩效予以评分，根据评价结果，向环保方面表现优异的企业提供环保专项低息贷款，支持企业增加环保投入。日本政策投资银行肩负着推进日本社会可持续发展的使命。该银行在过去的 40 年间，累计投入环境治理的投融资额超过 4 万亿日元（包括其前身"日本开发银行"的投资额），过去其投资方向基本集中于以环境治理为目的的硬件设施的固定资产投资，然而随着日本各企业末端治理投资高峰期的结束，企业的环保措施已由过去单纯的环保设备购入迈向包括环境管理、全球温室效应防治等更广阔领域的积极消减环境负荷这一新阶段。

### 1.3.3　国外商业银行发展绿色金融的经验

相对于我国，国外商业银行绿色金融业务的开展较为成熟。发达国家通过

---

① 资料来源：《Barclay Holdings plc Sustainability Report 2016》、巴克莱银行网站 http://www.barclays.co.uk/.

在商业银行中的实践，充分意识到并高度重视发展绿色金融所带来的商业机会和价值，优先抓住绿色金融这一发展机会，使其成为商业银行寻求突破、实现可持续发展的重要途径。对发达国家商业银行在发展过程中的实践进行研究，能够对我国绿色金融的发展提供大量宝贵经验。

（1）加强国际间多方协调合作。国际银行业绿色金融政策中，通过世界范围内的相互合作与沟通协调，充分利用国际组织各方面的力量，制定了环境信贷和道德投资、环境和社会风险管理机制、核心业务环保激励机制、新的环境社会指导原则等一系列制度。例如，签署"赤道原则"的私营金融机构、多边发展银行、出口信贷机构、政府和非政府组织等机构为实现多方协调合作，现已广泛使用世界银行不断完善的《污染预防与削减手册》。而 IMF 为实现更好的国际合作，它会向成员国提供相关咨询建议，甚至是财政支持。

（2）提高环境保护意识，加强绿色金融专业知识人才储备建设。金融业务与环境保护相结合是经济发展不可避免的趋势。提高客户与公众的环保意识，是开展绿色金融业务的基础。发达国家商业银行在环境保护知识宣传方面做了大量工作，积极培育、引导客户和公众的环境保护意识。此时，绿色金融的专业人才显得尤为重要，国际银行业制定了一系列措施来培养、打造专业人才。例如，与教育机构进行专业交流，注重引进和保留高素质、高技术的员工等。

（3）完善服务，不断创新绿色金融工具。随着全新领域的拓展，发达国家商业银行绿色金融的服务和产品不断完善。绿色金融的产品已经涉及能效融资、可再生能源、清洁技术、减少碳排放量、处理与治理污水等各个领域。在服务对象的选择上扩展到小微企业、家庭和个人，不再局限于大型企业、大型项目。例如，荷兰国际集团向经荷兰政府认定的环境友好项目提供贷款，并且通过向各类基金和私人银行客户提供有助于筛选、监测投资对象的方案——可持续投资组合管理方案，以达到降低风险的目的。

（4）建立有效的战略环境评估体系、环境影响评价体系。国际商业银行在参与绿色金融项目融资时，需要在整个过程中都对项目进行环境影响评价。环境影响评价是项目开展对环境影响的反应性评估，即对于环境的影响只能进行预测评估，并提出应对措施。因此，只依靠环境影响评价体系有很大的局限性。对此，发达国家已引进并发展战略环境评估，其相对于环境影响评价体系更为宏观，涉及环境保护的各项程序、方针政策，对环境的影响可以有一个更加准确、及时的反馈和评估。

# 1.4　中国绿色金融政策发展历程

近几年来，在我国，绿色金融概念被越来越多的金融机构所接受和重视，并已经逐步投入到实践中。我国最早在 1984 年国家发出的《关于环境保护资金渠道的规定通知》中就明确提出了与环境信贷有关的环保资金来源渠道；1995 年中国人民银行发布的《关于贯彻信贷政策与加强环境保护工作有关问题的通知》，要求各级金融机构在信贷投放中要将支持环境保护和污染防治作为审核贷款的重要因素之一；此后发布的，例如《关于落实环境保护政策法规防范信贷风险的意见》《绿色信贷指引》等政策法规都对国家节能环保金融服务提出了指导性意见。2016 年，财政部、国家发展改革委等七部委对《构建绿色金融体系指导意见》进行联合发布；2017 年 3 月，证监会发布《关于支持绿色债券发展的指导意见》，强调募集资金必须投向绿色产业项目，鼓励投资机构开发绿色金融产品；2019 年 3 月，国家发展改革委等七部委发布《绿色产业指导目录》，为各部门、各地区切实开展绿色金融系列活动提供了及时、可操作的指引。对我国绿色金融发展史进行梳理可以发现，我国对绿色金融的发展一直十分重视，这些政策的出台在引导我国银行业发展绿色金融方面起到了积极作用。

在理论方面，关于绿色金融或环境金融，以及低碳产业的探索等相关的介绍和研究也已经打下了一定的基础。孟耀（2008）以可持续发展思想为指导，以构建和谐社会为背景，系统地探讨了绿色投资的内涵、特征、投资主体和投资方式，全面阐述了绿色投资与循环经济的关系，明确指出了发展绿色投资以促进循环经济的发展是解决资源制约的重要途径；蔡芳（2008）研究对比国内外的实践经验，从理论上深刻地分析了我国环境金融发展的必要性和可行性，以及目前存在需要克服的困难；蔡林海（2009）在《低碳经济——绿色革命与全球创新竞争大格局》中从全局出发，以前瞻性的视角，就低碳经济的理念创新、政策创新、技术创新、产业创新及经营创新五个领域详细阐述了目前欧、美、日发展低碳经济的战略及现状。以上列举的这几篇是比较有代表性的理论学术类的著作，在这些研究成果出台之前和之后也都有许多的相关研究，这表明我国理论界对绿色金融的关注和研究以及期许是持续不断的。

尽管经过许多学者多年的努力，绿色金融迟迟没有打开热门领域的大门。到 2016 年 2 月，我国环境保护部（现生态环境部，下同）办公厅发布征集"国家环境经济政策及配套综合名录制定项目库"相关课题的通知。

由此，我国绿色金融的研究和发展才算是真正破题。而近几年来，我国绿色金融业务发展取得一定成果，政策框架不断完善，各地方绿色金融发展进入试点阶段，中外绿色金融国际合作成效显著，中国正成为全球绿色金融发展的风向标。

## 1.5　银行绿色金融实践

### 1.5.1　绿色信贷

从银行类金融机构方面，我国不论是政策性银行，还是商业银行，在绿色金融方面，都是依照 2007 年 6 月 29 日中国人民银行发布的《关于改进和加强节能环保领域金融服务的指导意见》（以下简称《意见》）实行绿色信贷政策，即商业银行和政策性银行等金融机构依据国家的环境经济政策和产业政策，对研发、生产治污设施，从事生态保护与建设，开发、利用新能源，从事循环经济生产、绿色制造和生态农业的企业或机构提供贷款扶持并实施优惠性的低利率；而对污染生产和污染企业的新建项目投资贷款和流动资金进行贷款额度限制并实施惩罚性高利率的政策手段，目的是引导资金和贷款流入促进国家环保事业的企业和机构，并从破坏、污染环境的企业和项目中适当抽离，从而实现资金的"绿色配置"。其主要措施是实行环保一票否决制，控制对"两高一剩①"的贷款，以达到利用信贷杠杆加强对企业环境违法违规行为的经济制约和社会监督的作用。

在这方面比较具有代表性的是中国工商银行。在《意见》指导下，中国工商银行全面推进"绿色信贷"政策，确定了严格的环保准入标准，实行"环保一票否决制"。除此之外，工行还制定了信贷风险分类标识，利用人行征信系统中企业环境的相关信息，细化调整了企业环保风险类别，与环保部门共享企业环保信息，对处于不同类别的企业采取差别化的授信及信贷管理，并建立了风险预警提示制度和持续跟踪监测机制，进行全过程评价和风险监控。除了中国工商银行外，其他部分银行也实行了相应的绿色信贷政策。具体情况见表 1 - 1。

---

　　①　两高行业：高污染、高能耗的资源性行业；一剩行业：产能过剩行业。主要包括钢铁、造纸、电解铝、平板玻璃、风电和光伏制造业等产业（光伏发电不同于制造业，不属于两高一剩，是国家鼓励的清洁能源行业）。

表 1-1                            国内银行实施的绿色信贷

| 银行名称 | 绿色信贷 |
| --- | --- |
| 国家开发银行 | 拓展中国人民银行抵押补充贷款资金运用范围至生态环保领域，对已取得国家开发银行贷款承诺，且符合生态环保领域抵押补充贷款资金运用标准的工业污染防治重点工程，给予低成本资金支持；对已获得绿色信贷支持的企业、园区、项目，优先列入技术改造、绿色制造等财政专项支持范围，鼓励地方出台加强绿色信贷项目支持的配套优惠政策 |
| 中国进出口银行 | 制定《中国进出口银行贷款项目环境和社会影响评价指导意见》和《中国进出口银行绿色信贷指引》；制定并不断完善多个行业的授信指导文件，通过差异化、动态化的信贷政策，引导高耗能高污染企业节能减排、转型升级；建立绿色信贷标识统计制度，以提高绿色信贷业务的管理能力 |
| 中国建设银行 | 印发《中国建设银行绿色信贷发展战略》，围绕"推进绿色领域业务，发展、防范环境和社会风险，提升社会责任自身表现"三大任务，明确重点工作，包括：制定绿色信贷发展战略、成立绿色信贷产业基金、明确绿色信贷重点支持领域、服务模式创新助力绿色信贷、机制优化保护绿色信贷 |
| 中国银行 | 大力推动绿色金融发展，一是以顶层设计为引领，在战略层面推动绿色金融的发展；二是以产品创新为驱动，为绿色产业发展提供金融模式；三是以跨境服务为特色，有效促进绿色金融双向开发 |
| 中国农业银行 | 先后出台了《中国农业银行绿色金融发展规划（2018～2020年）》《中国农业银行"绿色银行"建设方案》等综合性文件，完善绿色信贷政策和指标体系，建立绿色信贷考核评价机制，创新绿色金融多元化服务模式 |

资料来源：各银行官方网站整理。

## 1.5.2 赤道原则——以兴业银行为例

2008 年 10 月 31 日，兴业银行正式对外承诺采纳赤道原则，成为全球第 63 家、国内首家"赤道银行"，并由此进入了为期一年的符合赤道原则的制度体系与内部能力建设的过渡期。采纳赤道原则，标志着兴业银行开始运用国际化思维和国际惯例履行社会责任，尤其是对环境和资源的责任。兴业银行利用一年的有效缓冲期，逐步构建起了较为完整的赤道原则制度体系，建立了包括基本制度、管理办法、操作流程及一系列操作工具在内的赤道原则实施体系、开发环境与社会风险管理模块，将赤道原则要求纳入全面合规管理系统，并积极加强内部培训，建立环境与社会风险专家库，提升内部"绿色"理念和操作能力；同时不断加强国际合作，与花旗银行、巴克莱银行等国际赤道银行展开密切交流与学习，在软硬件两方面为赤道原则项目的落地打下了坚实的基础。

兴业银行通过对法律法规、流程规范、风险控制等环节的管理，结合我国绿色信贷具体情况，将"赤道原则"融入行内绿色信贷流程管理中，设立了符合兴业银行发展的工作领导小组以及环境与社会风险管理流程。在赤道原则的实施过程中，兴业银行重点加强了赤道原则组织结构建设，通过组织结构的完善来推动赤道原则的自上而下实施。兴业银行在各职能部门都成立了专门的赤道原则工作领导小组，同时从总行到支行各职能部门都确定了赤道原则工作领导小组负责人，其主要职责就是负责该职能部门的赤道原则推广与监督，同时定期向上一级领导小组汇报赤道原则的实践动态。同时，兴业银行还确立了适用于赤道原则的项目融资业务环境与社会风险管理流程，专门设立了从总行到支行的可持续金融工作室，要求各分行审查部门加强对符合赤道原则项目融资的审批力度，并要求贷款企业与经营机构按要求提供适用赤道原则项目融资的材料与信息。

2009 年 12 月，兴业银行首笔适用于赤道原则的项目——福建华电永安发电扩建项目正式落地，标志着绿色信贷在国内银行业的实践得到进一步深化。福建华电永安发电是福建省电网中型火力电源点之一，却存在着原有机组运行年限长、设备老化、效率低、环境污染大等突出问题，尤其是排出的二氧化硫形成酸雨后对当地以红壤为主的土壤结构造成了较严重的破坏，对当地可持续经济的发展造成了威胁。为此，该项目的实施对当地森林环境、空气质量、群众生计乃至社会稳定均产生了积极的作用。为确保项目的顺利实施，兴业银行对该项目的环境与社会风险绩效进行了严格评估，并帮助企业制订具有较强可操作性和可监测性的《行动计划》，针对现存的环境与社会问题做出进一步的改善承诺，以具体行动措施、行动期限来落实企业的"绿色行为"，从而帮助借款人发现和识别风险。此外，兴业银行还引入了专业的环境与社会风险管理咨询公司来促进环保技术厂家与减排企业间的沟通，利用专业能力为项目的顺利实施提供全方位的解决方案，降低或缓解环境与社会风险，提高企业的环境与社会风险管理水平，从而创造出企业、项目、社区以及银行多方共赢的局面。

2010 年 2 月 2 日，兴业银行荣获"中华宝钢环境优秀奖"，这是我国环境领域的最高社会性奖项。兴业银行是迄今为止我国唯一一家获得如此殊荣的金融机构，这证实了其在实践绿色金融方面赢得了社会的肯定和认可。兴业银行现已成为国内银行业支持节能、环保事业，发展绿色金融的一个成功范例。截至 2019 年 10 月末，兴业银行累计为 18 941 家企业提供绿色金融融资 21 070 亿元，且不良贷款率远低于全行平均水平；其资金所支持项目预计可实现在我国境内每年节约标准煤 3 001 万吨，年减排二氧化碳 8 435.79 万吨，年节水量 41 001.28 万吨。

作为致力于发展绿色金融业务的机构要加大创新，强化 ESG（环境、社会和企业治理）的治理和透明度，积极参与国际合作、绿色金融改革，把握新的机遇，更大力度投入绿色金融的发展中去。

# 第2章

# 中国绿色金融体系发展的基础理论分析

## 2.1 绿色金融的概念界定

绿色金融又称"环境金融""生态金融"或"可持续性金融",在学术界没有公认的概念界定,比较具有代表性的定义有以下四种。

第一,《美国传统词典》(第四版,2000年)中指出,环境金融属于环境经济的一部分,研究如何使用多样性的金融工具来保护环境,保护生物多样性。

第二,和秀星(1998)指出,绿色金融是金融业在贷款对象、贷款条件、贷款种类、贷款政策和贷款方式上,将绿色环保产业作为重点来扶持,从信贷投放、期限以及利率等方面给予政策上的优先和倾斜。

第三,高建良(1998)指出,绿色金融是金融部门把保护环境作为一项基本国策,以金融业务的运作体现可持续发展战略,促进环境资源的保护和经济的协调发展,并实现金融可持续发展的金融营运战略。

第四,文同爱,倪宇霞(2010)提出,绿色金融是指绿色观念要体现在金融业的日常营业活动中,把环境保护作为基本政策,在金融机构投融资行为中重视对生态环境的保护和污染的治理,注重绿色产业的发展,通过对社会资源的引导,促进经济社会的可持续发展以及生态的协调发展。

其他学者,如乔海曙(1999),认为绿色金融的核心是将自然资源存量或人类经济活动造成的自然资源损耗和环境损失,通过评估测算的方法,用环境价值量或经济价值量进行计量,并运用于金融资源配置、金融活动评价领域。

汤伯虹(2009)提出,绿色金融的本质是遵循市场经济规律的要求,以建设生态文明为导向,以信贷、保险、证券、产业基金以及其他金融衍生工具为手段，以促进节能减排和经济资源环境协调发展为目的宏观调控政策。

曹超（2018）等认为，绿色金融的核心理念就是基于人类社会生存发展的长远利益，在金融经营中体现生态发展，其产生的初衷就是为了通过金融的资金融通和资源优化配置功能，引导社会富余资金的流向，提高企业的社会责任意识，促进环保产业的发展，最终实现可持续发展。

综合来看，国内学者沿承了国际上广泛研究的结论，都支持"通过金融业务的运作体现可持续发展战略"的基本观点。大多数学者都将绿色金融看作绿色经济政策中的资本市场手段，是把节能环保的观念引入金融，进而影响经济结构的转变，促进生态友好、环境和谐、社会经济的协调可持续发展。

然而，国内外学者关于绿色金融的定义要么从金融业运作出发，要么站在政府宏观调控的角度，都未能体现全面、双赢的金融理念。绿色金融的先进性表现在把经济效益和社会效益结合起来，以实现金融机构、企业、经济、自然的良性循环与和谐发展为共赢目标，将环保因素纳入绩效审计与评价体系，促进绿色金融产品的创新，这也有利于公民和企业社会责任的建立。它的本质就是将既定的金融资源存量合理配置到节能环保的绿色产业，通过资金的优化配置来实现资本回报率的最大化和环境风险的最小化。

综上所述，绿色金融至少涉及四个维度：国家、金融机构、企业、生态环境，其中以金融机构为主体，以国家宏观调控的政策制度为保障，以绿色产业为企业发展的导向，以国家经济战略的有效实施、金融机构自身的可持续发展、促使企业进行技术创新与产业调整以实现良性发展、形成资源节约与环境保护的绿色生态这四个目标达成共赢为最终目的。尤其不能忽略的一点是：绿色金融是增强金融机构及企业的社会责任和降低经营风险的一个重要手段，对金融机构内部和企业自身的可持续发展都有很好的约束作用。因此，本书在总结前人研究的成果的基础上，对绿色金融重新进行了界定，内容如下。

以金融机构内部的绿色管理、绿色服务为先导，在金融业务中全面考虑长期的、潜在的资源能源与生态环境方面的影响，把与环境条件相关的预期风险、回报和成本纳入投融资决策中的内生因素进行考量；以信贷、证券、保险、产业基金及其他金融衍生工具为激励约束机制下的主要手段，通过金融业的杠杆效应和利益传导机制影响其他行为主体的投资取向和市场行为；引导社会金融资源流向节能减排技术开发和生态环境保护产业，引导企业生产注重绿色环保，引导消费者形成绿色消费理念，借助金融工具、市场运用、政府机制和社会监督等多元力量，促使金融机构、企业和公民都履行好自己的社会责任；最终实现"国家经济战略的有效实施、金融机构自身的可持续发展、促使企业进行技术创新与产业调整以实现良性发展、形成资源节约与环境保护的绿色生态"四者共赢的核心目标与效果。

## 2.2　绿色金融的研究评述

### 2.2.1　国外研究现状

萨拉查（Salazar，1998）指出，绿色金融是寻求环境保护路径的金融创新，是金融业和环境产业的桥梁。考恩（Cowan，1999）认为，绿色金融主要是探讨发展绿色经济资金融通问题，是绿色经济和金融学的交叉学科。拉巴特和怀特（Labatt and White，2002）认为，绿色金融是以市场为研究基础，提高环境质量、转移环境风险的金融工具。

尽管学者们对绿色金融的概念提出了不同的看法，但其核心都没有偏离环境保护和可持续发展理念。概括而言，绿色金融旨在通过最优金融工具和金融产品组合解决全球环境污染和气候变迁问题，实现经济、社会、环境的可持续发展。

关于绿色金融的评价标准，主要是解决相关环境风险值的测定，一些金融机构制定了初步可行的评估体系和计算方法。1999 年，道琼斯可持续性群组指数（the dow jones sustainability index）诞生，为可持续性测度提供了依据。马塞尔·朱琛（Marcel Jeuchen，2001）基于银行等金融机构开展绿色金融服务的状况，提出了绿色金融发展的四阶段理论，并对亚太、北美及欧洲大型银行的绿色金融发展水平进行测度。2001 年，欧元区正式发布企业财务绩效指标体系，该指标体系已成为企业可持续性、企业社会与环境责任的重要评判标准。2002 年，由荷兰银行、巴克莱银行、西德意志银行、花旗银行联合起草的赤道原则（equator principles），使融资项目中模糊的环境和社会标准得以明确和具体。霍蒂等（Hoti et al.，2004）率先对可持续指数进行实证分析，提出了时间随机变动指标体系，该指标体系可用于分析环境可持续指数变动的内在原因。托马斯（Thomas，2007）引入外部环境成本计算经济附加值，更精确地计算出投资组合的环境危害系数，为金融机构了解项目的环境风险和发放贷款提供了有效依据。2014 年，世界自然基金会（WWF）、银监会（CBRC）、和普华永道（PWC）通过发放调查问卷，从银行战略与政策、公司治理、绿色金融产品创新等多个方面，对比分析了中国国家开发银行、中国工商银行等12 家中国银行与花旗银行等 10 家实行"赤道原则"的国际银行在绿色金融业务方面的开展情况。

## 2.2.2　国内研究现状

国内学者对绿色金融的研究起步较晚，既有对国外绿色金融研究相关成果的借鉴，也有出于实际国情的理解与侧重。

关于推行绿色金融的必要性的讨论，国内学者对绿色金融理论的研究主要从我国经济发展模式和金融机构自身发展两个角度展开。王卉彤和陈保启（2006）认为，在制度层面上构建发展绿色金融的激励性机制，能实现金融创新和循环经济双赢的局面。何建奎和江通（2006）指出，不良的环境表现能导致金融投资客户盈利能力下降，增加偿债风险。邓常春（2008）、阎庆民（2010）认为绿色金融作为低碳经济时期重要的金融创新之一，其对社会经济的可持续发展起着关键性作用。冯文芳（2017）研究认为，绿色金融发展能够有效优化生产要素供给结构，减少传统行业产能过剩和促进经济转型升级。因此，发展绿色金融是金融机构自身发展的需要。

关于构建绿色金融体系的研究。任辉（2009）分析了金融与环境保护、可持续发展的关系，指出要成功发展绿色金融，应该从树立绿色金融理念、加强制度建设、创新绿色金融产品、强化绿色信贷机制、支持环保企业直接融资等方面积极构建绿色金融体系。张红（2010）指出，绿色金融政策作为一项新政策，若没有上升为法律，很难在实践中取得比较理想的制度绩效，应把绿色金融政策转化为法律。马骏（2015）认为，为了引导更多的社会资金投资于绿色产业，必须提高绿色项目的投资回报率，降低污染性项目的投资回报率，强化企业社会责任意识，促进绿色投资，强化消费者的绿色环保意识和消费意识。国务院发展研究中心"绿化中国金融体系"课题组（2016）认为，中国应推广绿色金融理念，并将绿色金融纳入经济转型和生态文明战略，在金融改革和开放中发展绿色金融，积极参与相关国际合作项目。张云（2016）重点分析了发达国家构建绿色金融相关法律体系的经验，指出环保立法是保障绿色金融政策得以顺利实施的前提条件之一。

关于构建绿色金融评价标准的研究，国内研究较少。张玉（2016）参考了国内绿色金融发展水平评测体系，结合京津冀地区绿色金融发展的特殊形势，制定了基于绿色保险、绿色信贷、绿色证券、碳金融四个维度的评价体系。

以上研究表明，关于绿色金融的研究理论已较为翔实，为绿色金融体系的构建与发展提供了充分的理论基础。但是从目前我国的绿色金融发展情况来看，理论未落实到实践，中国的绿色金融仍以银行业的绿色信贷为主，绿色金融体系的成功构建和发展还有很长的路要走。

## 2.3  发展绿色金融的意义

当前，中国环境形势日益严峻（如图2-1所示），建立鼓励绿色投资、抑制污染性投资的体制机制，是推动中国经济发展模式向绿色转型的关键。党的十九大报告指出要"构建市场导向的绿色技术创新体系，发展绿色金融，壮大节能环保产业、清洁生产产业、清洁能源产业。"绿色金融迎来了黄金发展期，为商业银行助力绿色发展、建设美丽家园指明了方向。

从图2-1中可以看出，从2016～2018年，我国总体环境状况逐步改善。大气达标比例和优良天数比例不断上升，PM2.5和PM10超标天数从2016年至2018年分别下降了4.7%和3.4%。酸雨情况有所改善，酸雨频率及酸雨城市比例分别下降2.2%和0.9%。地表水环境质量不断优化，其中劣V类水质下降了1.9%。虽然我国总体环境有所改善，但仍需加大环保力度，坚决打好污染防治攻坚战。

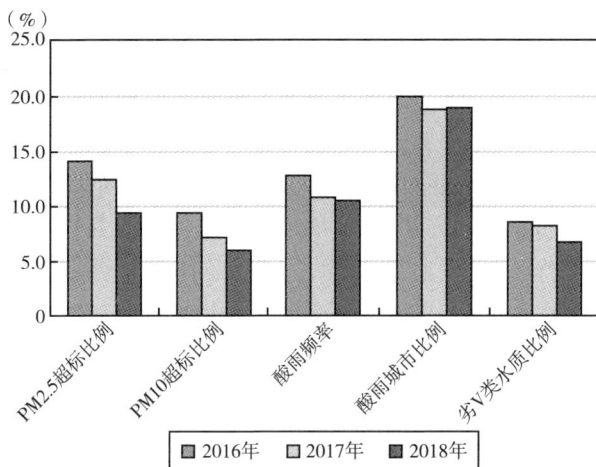

**图2-1  2016～2018年中国环境状况对比**

资料来源：《2017中国环境状况公报》《2018中国环境状况公报》。

改善我国环境不仅要依靠强有力的末端治理措施，还必须采用财税、金融等手段改变资源配置的激励机制，因此，必须加快建立一套绿色金融体系。在发达国家，与绿色金融相关的制度安排和绿色金融产品的发展已有几十年的经验，由此推动的绿色投资对这些国家的经济结构转型和可持续发展起到了十分积极的作用。而我国到目前为止，虽然有关部门在引导绿色信贷方面的工作卓有成效，但关于建立绿色金融体系的努力还停留在碎片化状态，许多相关研究还停留在概念层面。根据具体国情，我国建立绿色金融体系将在稳增长和调结构两方面起到重要作用，并将有助于改善中国的财政可持续性，维护负责任大国的国际形象。

第一，有助于启动新的增长点，提升经济增长潜力。"十三五"期间，我国绿色产业所需年均投资为 3 万 ~4 万亿元左右。如果这些潜在投资需求由于得到绿色金融的支持而形成新的产业，其将提升我国经济增长潜力，缓解稳增长的压力。以治理空气污染为例，未来几年，仅脱硫脱硝设备、天然气运输设备、天然气发电设备、环境监测仪器 4 类产品就有累计 5 000 多亿元的市场。在节能领域，预计"十三五"期间年高效节能技术与装备市场的年均产值可达 7 000 亿元，节能服务业年均产值将突破 4 000 亿元。

第二，有助于加速产业结构、能源结构和交通运输结构的绿色转型，提升经济的技术含量。绿色金融体系通过改变不同类型项目的融资成本与可获得性，引导社会资本逐步从高污染、高耗能的行业退出，进入到环保和低污染的服务型行业，将有助于缓解中国产业结构"过重"的问题。清洁能源和绿色交通也是绿色金融体系的重点支持领域，这些资金支持将有助于提高清洁能源在能源一次消费中的比例和交通运输结构中清洁出行的比例。另外，多数清洁技术、节能技术、新能源技术以及相关的设备制造与服务业属于高科技产业，通过绿色金融支持这些产业的发展将较快地提升中国经济的技术含量，符合中国以创新立国、科技立国的发展方向。

第三，有助于缓解环境问题对财政的压力。我国绿色产业每年需投入 3 万 ~4 万亿元左右，但中央与地方财政每年只能覆盖 10% ~15% 左右资金来支持环保、节能、新能源等绿色投资。如果没有一个有效的绿色金融体系，环境投资需求将对政府财政构成巨大压力，或者将无法得到足够的融资，难以完成污染治理的目标；而一个有效的绿色金融体系，能够用有限的政府资金撬动几倍乃至十几倍的民间绿色投资，比如，绿色银行、绿色贴息、绿色债券免税以及其他属于金融和法律制度建设的措施等。

第四，有助于维护中国负责任大国的国际形象。长期以来，由于国内环境问题严峻，碳排放规模大且增长较快，对外投资项目中时常出现污染事故，使得中国在环境和气候变化领域的国际谈判和国际舆论中都处于较为被动的位置。目前，我国已成为世界第二大经济体，这要求我们更加注重环境问题的外溢效应和维护国际形象，提升国家软实力和影响力，同时也需要加快国内绿色金融体系建设。

## 2.4 绿色金融政策的理论框架

微观经济学理论和相关实证经验的研究表明，要引导更多的社会资金投资于绿色产业，可以从以下三个方面入手。

（1）提高绿色项目的投资回报率，降低污染性项目的投资回报率。传统的微观经济学假设企业追求利润最大化。在给定产出价格和投入成本的基础上，企业通过追求利润最大化来确定最优的产出数量。但一些产出品和投入品的市场价格并未充分反映生产和消费这些产品所带来的外部性，因此，企业根据利润最大化目标所决定的产出数量与社会福利最大化并不完全一致。将外部性内生化，以达到降低污染产品产出、提高清洁产品产出的目的，主要可以通过以下两类政策手段。一是提高清洁产品的定价，提高清洁产品的投资回报率；或者减少对污染产品的价格补贴，降低其投资回报率。二是降低清洁产品的税费和其他成本，从而提高清洁产品的投资回报率；提高污染产品的税费和其他成本，从而降低其投资回报率。

（2）强化企业社会责任意识，促进绿色投资。强化企业的社会责任是一个成本较低但效果较好的环境政策选择。强化企业社会责任的方法包括强制性要求企业和金融机构披露所投资项目的环境影响，建立追究投资者环境法律责任的体系，建立绿色投资者网络，加强绿色投资者教育等。如果企业能够更多地承担社会责任，则可以在一定程度上替代财政补贴来改变企业行为并达到推动绿色投资的效果。

（3）强化消费者的绿色环保意识和消费意识。市场价格是由企业和消费者通过市场均衡机制来共同决定的。因此，需要从消费者角度，通过改变消费者偏好来影响市场价格，从而减少外部性。对发达国家的许多消费者来说，产品的价格和效用已经不再是购买决策的唯一因素，他们开始追求道德感和责任感，了解产品的生产方式、生产地点，以及工厂是否有污染环境等问题，如果存在问题，即使产品比较便宜，消费者也不会购买。而社会责任网络、要求企业披露污染信息的社会压力、非政府组织的努力等，都使得消费者履行社会责任成为可能。如果消费者提高了社会责任感，那么由于其对清洁产品的需求增加，市场均衡条件下清洁产品的价格将上升，其效果相当于政府对清洁产品提供价格补贴。

表2-1简述了政策建议在上述理论框架下推动绿色投资、抑制污染性投资的机理。

**表 2 – 1** 政策建议预期效果的经济学机理

| 政策建议 | 主要效果和机理 |
|---|---|
| 绿色银行 | 通过规模效益和专业化运作,提高绿色投资的回报率,降低民间资本参与绿色投资的风险和成本 |
| 绿色基金 | 提高规模效益和专业化运作能力,降低绿色投资成本 |
| 对外投资中承担环境和社会责任 | 建立"负责任大国"的形象,提升国际话语权 |
| 财政贴息绿色贷款 | 降低绿色项目的资金成本 |
| 绿色债券 | 降低绿色项目的资金成本 |
| 绿色 IPO 通道 | 提高绿色企业的融资便利性,间接降低融资成本 |
| 推动碳交易市场发展 | 通过市场机制,降低减排的成本 |
| 绿色评级 | 将环境风险显性化,提高污染性投资的成本,从而抑制污染性投资;将绿色正外部性显性化,降低绿色项目的融资成本,从而鼓励绿色投资 |
| 绿色股票指数 | 引导更多资金进入绿色行业,可间接达到降低绿色投资成本的效果 |
| 公益性的环境成本信息系统 | 提高环境信息的可获得性,降低环境项目评估的成本 |
| 成立绿色投资者网络 | 通过机构投资者的压力,提高被投资企业的绿色偏好;通过网络开展消费者教育,提高其绿色偏好 |
| 绿色保险 | 将环境风险通过保费显性化,间接提高污染性项目的成本,从而抑制污染性投资 |
| 确立金融机构环境法律责任 | 强化投资者的社会责任,降低污染性项目的融资可获得性,间接提高其融资成本 |
| 上市和发债企业的环境信息披露机制 | 通过提高企业的社会责任感,提高(降低)其对绿色(污染性)投资的偏好 |

# 2.5 发展绿色金融的相关国际经验

发达国家普遍较早地面临化石能源消耗和工业化带来的环境问题。为了应对环境的挑战,在过去几十年,这些国家在绿色金融政策、体制建设和产品创新等方面积累了许多成功经验,并以此推动了经济转型和培育了新经济增长点。例如,欧洲通过绿色金融和其他手段支持节能产业发展,估计每年节约能源的价值高达 2 000 亿欧元。在绿色金融和其他政策的支持下,清洁能源、新能源的发展也创造了大量绿色就业,2011 年欧盟新能源产业就提供了 120 万个就业岗位。据"欧洲气候基金"估计,借助领先的清洁技术,欧洲将每年增加 250 亿欧元的出口。以下是国际上推动绿色金融的部分典型做法。

（1）赤道原则。2003 年 6 月，国际金融公司（IFC）在国际银行业发起了"赤道原则"，要求金融机构审慎性地核查项目融资中的环境和社会问题，只有在项目发起人能够证明该项目在执行中会对社会和环境负责的前提下，金融机构才能对该项目提供融资。"赤道原则"确立了项目融资的环境与社会最低行业标准，为金融机构推进环境保护和节能减排提供了可参照的一般准则。

（2）绿色银行。绿色银行中具有代表性的是英国绿色投资银行，它是英国政府全资拥有的政策性银行，但银行独立于政府运营。英国绿色投资银行的作用是解决英国绿色基础设施项目融资中的市场失灵问题。英国政府希望通过调动私人投资加快英国向绿色经济的转型。英国绿色投资银行投资的重点是具有较强商业性的绿色基础设施项目，并按三个准则评估项目：稳健性、杠杆效应、绿色效应。

（3）绿色信贷和证券化。许多发达国家金融机构在政府财税政策扶持下，结合市场需求，采取贷款额度、贷款利率、贷款审批等优惠措施，开发出针对企业、个人和家庭的绿色信贷产品。例如，加拿大银行的清洁空气汽车贷款、澳大利亚银行的汽车贷款，向低排放车型提供优惠利率贷款。金融机构运用证券市场工具帮助大型的环境基础设施或节能减排项目融资，并为企业提供与环境相关的避险工具，如绿色资产抵押支持证券、气候衍生品等。

（4）绿色实业基金。目前国际上大规模绿色直接投资的主导方是大型的金融集团。例如，1999 年，世界资源研究所发起"新风险投资"项目并得到花旗集团的资金支持，该项目专注于投资新兴市场经济体环境行业中的中小企业。1999 ~ 2012 年，该项目共帮助 367 个"产生明显环境效益"中小企业获得风险投资 3.7 亿美元，累计减排二氧化碳 330 万吨、保护耕地 450 万公顷、节水净水 57 亿升。除此之外，美国富国银行的绿色基金主要投资清洁能源行业，集中在风电和太阳能；荷兰推出的财政绿色基金，用于向环保项目提供低成本的绿色信贷。

（5）绿色证券基金。绿色证券基金目前以 ET 指数和基金类产品为主，也包括碳排放权类的衍生品等，这些产品吸引了包括个人在内的广泛投资者。目前国际上的绿色指数主要包括标准普尔全球清洁能源指数，纳斯达克美国清洁指数和 FTSE 日本绿色 35 指数等。此外，特色指数基金还包括德意志银行的标普美国碳减排基金和巴克莱银行的"全球碳指数基金"等。

（6）绿色债券。绿色债券是国际金融组织和政府支持金融机构发行的债券。由于发行者的信用级别较高，能够以较低利率融资以支持绿色项目。绿色债券的承销商通常是国际投资银行，投资者则包括大型机构投资者和部分高净值个人投资者。2018 年，国际绿色债券发行量继续增加，参与主体继续扩大，新发绿色债券共涉及 44 个国家。目前，各国也在不断完善绿色债券相关政策，例如，欧盟委员会发布了"可持续金融综合行动计划"，负责制订欧盟可持续金融分类标准和贴标欧盟绿色债券计划等，以便在绿色债券立法提案和行动计划的细节方面取得进展。

（7）绿色保险。绿色保险又叫生态保险，是在市场经济条件下进行环境风险管理的一种手段。欧盟始终坚持以立法形式强调"污染者付费"原则，并于 2004 年发布《欧盟环境责任指令》强调污染责任，相关保险业务在欧洲发展较快。德国政府于 1990 年通过《环境责任法案》，强制 10 大类 96 小类行业（主要包括热电、采矿和石油等行业）必须参保。英国保险业协会也组织全国保险公司推出类似保险产品，一旦污染发生，赔付内容不仅包括清理污染成本，还包括罚金、不动产价值损失、全部相关法律费用和医疗费用等。

（8）碳金融体系的设立。一是碳交易。成立于 2005 年的欧盟排放交易体系（EU-ETS）是典型的基于配额交易的强制性市场，是目前世界上最大的碳市场。美国芝加哥气候交易所（CCX）是全球第一个自愿性参与温室气体减排量交易，并对减排量承担法律约束力的组织和市场交易平台。此外，美国区域性温室气体减排立法提案计划（RGGI）、澳大利亚的新南威尔士温室气体减排计划（NSW GGAS）、日本温室气体自发减排行动计划（Keidanren VAP）等交易平台也相继建立。二是碳金融。面对碳交易市场的迅猛发展，国外各大金融机构陆续开发出基于碳排放权的金融产品，并提高相关服务水平，这些服务主要包括：为碳交易提供中介服务，在碳排放权的卖方和终端消费者或贸易商之间进行联络，撮合交易；向清洁发展机制（CDM）项目开发企业提供贷款、为产生碳排放权的项目开发企业提供担保；在二级市场上参与碳排放配额交易、为碳交易提供必要的流动性；设计碳金融零售产品、创新碳金融衍生产品；为碳排放权的最终使用者提供风险管理工具等。三是碳基金。碳基金专门为碳减排项目提供融资，包括从现有减排项目中购买排放额度或直接投资于新项目。这类基金包括国际多边援助机构所设立的碳基金、各国政府碳基金、金融机构设立的盈利性投资碳基金、风险投资基金，以及一些自愿进行减排的基金等。四是碳金融衍生品。随着金融机构介入碳金融交易的程度越来越深，更多的基于碳排放权的衍生产品被创造出来。传统的碳金融衍生品主要包括配额单位（AAUs）、配额交易产生的欧盟配额（EUAs）、基于项目减排交易所产生的核证减排额（CERs）等碳排放权的远期、期货和期权合约等；新型碳金融衍生品则主要包括基于应收碳排放权的证券化产品、碳排放权交付保证、碳保险/担保，以及各类挂钩"碳资产"的结构性产品或结构性证券。

（9）明确金融机构的环境法律责任。1980 年，美国出台了《全面环境响应、补偿和负债法案》（CER-CLA）。根据该法案，银行可能需要对客户造成的环境污染负责并支付修复成本。如果贷款人参与借款人经营、生产或废弃物处置而造成污染，或者对造成污染的设施有所有权，就必须承担相应的责任。这种责任被称为贷方责任（lender liability），且是严格、连带和溯及既往的。1986 年，马里兰地区法院起诉马里兰银行信托公司持有借款人用于清偿的物业，且拒绝环保署（EPA）要求其清理污染物的提议。被告最终败诉，需偿付 EPA 用于清理的成本。

（10）要求机构投资者在其决策过程中考虑环境因素。联合国负责任投资原则组织（united na-tions' principles for respon-sible investment，PRI）是一个联合国发起，由全球主要投资者组织的国际框架，目标是实现并向全球正式推出责任投资原则。该框架强调投资者需要在投资过程中考虑 ESG 的元素，即环境、社会以及公司治理。该框架已经完成和正在进行的主要工作有以下四方面：一是提供投资指引，帮助签约机构在投资时加强对 ESG 因素的考量，并通过专设监督机构定期考察；二是要求投资者每年公开汇报其 PRI 实施情况，且汇报和评估文件公开可查；三是设立清算所（Clearinghouse）论坛，要求签约机构参加会议，交流经验并建立投资者网络；四是通过专项研究经费，联合学术界和研究机构对投资者采用 ESG 标准的情况进行分析，并共享案例和出版刊物。

（11）在信用评级中引入环境因素。银行和信用评级公司评定企业和主权信用风险时考虑环境因素是一个新的趋势。巴克莱银行有专门的环境和社会风险评估系统，涉及贷款部门、内部评级部门、环境及社会风险评估部门和声誉委员会。一般的贷款只涉及贷款部门和内部评级部门，但如果借款企业被认为有潜在的环境风险，则环境及社会风险评估部门会介入并给出指导意见。在主权评级方面，联合国环境规划署等机构发布了《主权信用风险的新视角：把环境风险纳入主权信用分析之中》的报告，提出环境因素应被纳入各国主权信用评估中。在公司信用评级方面，标准普尔规定在评级过程中需进行 ESG 考量。

（12）要求上市公司和发行债券的企业符合绿色社会责任规范。上市公司和发行债券的企业在国际上通常需披露环境责任信息，内容通常包括：企业正运行何种项目、投资对环境产生了或可能产生何种影响、企业为减少这些影响所做出的努力、企业在环保科技领域的投入等。1989 年挪威海德鲁公司（Norsk Hydro）发布了世界首份企业环境报告书；1993 年日本发布《关注环境的企业的行动指南》；根据英国伦敦的环境研究公司（Trucost）2013 年发布的报告，2011～2012 财年，富时综指（FTSE All-share）中 443 家英国公司均通过年报、社会责任报告等不同形式披露了本企业的环境信息，并将企业的环境影响进行了量化。

（13）构建绿色机构投资者网络。国际上已有众多机构投资者组成的各种网络，基于这些网络形成了有关绿色投资的社会责任协议，以推动在投资决策程序中引入环境因素、督促被投资企业承担社会责任。例如，气候变化机构投资者集团（The Institutional Investor Group of Climate Change，IIGCC）。该网络成立于 2001 年，由欧洲关注气候变化的机构投资者建立，核心目标是通过成员投资机构的合作，影响企业、政策制定者以及其他的投资机构，以共同推动构建低碳经济的发展。国际碳排放信息披露项目（The Carbon Disclosure Project，CDP），是一个致力于全球气候和碳排放问题的非营利组织。自 2002 年以来，已经有 6 000 多家企业通过 CDP 公开披露了自己环境保护的相关信息。CDP 的目标是使环境保护报告和环保风险管理成为各个行业的商业规范。

# 第3章

# 中国绿色金融体系发展概况
# 与制约因素分析

## 3.1 绿色金融相关政策

迄今为止，中国已经相继出台了多部标志性的规章和规范性文件，也在信贷、保险、证券等金融领域渗透了一些绿色金融理念，为建立绿色金融体系的发展奠定了基础。

1984 年国家发出的《关于环境保护资金渠道的规定通知》中就明确提出了与环境信贷有关的环保资金来源渠道。1995 年中国人民银行发布的《关于贯彻信贷政策与加强环境保护工作有关问题的通知》，要求各级金融机构在信贷投放中要将支持环境保护和污染防治作为审核贷款的重要因素之一。2007 年国家环保总局（现生态环境部，下同）、中国人民银行、中国银监会（现中国银保监会，下同）联合发布的《关于落实环保政策法规防范信贷风险的意见》，强调要将企业环境守法情况作为对其发放贷款的前提条件。2015 年 9 月，中共中央、国务院发布了《生态文明体制改革总体方案》，首次将构建绿色金融体系上升为国家战略，明确了建立中国绿色金融体系的顶层设计。2016 年 8 月，中国人民银行等七部委联合发布了《关于构建绿色金融体系的指导意见》，将构建绿色金融体系提上了日程，明确了我国发展绿色金融的政策框架，首次明确界定了绿色金融的含义。2017 年 6 月，中国人民银行等五部门联合发布《金融业标准化体系建设发展规划（2016～2020 年）》，首次提出绿色标准化工程，建立一系列标准，为绿色循环发展工作打下坚实基础。绿色金融相关政策详见表 3－1。

表 3 - 1　　　　　　　　　　　　　绿色金融相关政策

| 时　间 | 政　策 | 主要内容 |
|---|---|---|
| 1995 年 2 月 | 《关于贯彻信贷政策与加强环境保护工作有关问题的通知》 | 规定各级金融部门在信贷工作中要重视自然资源和环境的保护，将支持国民经济的发展和环境资源的保护、改善生态环境相结合 |
| 2001 年 6 月 | 《关于加快发展环保产业的意见》 | 制定发展环保产业应有的相应法律对策，给予环保产业和生态产业更多的信贷支持，以此促进绿色金融的发展 |
| 2007 年 7 月 | 《关于落实环保政策法规防范信贷风险的意见》 | 标志着中国绿色信贷制度的正式建立。要求银行对未通过环评审批或环保设施验收的项目不得新增任何形式的授信支持，对违规排污的企业严格限制流动资金贷款 |
| 2007 年 11 月 | 《节能减排授信工作指导意见》 | 要求银行业金融机构把促进全社会节能减排作为本机构的重要使命和应履行的社会责任。银行业金融机构要注重防范高耗能、高污染带来的各类风险，加强制度建设和执行力建设 |
| 2015 年 9 月 | 《生态文明体制改革总体方案》 | 将构建绿色金融体系上升为国家战略，明确了建立中国绿色金融体系的顶层设计；第 45 条明确提出了建立绿色金融体系，并发出通知，要求各地区各部门结合实际认真贯彻执行 |
| 2016 年 8 月 | 《关于构建绿色金融体系的指导意见》 | 首次明确界定了绿色金融的含义，提出了多项激励机制，强化了独立第三方机构评级和环境信息披露作用，强调设立绿色发展基金、完善环境权益市场、丰富创新融资工具；分别从绿色信贷、绿色投资等八个层面，构筑了新形势下中国绿色金融发展的顶层设计 |
| 2017 年 6 月 | 《金融业标准化体系建设发展规划（2016～2020年)》 | 将"绿色金融标准化工程"列为五项重点工程之一，制修订相关标准 500 项以上，有效支撑绿色发展、循环发展和低碳发展。构建多层次的绿色金融标准体系；建立绿色金融标准化工作机制；重点研制金融机构绿色信用评级标准；建立和完善绿色金融信息披露标准体系；丰富绿色金融产品标准 |

在党中央、国务院的推动下，随着相关政策的逐渐完善和落实，我国将逐步建立比较完整的绿色金融政策体系。未来几年，中国将以《生态文明体制改革总体方案》中有关绿色金融的内容为基础，按照中国人民银行等五部委发布的《金融业标准化体系建设发展规划（2016～2020)》，推进金融机构同业合作，构建多层次绿色金融标准体系并建立相关工作机制，强调绿色金融主体作用，重点发展绿色债券市场、绿色股票指数和相关产品，建立和完善绿色金融信息披露标准体系。

## 3.2　绿色金融产品发展现状

### 3.2.1　绿色信贷发展现状

#### 3.2.1.1　国外的绿色信贷发展现状

美国是最早接受"赤道原则"的国家之一，在绿色信贷促进环境绿色发展方面取得了一定的成效。

在法律法规层面，美国各项有关环境保护的法律都将环境责任考核机制纳入其中，规定当融资项目造成环境污染时，银行与污染企业都需要承担治理费用，这些规定使得银行在发放贷款时不得不考虑项目的环境影响，从而开展绿色信贷。

在行业政策层面，在企业申请贷款时，需要先通过环保部门的审核，银行根据环保部门审核的污染情况，将其自身的数据库与环保部门的数据库进行匹配，两者共同考核企业环境影响状况，根据考核结果决定是否给予授信支持。美国银行还特别注重对创新型绿色金融产品和服务的研发，例如在抵押贷款方面，环境友好型企业一般不需要抵押财产，而产生环境污染的企业则需要抵押。

在政府激励措施层面，美国政府采取一些如财政贴息、税收减免的政策来支持绿色信贷的发展，促进企业和银行发展环保项目。例如，美国的经济政策规定环保型项目进行债券融资的利率一般为3.3%～3.7%，比同期的产生污染的项目的融资利率低。不仅如此，美国还设立了财政环保专项基金，专门用来支持发展环保项目，吸引企业和银行开展绿色信贷业务。

日本是亚洲第一个接受"赤道原则"的国家，其绿色信贷的发展有其独有的特色。

在行业政策层面，日本的绿色信贷体系中最大的特点是绿色信贷理念的建立。日本非常重视环境问题，时刻都在向公众宣传环保的理念，在银行业进行绿色信贷理念的宣传和教育，建立起全民绿色信贷理念体系。2003年，日本瑞穗实业银行宣布接受"赤道原则"，随后发布了《瑞穗实业银行赤道原则实施手册》，详细规定了绿色信贷业务的实际操作过程，增强了其他商业银行开展绿色信贷业务的可操作性。

在政府激励措施层面，日本政府建立了财政政策、贷款优先和税收减免等优惠政策来激励企业发展绿色环保项目，例如，当企业通过技术进步来减少其污染物排放、提升治污能力时，银行会向其优先发放贷款，同时降低其借贷利率并推迟其还款期限；日本政策投资银行在政府的指导下开展融资业务，对融资项目进行环境评估并分级，每一等级分别对应不同利率水平，该业务不以营利为目的，重点向政府指定的环境友好型项目发放贷款，通过引导资金流向促使企业保护环境。

### 3.2.1.2　我国的绿色信贷发展现状

我国绿色信贷政策的发展情况如下。

1995 年，我国出台了《关于贯彻信贷政策与加强环境保护工作有关问题的通知》，这一政策的出台可以看作是"绿色信贷"政策的雏形。该政策要求金融机构在借贷的同时要考察企业生产行为对环境的潜在影响。

2004 年 4 月 30 日，国家发改委、中国人民银行、中国银监会联合发布了《关于进一步加强产业政策和信贷政策协调配合控制信贷风险有关问题的通知》要求各人民银行分支机构、各商业银行机构加强信贷中的环境审批以及优化信贷投向。

2005 年，国务院出台了《关于落实科学发展观加强环境保护的决定》，要求各金融机构以科学发展观指导自身信贷行为。2005 年 12 月，国务院授权发改委会同国务院有关部门制定了由鼓励、限制和淘汰三类目录组成的《产业结构调整指导目录》，并规定这一目录是政府引导投资方向，管理投资项目，制定和实施财税、金融、土地、进出口等政策的重要依据。

2007 年，我国出台了《节能减排综合性工作方案》，要求各地方政府、人民银行要控制高耗能、高污染行业过快增长，各大商业银行积极推进节能环保和低碳循环经济产业的信贷管理制度及金融产品的创新。

2008 年，环境保护部与中国银监会签订了信息共享协议，同时环保部还与中国人民银行合作，将企业的环境绩效信息纳入中国人民银行征信系统，并和人民银行联合下发《关于规范向中国人民银行征信系统提供企业环境违法信息工作的通知》。

2009 年，中国人民银行、中国银监会联合发布了《关于进一步加强信贷结构调整促进国民经济平稳较快发展的指导意见》环境保护部、中国人民银行印发了《关于全面落实信贷政策进一步完善信息共享工作的通知》，中国人民银行等部门出台了《关于进一步做好金融服务支持重点产业调整振兴和抑制部分行业产能过剩的指导意见》，该意见要求金融业机构应加大对低碳循环经济的信贷供给；对于环保考核不达标的产业实行信贷管制。

　　2011 年 3 月 14 日，中国银监会印发了《关于全面总结节能减排授信工作及做好绿色信贷相关工作的通知》，要求各监管部门、部分金融机构完善绿色信贷统计监测制度，并推进环境与社会风险评价机制的建立；同时要求各政策性银行、国有商业银行、股份制商业银行和邮政储蓄银行根据经营发展战略与业务需要确定绿色信贷业务的主要负责部门，进一步鼓励银行业金融机构推行绿色信贷，促进节能减排和产业结构调整。

　　2012 年 2 月 24 日，中国银监会发布了《关于印发绿色信贷指引的通知》，要求金融机构要更大程度地支持绿色低碳经济的发展，提高自身绿色信贷服务水平，加强绿色信贷能力建设。

　　2013 年 2 月 7 日，中国银监会印发了《关于绿色信贷工作的意见》，要求银行业金融机构进一步完善绿色信贷政策制度体系，建立绿色信贷统计制度，完善绿色信贷考核评价体系，健全信息共享机制。

　　2014 年 12 月 9 日，为贯彻《"十二五"节能减排综合性工作方案》《环境保护"十二五"规划》《国务院关于加快发展节能环保产业的意见》等政策要求，落实《绿色信贷指引》等监管规定，中国银监会印发了《绿色信贷实施情况关键评价指标》。

　　2015 年 1 月 19 日，中国银监会与国家发改委联合出台《能效信贷指引》，从能效项目特点、能效信贷业务重点、业务准入、产品创新等方面，提出具有可操作性的指导意见，通过专业化、针对性的业务创新和风险管控要求，为银行业金融机构提升产业服务水平提供指导和帮助。

　　截至目前，我国对于绿色信贷做出了一定的努力与探索，出台了相关的执行政策与评价指标，但是由于金融产品缺乏创新，环保成本与金融机构之间的利益博弈，以及不同行业的环境风险评估与具体信贷风险指标的规划还存在缺位，一些信贷政策的实践落实仍有障碍。我国绿色信贷的相关政策详见表 3-2。

表 3-2　　　　　　　　　　我国绿色信贷的相关政策

| 颁布部门 | 颁布时间 | 政策名称 |
| --- | --- | --- |
| 国家发改委、中国人民银行、中国银监会 | 2004 年 4 月 30 日 | 《关于进一步加强产业政策和信贷政策协调配合控制信贷风险有关问题的通知》 |
| 中国人民银行、国家环保总局 | 2006 年 12 月 19 日 | 《关于共享企业环保信息有关问题的通知》 |
| 国家发改委 | 2007 年 6 月 3 日 | 《节能减排综合性工作方案》 |
| 中国银监会 | 2007 年 11 月 23 日 | 《节能减排授信工作指导意见》 |

续表

| 颁布部门 | 颁布时间 | 政策名称 |
|---|---|---|
| 环境保护部、中国人民银行 | 2009 年 6 月 16 日 | 《关于全面落实绿色信贷政策进一步完善信息共享工作的通知》 |
| 中国人民银行、中国银监会、中国证监会 | 2009 年 12 月 12 日 | 《关于进一步做好金融服务支持重点产业调整振兴和抑制部分行业产能过剩的指导意见》 |
| 中国银监会 | 2011 年 3 月 14 日 | 《关于全面总结节能减排授信工作及做好绿色信贷相关工作的通知》 |
| 中国银监会 | 2012 年 2 月 24 日 | 《关于印发绿色信贷指引的通知》 |
| 中国银监会 | 2013 年 2 月 7 日 | 《关于绿色信贷工作的意见》 |
| 中国银监会 | 2014 年 12 月 9 日 | 《绿色信贷实施情况关键评价指标》 |
| 国家发改委、中国银监会 | 2015 年 1 月 19 日 | 《能效信贷指引》 |

资料来源：根据政策文件资料整理。

我国绿色信贷政策的实施情况如下。

兴业银行是中国最早涉足绿色金融业务的银行之一。早在 2005 年，兴业银行便与国际金融公司合作，首次推出节能减排项目贷款。2006 年，兴业银行正式发行绿色信贷。2008 年 10 月，兴业银行成为中国首个加入赤道原则的银行。2009 年 1 月，兴业银行成立了包括项目融资团队、碳金融团队、技术服务团队和研究团队的国内首个可持续金融业务专门机构——可持续金融中心，绿色金融俨然已成为兴业银行的 个品牌特色。此外，招商银行、浦发银行、中国银行、光大银行等国内其他金融机构也纷纷开展绿色金融业务。

根据中国银监会发布数据显示，我国绿色信贷规模稳步增长，国内 21 家主要银行绿色信贷规模从 2013 年末的 5.2 万亿元增长至 2017 年 6 月末的 8.22 万亿元，平均每年增加将近 8 000 亿元，信贷质量整体良好，不良率远低于各项贷款整体不良水平，绿色信贷的环境效益较为显著。截至 2017 年 6 月末，节能环保项目和服务贷款预计每年可节约标准煤 2.15 亿吨，减排二氧化碳 4.91 亿吨。

## 3.2.2 绿色证券发展进程

我国绿色证券政策的发展情况如下。

2007 年 8 月，国家环保总局颁布实施了《关于进一步规范重污染行业生产经营公司申请上市或再融资环境保护核查工作的通知》，对从事火力发电、钢铁、水泥、电解铝行业的公司和跨省从事其他重污染行业生产经营的公司明确了环保核查程序要求，进一步规范和推动了环保核查工作。2008年1月9日，中国证监会发布了《关于重污染行业生产经营公司IPO申请申报文件的通知》，规定从事火力发电、钢铁、水泥、电解铝行业和跨省从事文件所列其他重污染行业生产经营活动的企业申请首次公开发行股票的，申请文件中应当提供国家环保总局的核查意见，未取得相关意见的，不受理申请。2009年8月，环境保护部发布了《关于开展上市公司环保后督查工作的通知》，该通知公布了后督查企业名单并要求有关单位对相关企业开展环保后督查工作。2010年7月，环境保护部发布了《关于进一步严格上市环保核查管理制度加强上市公司环保核查后督查工作的通知》，要求各有关单位严格遵守上市环保核查分级管理制度，建立完善上市环保核查后督查制度，完善上市公司环境信息披露机制，加大上市环保核查信息公开力度。2011年2月，环境保护部发布了《关于进一步规范监督管理严格开展上市公司环保核查工作的通知》，要求规范上市环保核查工作程序，严格上市环保核查工作时限，加强对企业环保违法行为的监督管理，加大对企业环境安全隐患的排查和整治力度。2014年10月，环境保护部发布了《关于改革调整上市环保核查工作制度的通知》，要求加快推进环境治理体系和治理能力现代化，充分利用市场手段和信息公开途径，进一步强化上市公司和企业的环境保护主体责任，改革调整上市环保核查工作制度。我国绿色证券的相关政策详见表3-3。

表3-3　　　　　　　　　　　我国绿色证券的相关政策

| 颁布部门 | 颁布时间 | 政策名称 |
|---|---|---|
| 国家环保总局 | 2007年8月13日 | 《进一步规范重点污染行业生产经营公司申请上市或再融资环境保护核查工作的通知》 |
| 中国证监会 | 2008年1月9日 | 《关于重污染行业生产经营公司IPO申请申报文件的通知》 |
| 上海证券交易所 | 2008年5月14日 | 《上海证券交易所上市公司环境信息披露指引》 |
| 环境保护部 | 2010年7月8日 | 《关于进一步严格上市环保核查管理制度加强上市公司环保核查后督查工作的通知》 |
| 环境保护部 | 2011年2月14日 | 《关于进一步规范监督管理严格开展上市公司环保核查工作的通知》 |
| 环境保护部 | 2012年10月8日 | 《关于进一步优化调整上市环保核查制度的通知》 |
| 环境保护部 | 2014年10月20日 | 《关于改革调整上市环保核查工作制度的通知》 |

资料来源：根据政策文件资料整理。

我国绿色证券政策的实施情况如下。

自绿色证券政策出台以后，各级环保部门积极进行上市公司环保核查，并得到了相关企业的积极配合。本书对近年来各级环保部门 2010～2012 年出具的环保核查意见进行了统计，详见表 3－4。

表 3－4　　　　　　　2010～2012 年环境保护部出具环保核查意见统计

| 时　间 | 核查单位 | 申请核查公司数量 | 通过核查数量 | 未通过核查数量 | 暂停核查数量 | 终止核查数量 | 待核查或补充材料数量 | 不予受理数量 |
|---|---|---|---|---|---|---|---|---|
| 2010～2012 年 | 环境保护部 | 176 | 145 | 2 | 3 | 2 | 23 | 1 |

资料来源：http：//wfs. mep. gov. cn/gywrfz/hbhc/hcpx.

对于已经通过环保核查的公司，环境保护主管部门通过后督查机制对其继续进行监督管理。2010 年，环境保护部根据《关于进一步严格上市环保核查管理制度加强上市公司环保核查后督查工作的通知》，对 2007～2008 年通过环境保护部环保核查的上市公司进行了后督查，主要针对的是其承诺整改环保问题的完成情况。后督查的 58 家公司及其下属 127 家企业共有 274 个承诺整改事项，其中 227 个已经整改完毕，完成率达到 82.8%。通过整改，完善污染治理设施 131 台（套），完成固废综合利用项目 10 项，13 个项目补充办理环评审批手续，24 个项目完成竣工环保验收，完成在线监测装置安装及排污口规范化项目 62 项，督促矿山生态恢复 3 000 余亩。

### 3.2.3　绿色保险发展进程

在国外，绿色保险通常是指与环境风险管理有关的各种保险计划，其实质是将保险作为一种可持续发展的工具，以应对与环境有关的一些问题，包括气候变化、污染和环境破坏。而我国目前对绿色保险的定义则比较狭窄，通常指的是"环境污染责任保险"（简称"环责险"），该保险是以企业发生污染事故对第三者造成的损害依法应承担的赔偿责任为标的的保险。本质上，环责险是一种以金融手段加强环境保护的有益尝试：及时提供的经济赔偿有利于迅速应对环境污染突发事件，稳定社会秩序。

我国于 20 世纪 80 年代开始有绿色保险，但主要集中在核事故责任及海洋环境责任领域。在核事故责任保险领域，80 年代初保险公司开始依据国务院于 1986 年 3 月发布的《关于处理第三方核责任问题的批复》承保核事故责任险。在海洋绿色保险领域，我国 1980 年加入了《1969 年国际油污损害民事责任公约》，之后通过立法对海洋石油勘探与开发的企业、事业单位和作业者，实行了强制责任保险。

2008 年 2 月，国家环境保部总局和中国保险监督管理委员会（现中国银行保险监督管理委员会，下同）联合发布了《关于环境污染责任保险工作的指导意见》，对生产、经营、储存、运输、使用危险化学品企业、易发生污染事故的石油化工企业和危险废物处置企业进行全新的制度安排，这是中国继绿色信贷推出之后的第二项环境经济政策，标志着中国已经正式启动绿色保险。

2013 年 2 月，在对五年的试点情况进行总结的基础上，环境保护部、中国保监会（现中国银保监会，下同）进一步发布相关政策文件，提出应针对涉及重金属、石化、化工等高环境风险的企业和行业开展环境污染强制责任保险制度。在具体实施方面，地方政府是主要推动力量；从规划投保方案，到选择保险公司，甚至亲自说服企业投保，在环责险的各个环节，政府的身影可谓无处不在。

2015 年以来，新《环境保护法》鼓励投保环境污染责任保险，《中共中央国务院关于加快推进生态文明建设的意见》明确提出深化环境污染责任保险试点，《生态文明体制改革总体方案》要求在环境高风险领域建立环境污染强制责任保险制度，《水污染防治行动计划》鼓励涉重金属、石油化工、危险化学品运输等高环境风险行业投保环境污染责任保险。

目前，我国绝大多数省、自治区、直辖市已通过地方性法规、规范性文件或实施方案等多种形式，开展环境污染责任保险试点。广东、湖南、陕西等省份的地方性法规均鼓励和支持企业投保环境污染责任保险，并在重点区域、重点行业实行强制性环境污染责任保险。江苏、广东、四川、甘肃等地通过将投保环境污染责任保险与企业环境保护信用评价、环保专项资金申报、信贷支持、排污许可管理等相结合，引导企业积极投保。

除了传统的环责险外，我国还出现了新型绿色保险，国内新型绿色保险是以平滑企业收益为目的，能够通过稳定企业经营业绩和现金流的方式来协助企业融资的保险产品。与传统的绿色保险不同，新型绿色保险能够起到协助企业融资的重要作用。目前新型绿色保险主要是光伏行业的三个险种：光伏辐照指数保险、光伏组建效能保证保险和光伏电站综合运营保险。

从绿色保险设立的出发点来看，新型绿色保险以平滑收益为目的，更侧重于对企业的收益进行保障；从行业覆盖面来看，新型绿色保险深入行业产业链上下游各个方面，对新能源行业的发展起到重要作用；从发展来看，新型绿色保险的推广受益于国家对新能源产业的大力扶持，未来发展空间依然很大。

总体来看，支持环境污染责任保险发展的法律和政策体系正在逐步形成。此外，绿金委主任马骏表示，2017 年绿金委将推动在高风险领域建立环境污染强制责任保险制度，同时完成《绿色保险研究报告》，提出进一步推进我国绿色保险发展的政策建议。张爽（2017）指出，伴随相关法律制度的不断完善，环境监督管理措施的不断严格，污染损害赔偿责任的不断明确，绿色保险有可能成为未来环境保护领域重要的融资手段之一。

### 3.2.4　碳金融市场发展进程

目前全球的普遍共识是发展低碳经济，围绕低碳经济发展的各种金融活动，统称为碳金融，包括银行、证券、保险等机构的投资者为实现节能减排或服务于限制温室气体（主要指二氧化碳）排放等技术和项目的投融资活动，碳排放权及由其衍生的期货、期权产品的买卖等。在此基础上，催生了以二氧化碳排放权为主的碳交易市场。我国碳金融市场目前正处于起步阶段，虽然未能像欧盟碳市场那样有丰富的碳金融产品和巨大的交易额，但自 2014 年起，国内各个碳排放权交易试点省市，先后推出了多款碳金融产品，为企业履约、投融资等提供了新渠道。目前，我国碳排放权交易的主要类型是基于项目的交易，碳期权、期货等衍生品的交易尚未开展。因此，在我国，碳金融更多的指依托清洁发展机制（CDM），为实现节能减排技术的改进、新能源和可再生能源的开发而开展的金融活动，表现为银行、证券和保险等金融机构资金的合理配置和金融的创新。本节将从碳交易市场、各金融机构的碳金融业务、碳金融政策等方面来总体描述我国碳金融发展的现状。

#### 3.2.4.1　碳交易市场

中国碳交易市场经历了两个发展阶段：一是 CDM 市场阶段，二是碳交易配额交易型市场阶段。中国碳交易于 2002 年以 CMD 的形式开始，到 2012 年 CDM 项目的审批逐渐停止。2011 年国务院《关于开展碳排放权交易试点工作的通知》的发布意味着中国将逐步开展碳排放权（包括配额和核证的减排量 CCER，其中企业通过技术改进所生产的低于配额部分的碳排放量可以进入交易市场）交易市场试点。2013 年 6 月 18 日，深圳率先建立碳排放权交易市场，标志着中国碳交易配额交易型市场启航。

第一阶段是 CDM 市场，从国际市场来看，CDM 项目数从 2005 年开始迅速增长，数量上升明显。2002 年我国部分企业开始参与国际 CDM 项目合作，2005 年我国拥有已签发的 CDM 项目占全球总 CDM 项目数的 3.93%，2013 年这一比例已上升到 79.94%。2006 年，中国逐渐取代印度、巴西成为 CDM 项目第一大国。截至 2017 年 4 月，全球累计的核证减排量（CER）总共为 18.18 亿吨二氧化碳，其中中国占总量的 57.13%，位列第一。虽然我国 CDM 发展迅速，但受到欧盟碳交易价格低廉的影响，国内从事 CDM 项目的企业和机构正在逐步转型①。

　　从国内 CDM 项目的分布来看，图 3 - 1 显示了 2005 ~ 2016 年经国务院批准的 CDM 项目数和预估减排量的变化。从图 3 - 1 中可以看出，自 2005 年开始，我国 CDM 项目的参与度不断提高，项目数和预估减排量增长明显，至 2007 年仅批准的项目数量就翻了 40 倍；而从 2008 年开始，由于受金融危机的影响，依托发达国家资金和技术支持的 CDM 项目有所收紧，项目数量和减排量都呈下降趋势。随着主要发达国家经济形势的好转，我国的 CDM 项目又呈现迅速发展态势，从 2011 ~ 2012 年，短短的 2 年时间，项目数量和预估减排量均增长了 1.5 倍多，达到最高点，而 2013 年则下降明显。这一演变过程一方面是由于我国的 CDM 项目从 2005 年才正式开始；另一方面是由于联合国气候框架条约第一阶段履约到 2012 年结束，后续政策不明确，因此，从 2012 年开始我国逐渐停止 CDM 项目的审批，到 2016 年，当年批准的 CDM 项目仅有一个。

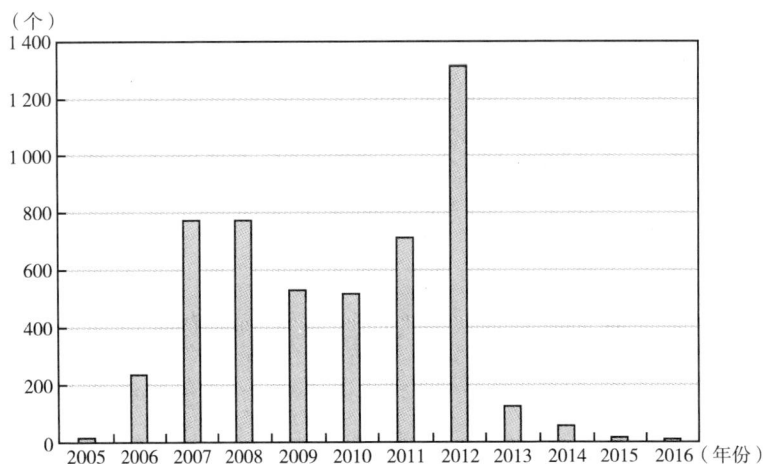

**图 3 - 1　2005 ~ 2016 年国内 CDM 批准项目个数**

资料来源：根据中国清洁发展机制网整理得到。

　　第二阶段是碳配额交易型市场。2011 年 10 月，国家发改委为落实"十二五"（2011 ~ 2015 年）规划中提出的关于逐步建立国内碳排放权交易市场的要求，同意将北京市、天津市、重庆市、湖北省、上海市、广东省及深圳市作为碳排放权交易的试点区域，期望通过政策引导，建立统一的全国碳排放交易市场。试点省市从东部沿海地区到中部地区，覆盖面积 48 万平方公里。七试点

---

　　① 资料来源：http：//cdm. unfccc. int/Statistics/Public/CDMinsights/index. html.

地区建立的碳交易市场，碳排放量为交易标的，分为配额型和 CCER（即核证的自愿减排量）两种。前者由各地政府规定排放量配额，未用完的配额可进入市场交易，初期免费分配配额。后者则是由各企业以自愿的方式进行减排，产生的减排量可在全国流通并在市场内交易。目前，我国以配额交易为主。

CCER 的交易以 2014 年国家发改委签发 CCER 为标志，起步较晚。目前 CCER 的定价主要通过协商来决定，与配额价格间存在较大差异，究其原因，是因为价格机制的缺失，缺乏相应的市场价格监管和发现机制，这直接影响碳交易市场的活跃度，甚至影响碳市场的减排成效。

### 3.2.4.2　我国主要的碳交易所

北京环境交易所成立于 2008 年 8 月 5 日，它是首家服务于各类环境权益交易的专业市场平台。环交所是中国自愿减排交易市场主要的开拓者，开发了中国第一个自愿减排标准"熊猫标准"，推出了中国第一张低碳信用卡，推动完成了一系列知名机构的碳中和案例；在《温室气体自愿减排交易管理暂行办法》颁行后，环交所作为国家发改委备案的全国自愿减排交易机构，已经发展成为中国核证自愿减排量（CCER）的主要交易平台。2013 年 11 月 28 日，北京市碳排放权市场正式开市交易。作为北京市碳排放权交易试点指定交易平台，环交所在市发改委和市金融局等主管部门的指导支持下，北京碳市场交易规模及活跃程度均位居全国试点碳市场前列。[①]

上海环境能源交易所也成立于 2008 年 8 月 5 日，主要从事环境与能源权益的交易，品种包括清洁发展机制项目、自愿碳减排项目、合同能源管理项目、节能减排与环保技术资产项目。截至 2017 年底，上海碳市场共开市 935 个交易日，1 吨碳排放配额（SHEA）与 CCER 现货累计成交 8 887.47 万吨，在全国各试点省市中位居首位。[②] 上海环境能源交易所陆续推出 CCER 质押贷款、借碳交易业务、碳信托、碳基金等碳金融创新业务，并在控排企业和碳资产管理公司、金融机构之间搭建桥梁探索适合各方的业务模式。2016 年 3 月，上海碳市场推出首单碳配额卖出回购业务，并在 2016 年底上线碳远期产品，在碳配额资产管理模式创新上又实现重大突破。上海碳市场交易为全国碳交易市场的建设提供了经验。

天津排放权交易所于 2008 年 9 月 25 日在天津滨海新区挂牌成立，它是全国第一家综合性的环境权益交易机构，也是我国首个实行总量控制、单强制减

---

① 资料来源：北京环境交易所 http：//www.cbeex.com.cn/.

② 资料来源：上海环境能源交易所 http：//www.cneeex.com/.

排的碳排放交易试点。天津排放权交易所实行总量控制，模仿芝加哥气候交易所，实行三种会员制度：第一种是排放类会员，即承担节能减排义务的直接排放单位；第二种是流动性提供商会员，是虽在天津排放权交易所进行交易但不承担节能减排指标的机构；第三种是竞价者会员，包括独立参与该交易所电子竞价的机构或者个人。2016 年 9 月 6 日，全国碳市场能力建设（天津）中心正式授牌成立，其将在低碳技术开发、绿色项目等各方面，加强与国际大型油气公司的合作与交流，积极增进国际与国内应对气候变化各相关方相互了解、建立和加深彼此合作关系。

### 3.2.4.3　金融机构碳金融业务开展

我国商业银行基本只是在绿色信贷方面有所发展，在碳金融理财产品上的创新甚少。我国商业银行在碳金融领域的发展除了绿色信贷之外，最直接的就是提供碳金融相关顾问及服务支持，以及借助本身的优势开发碳金融理财产品。

近几年我国各大银行在绿色信贷领域做出很大努力，绿色信贷不仅成为未来银行参与竞争的重要利润增长点，而且还是现代商业银行营销的重要策略之一，为打造银行的知名度作出了杰出贡献。例如，我国第一家赤道银行"兴业银行"，它已成为我国商业银行实行绿色信贷的楷模，在开展绿色信贷的国际合作的同时，也提高了在国际上的知名度，形成品牌效应。我国商业银行碳金融发展概况详见表 3 - 5。

表 3 - 5　　　　　　　　　　我国商业银行碳金融发展概况

| 银　行 | 碳金融发展情况 |
| --- | --- |
| 民生银行 | 将节能减排贷款与碳金融相结合，推出以 CDM 机制项目的排放指标作为贷款来源之一的节能减排融资模式，为寻求融资支持的节能减排企业提供了新的选择 |
| 中国银行 | 发行了"挂钩二氧化碳期货价格"的理财产品 |
| 农业银行 | 在总行成立了投资银行部，先后与多家企业进行环境能源项目合作，包括水力、发电等领域多项 CDM 项目 |
| 国家开发银行 | 率先完成了国内商业银行首笔碳排放交易咨询服务 |
| 兴业银行 | 中国首家"赤道银行"；发行了国内首张低碳信用卡；兴业银行上海分行于 2013 年在沪推出国内首只碳金融综合服务产品 |
| 浦发银行 | 发行了国内第一只碳债券，该行主承的 10 亿元中广核风电有限公司 2014 年第一期中期票据于 2014 年 5 月 8 日在银行间市场成功发行 |
| 北京银行 | 与国际金融公司（世界银行下属公司）签署能效贷款合作协议，提供节能项目的贷款服务 |
| 深圳发展银行 | 推出了名为"聚财宝飞跃计划 6 号"的二氧化碳挂钩型人民币和美元理财产品 |

从金融机构碳金融产品的创新来看，各金融机构通过积极推进电子化、信息化、低碳化的业务平台，开发了碳债券、碳基金、国际碳保理、低碳信用卡等碳金融产品，为应对气候变化贡献了力量。但总体来说，碳金融产品现在还处于萌芽阶段，品种较少，投资金额较小，其他金融中介鲜少涉及碳金融领域。

### 3.2.4.4　碳金融政策的制定和实施

目前来看，与碳金融发展有关的政策或法律规定较少，政策体系不完善，现有的相关法律主要涉及为履行《联合国气候变化框架公约》和《京都议定书》的相关规定，利用金融手段推动环境保护的政策和法规，以及国务院颁布的《"十三五"控制温室气体排放工作方案》。

金融机构方面，各金融机构的碳金融政策主要通过银行业的绿色信贷指导来体现，证券业和保险业的碳金融政策缺失。

碳金融市场方面，对于国内的碳配额交易型市场，国家发改委于 2012 年 6 月 21 日正式颁布了《中国温室气体自愿减排交易活动管理暂行办法》（下简称办法）。该办法参考清洁发展机制（CDM）的管理体制和方法，明确了国家发改委作为温室气体自愿减排交易的主管地位。该办法将成为我国自愿减排交易的基础。另一部与碳金融发展相关的政策是《碳排放权交易管理暂行办法》（下称"管理办法"），由国家发改委于 2014 年 12 月 10 日推出。"管理办法"的出台标志着国家层面碳市场建设的态度和决心。目前该"管理办法"为框架性文件，具体的操作细则还有待进一步细化。王健生、王砾尧（2016）指出，2015 年 9 月 25 日，习近平主席在《中美元首气候变化联合声明》中郑重宣布，中国将在 2017 年启动全国碳排放交易体系，覆盖钢铁、电力、化工、建材、造纸和有色金属等重点工业行业。

2017 年 12 月 18 日，根据《中华人民共和国国民经济和社会发展第十三个五年规划纲要》和《生态文明体制改革总体方案》制定的《全国碳排放权交易市场建设方案（发电行业）》正式推出。该方案坚持将碳市场作为控制温室气体排放政策工具的工作定位，切实防范金融等方面的风险，分三个阶段稳步推进碳市场建设工作。未来，我国将致力于建设全国碳排放交易体系。全国统一碳市场投入运营后，将超越欧盟碳排放交易体系（EU ETS）成为全球最大的碳市场。环交所将在主管部门的指导支持下，致力于将北京建设成为全国碳交易中心市场，稳步发展成为金融化、国际化的碳市场，为控排机构提供碳排放履约便利，为金融投资机构提高碳交易流动性，为实体经济拓宽绿色投融资渠道，为繁荣首都要素市场、服务国家低碳发展、应对全球气候变化不断贡献力量。

# 3.3　现阶段绿色金融发展存在的主要问题

## 3.3.1　绿色金融总体体量较小，实施力度较弱

自 2008 年以来，中国人民银行联合中国银监会、中国保监会、中国证监会等颁布实施了一系列绿色金融政策，但总体来看，真正用于绿色发展事业的资金仍然较少，实施力度较弱。以绿色信贷为例，2012 年中国工商银行贷款总额为 88 037 亿元，投向绿色发展领域的贷款为 5 934 亿元，绿色信贷比例为 6.74%；中国建设银行贷款总额为 75 123 亿元，投向绿色发展领域的贷款为 2 396 亿元，绿色信贷比例为 3.18%。绿色信贷不仅在银行信贷业务中所占的比例较小，且其还呈逐年递减趋势，例如，中国工商银行绿色信贷比例从 2011 年的 7.58% 下降为 2012 年的 6.74%，其他商业银行的绿色信贷比例也逐步下降。

## 3.3.2　绿色金融产品创新匮乏，市场尚不完善

自中国开展绿色金融以来，金融业虽然陆续推出了部分支持绿色发展的金融创新产品，但与国外领先者相比差距仍然明显。业界对绿色金融的理解几乎等同于绿色信贷，即减少对高污染、高耗能、高排放企业的贷款额度，对于绿色金融的其他产品，如绿色证券、绿色保险和碳金融产品的理解甚少；且绿色信贷所涉足的领域也多在中下游环节或低附加值产品环节，主要以支持国家的节能减排政策为主，绿色金融市场发展有待完善。而非银行金融机构对绿色金融的参与度也不高，提供的绿色金融服务较为单一。

## 3.3.3　绿色金融盈利能力不足，盈利模式单一

绿色金融存在着绿色发展公益性与金融业盈利性之间的矛盾。绿色发展的本质是实现经济与生态、资源、环境之间的可持续发展，本身带有较强的公益性，而金融业是以营利为目的，利润是金融发展的根本。绿色金融风险较高而收益偏低，二者之间存在着潜在的矛盾。以碳金融为例，商业银行响应国家号召，对重点节能减排工程提供银行贷款、发行短期融资券、中期票据等绿色融资支持，并通过应收账款抵押、CDM 预期收益抵押、股权质押、保理等创新

方式提供绿色融资服务，但由于中国还不存在对碳减排的强制管理，减排需求
有限，商业银行碳金融产品尚未实现可持续的盈利；且碳期货和碳期权等衍生
品市场几乎空白，碳金融盈利模式单一。

### 3.3.4　绿色金融制度设计欠缺，政策法规不全

　　一是绿色金融法律体系缺失，目前尚没有国家法律层面的制度设计，仅是
"一行三会"及财政部、生态环境部等部门颁布了些许部门规章制度。二是绿
色金融政策措施在实践中缺乏针对性和可操作性，远不能满足实际需要，例
如，在产业结构由高碳向低碳的转变中，转型企业的经营成本往往会大幅上升
而影响盈利；与此同时，财政补贴、税收减免和金融优惠等政策并未有效跟
进，影响金融机构开展绿色金融业务的积极性。三是绿色金融信息披露平台尚
不健全，部分投资项目环评效力不足。四是绿色金融的各项标准仍不完善，参
与主体的权利、义务和责任不够具体，影响实际效果。

# 第4章

# 中国绿色金融体系顶层设计与法规建设

## 4.1 国外绿色金融相关政策与立法现状

### 4.1.1 国际组织制定的绿色金融相关政策

#### 4.1.1.1 世界银行

世界银行的环境保护政策涵盖在其业务操作中的各个程序规范之中，即业务政策（operational policy，OP）、业务指令（operational directives，OD）、业务程序（bank policy，BP）和良好操作（good practices，GP）。其中主要涉及了十项核心环境保护政策（程序）：环境评估（OD4.01）、病虫害防治（OP/BP4.09）、林业（OP/GP4.36）、自然栖息地（OP/BP4.04）、国际水道项目（OP/BP7.50）、水坝安全（OP/BP7.60）、文化财产（OP/BP11.03）、争端地区的项目（OP/BP7.60）、当地民族（OD4.20）及非自愿移民（OD4.30）。这些政策的共同目标就是把对环境相关问题的关注直接融入世界银行的各项业务活动中，预防其业务活动对人类生存环境造成破坏，从而推动可持续发展。自1989年以来，世界银行把实施和完成环境影响评价作为其批准贷款的先决条件，为此，世界银行制定了有关环境评价的政策以及项目环境审查程序和步骤。环境评价一般包括具体项目的环境评价、行业开发计划的环境评价、区域开发的环境评价等形式。

赤道原则（the equator principles，EPs）是一套根据世界银行下属的私营部门投资机构国际金融公司（IFC）的政策和指南制定的，旨在发展与项目融资有关的社会和环境问题的自愿性原则。宣布实行赤道原则的银行必须制定与该原则一致的内部政策和程序，并对项目融资中的环境和社会问题尽到审慎性审核调查的义务。银行只有在项目发起人能够证明项目在执行中会对社会和环境负责并会遵守赤道原则的情况下，才能对项目提供融资。赤道原则已经成为国际项目融资的新标准。

2003 年 6 月 4 日，在荷兰银行、花旗银行、巴克莱银行等几家主要国际领先银行的倡议下，赤道原则正式形成，这些银行被称为"赤道银行"。赤道原则官网显示，截至 2018 年 11 月底，全球已经有 37 个国家和地区的 93 家银行和金融机构表示接受赤道原则，这套原则中确立了国际项目融资的环境与社会的最低行业标准。经过 2007 年 7 月赤道原则成员的共同修改，规定适用赤道原则的融资项目由原来的 5 000 万美元降低为 1 000 万美元；在项目分类上更加明确区分了社会和环境影响评价，从而更加强调项目的社会风险和影响。这从总体上提升了原则执行的标准，更加有利于绿色金融的发展。

### 4.1.1.2　联合国环境规划署

1992 年，联合国环境规划署与世界主要银行和保险公司成立了金融机构自律组织（UNEP finance initiative，UNEP FI），其成员包括商业银行、投资银行、风险投资机构、资产管理机构、多边发展银行及保险机构等。这是一个召集金融机构在环境保护和可持续发展方面进行对话和交流的组织，已有超过180 个世界各国的银行签字加盟，其宗旨是对可持续金融理念进行推广，督促金融机构可持续发展；其主要职能就是将环境理念整合到金融部门的日常运营和服务中，鼓励私人部门为环境友好型的技术和产品投资。

1997 年，金融机构自律组织发表了《银行业、保险业关于环境可持续发展的声明》（Banks and Insurers on Environment and Sustainable Development）。该声明是国际金融机构开始实施环境管理体系的标志，得到世界范围的广泛支持，目前已有 33 个国家的 200 多个金融机构在声明上签字。据此，银行和保险公司有义务将其实施的环境措施公之于众，提供环境评估报告和外部环境行为标准，主要包括环境政策、环境指标、环境管理制度，以及有关采购、废物处理等内容。

可以说，目前世界上最重要的两大多边国际组织——联合国和世界银行，都是绿色金融的积极倡导者和实践者。联合国作为世界上会员国最多和最有权威的国际组织，世界银行作为世界上最重要的国际金融组织，均享有极高的政治地位和国际影响力。由这两大国际组织制定的发展绿色金融的相关政策得到了世界上很多国家的共同遵守，同时也为各国进行绿色金融立法提供了可供参考的摹本。尤其是赤道原则的诞生和普及，对绿色金融的发展意义深远。

## 4.1.2　发达国家绿色金融立法现状

环境问题带来的金融风险已引起许多国家政府的注意，并开始采取各种防范措施。而通过立法构建完善的绿色金融法律制度，以绿色金融实践来推动绿色金融法律制度的建立，以法律手段来防范和化解金融环境风险，成为西方发达国家推行绿色金融战略的不二法门。

### 4.1.2.1　美国

美国是绿色金融的诞生地，其绿色金融相关立法处于世界领先地位，绿色金融法律制度也相对比较健全。1980 年美国的《超级基金法》直接催生了绿色信贷和绿色保险。而该法案最具威慑力的是，它认定环境责任具有可追溯性，即如果个体行为造成环境污染，那么该个体需要承担污染治理的有关费用。这无疑为很多公司增加了巨大的环境风险，它们需要保险公司提供相应的保险产品以帮助其规避风险，这就导致了绿色保险的诞生。绿色保险在美国被称为"环境污染责任保险"，1972 年美国的《清洁水法》规定了针对有毒物质和废弃物处理可能引起的损害责任实行强制保险，以此来促进绿色保险的实施，该法明确规定所有进入美国的船只必须投保责任保险。美国还成立了专门保险机构进行环境污染责任保险，即成立环境保护保险公司，用于承保被保险人渐发、突发意外的污染事故及第三者责任。

20 世纪 90 年代以后，美国联邦政府的绿色金融制度体系构建得到进一步完善，绿色金融制度着力于规范更宽泛、更专业的经济、环境领域，强调良性的环境与经济促进作用。其中比较有代表意义的是 1990 年修订的《清洁空气法案修正案》和 1992 年制定的《能源政策法》。《清洁空气法案修正案》对排污权交易制度做出了规定，这是一项基于市场的环境经济政策，反映出绿色金融制度发展的全面提升。修正案的主要内容是针对有害气体的总量控制和配额交易，主要措施包括美国环保局对汽车引擎制造企业推行排污信用的购买和交易机制，倡导改善汽车行业产品品质、发展公共交通，使用税收等经济杠杆鼓励清洁能源汽车的生产等。该法实施成效显著，据统计，美国 1990 年的二氧化硫排放量比 1980 年减少了一千万吨。

美国《2005 国家能源政策法案》是在美国为日益紧缺的自然资源寻找替代性可再生清洁能源的背景下制定的。联邦政府通过强制性与支助性的手段推行可再生能源及其产品的普及。该法要求美国到 2010 年，可再生能源提供的能量应比 1988 年增加 75%，对可再生能源的开发利用给予投资税额减免优惠政策（例如对太阳能和地热能给予 10% 的减税优惠）。同时，该法案还对开放输电网、发展电力促销商、鼓励电力供应竞争，以及用市场机制来推进新能源技术的推广等做出规定。该法的实施，一定程度上缓解了美国的能源危机，改善了美国环境污染的状况。

2007 年，继大萧条以来最严重的经济金融危机爆发，奥巴马政府为了尽快使美国经济走出谷底，采用了"绿色能源新政"，想要通过绿色能源计划为美国的经济发展提供长久动力，重点是调整产业结构、寻求新能源、缓解能源压力和降低失业率，带动美国经济恢复到正常轨道。2009 年，美国政府先后出台的促进低碳经济发展的《美国复苏与再投资法案》和《美国清洁能源与安全法案》，明确规定了要推广清洁能源、提高能源利用效率，通过低碳经济发展提升美国经济增长，这对美国最早走出 2008 年国际金融危机泥潭、摆脱其不利影响起了重要作用。

至此，我们可以发现，美国的绿色信贷体制经历了以治为主的时期，转变为现在的以防为主、防治结合的全面立体结构，不断完善补充，刺激着美国经济的发展，推动着产业结构的转型。

### 4.1.2.2　英国

2002 年，英国首相布莱尔在世界可持续发展峰会上，宣布了公私部门合作的"可持续发展伦敦原则"。该原则旨在将金融市场运作与可持续发展融合，主要方式是根据环境保护的原则，促进资产有效与可持续使用，以及为风险管理提供研发具有环保效益的科技融资渠道。同时，英国的银行界也在进行各种努力以回避贷款企业的环境风险。例如，国家威斯敏斯特银行已成立专门的环境管理机构，并制定了相应的指南来评估贷款的环境风险。这些原则和指南虽然没有成文的法律形式，但英国作为典型的普通法系国家，这些不成文的原则和指南也具有一定的法律约束力。

值得一提的是近年来英国实施的"绿色金融项目"。该项目伴随着英国社会各界环保呼声高涨而被英国金融机构列为绿色金融实践的重点项目之一。该项目在保险领域，由英国皇家联合保险公司的个人业务推出了"绿色车险"项目，为使用混合动力汽车的车主提供汽车保险折扣。"绿色保险"的最大特点是为环保型车主提供了保险优惠，从而鼓励更多的人购买环保汽车。同时，还由英国气候安全旅游保险公司推出"绿色旅游保险"项目。这一项目在不增加旅客保险费用的情况下，旅游公司将一部分保险费投入到公司在世界各地从事的环保项目中。

在银行业务方面，英国汇丰银行在客户日常服务中设置了"绿色选择"

账户。拥有"绿色选择"账户的顾客，其账单将不再通过纸张邮寄，而是通过网络银行以电子邮件的形式直接寄出。在必要时，银行与顾客的联系方式为电话和网络，从而取代了信件邮寄。顾客也不会再收到用于营销目的的邮寄品，以及支票本和账单支付本。汇丰银行许诺，在每个"绿色选择"账户开通后，将在一定时间内，向世界自然基金会、地球观察组织以及气候集团捐款英镑。这些有利的做法已经被英国金融监管当局确定为各个银行必须遵守的规章制度。

这些切实的举措为立法提供了良好的实践基础和公众基础，同时也为英国的金融机构带来了更大的媒体宣传和社会影响力，是金融机构市场营销的手段之一，并且也对环境保护带来了益处，是一项利己利民的工程。

### 4.1.2.3　德国

20 世纪 80 年代后期，联邦德国成立了世界第一家环境保护银行，命名为"生态银行"，重点资助促进环境保护的投资项目和工程，为环保产业资金聚集、经营、增值和充分获得效益提供了一个运作平台。德国还通过制定相关法律为生态银行的环保投资建设，以及生态产业的发展聚集资金与日常运行提供法律依据和保障。

自 2001 年开始，德国 30 家银行和保险公司每年公开发表公司的环境报告，与工业界一样持续报告环境事务。公司的环境报告不仅满足了外部信息披露和公开的要求，而且产生了许多重要的内部功能，例如，报告明确设定了公司的环境目标和公司在环境管理方面的承诺，满足这些目标和承诺成为公司雇员日常活动的指南，通过对目标的跟踪和实现，加强公司的环境管理、减少环境风险。持续报告环境事务已成为是德国金融机构必须遵循的一项法定义务，是绿色金融立法的重要举措。德国还积极推动绿色保险的法律建设，先后于 2007 年、2008 年颁布了《环境损害保险一般条款》和《环境责任保险条款》等环境保险法律，通过明确环境责任人的义务和绿色保险种类，来解决环境污染纠纷，促进绿色保险的发展。

### 4.1.2.4　日本

日本是亚洲社会责任投资最发达的国家，其第一个与社会责任投资相关的基金出现于 1999 年，之后此类基金不断发展。日本也为此制定了相关的生态基金投资法律制度，出台了《生态基金投资法》，对生态基金的种类、投资方向及其管理制度做了明确的规定，以规范生态资金投资和引导社会责任投资。

日本政策投资银行于 2004 年开始实施的促进环境友好经营融资业务成为

日本实践绿色金融的成功典范。日本政策投资银行是日本大型国有银行，与一般商业银行不同，日本政策投资银行是国有综合改革金融机构，投融资方向集中于政府确定的政策性重点项目，其经营不以营利为目的，不参与市场竞争，面向日本经济社会发展有利的项目提供长期稳定的资金供给。正是源于日本政策投资银行的公益定位，该银行实施的促进环境友好经营融资业务以支持减轻环境压力、促进企业环保投资为最终目标。该银行通过自行开发的环境经营评价系统，对申请环保贷款企业的环境绩效予以评分，根据评价结果，向环保方面表现优异的企业提供环保专项低息贷款，支持企业增加环保投入。这项业务最大的特点是根据贷款目标企业的环境评级结果确定贷款对象及利率。低息贷款被规定主要用于企业环境保护相关软、硬件设备的购买及研发投入等。日本政策投资银行在收到企业的环保专项贷款申请后，将通过评级系统对申请企业进行环境评级，根据评级结果确定相应的贷款利率。在实施这项业务的过程中，日本政策银行还不断引入新的环境评价机制，根据环境评价的级别来确定贷款利率。

通过促进环境友好经营融资业务的实施，日本有超过 100 家在环境领域表现优异的企业获得了低息贷款支援，总金额超过了 1 400 亿日元，受益覆盖面极其广泛。这些良好的举措对于日本绿色金融的发展和绿色金融法律制度的完善都有着极其重要的意义。

## 4.2　中国绿色金融体系顶层设计及创新发展

### 4.2.1　绿色金融的顶层设计发展现状

绿色金融被纳入国家发展战略，党中央国务院对绿色金融理念的阐述，绿色金融政策性框架初步形成以及相关部委的政策落地，标志着中国的绿色金融政策顶层设计已逐步深化。

第一，绿色金融被纳入国家规划和生态文明纲领性文件。绿色金融首次被纳入生态文明建设的纲领性文件，也是首次被纳入国民经济和社会发展规划纲要，这标志着发展绿色金融已经成为一项重要的国家战略，同时，为发展绿色金融提供了方向性指引，对推进绿色金融具有重要的意义。

《中共中央国务院关于加快推进生态文明建设的意见》对生态文明建设作出了重要部署，并从市场化机制角度出发，积极推进绿色金融相关领域的发展。要求建立节能、碳排放权交易制度，深化交易试点，推动建立全国碳排放权交易市场，加快水权交易试点，培育规范水权市场；扩大排污权有偿使用和交易范围，发展排污交易市场。

党的十八届五中全会审议通过的《中共中央关于制定国民经济和社会发展第十三个五年规划的建议》在理论上突破性地提出创新、协调、绿色、开放、共享五大发展理念，将"绿色发展"作为"十三五"时期社会经济发展的重要内容，也在国民经济和社会发展规划纲要中首次提出：发展绿色金融，设立绿色发展基金。绿色金融已经成为"十三五"时期深化金融体制改革的重要方向。

《生态文明体制改革总体方案》（以下简称《方案》）是生态文明领域改革的顶层设计和部署，也是生态文明建设的基础性制度框架。《方案》明确提出了"建立绿色金融体系"：推广绿色信贷，研究采取财政贴息等方式加大扶持力度，鼓励各类金融机构加大绿色信贷的发放力度；加强资本市场相关制度建设，研究设立绿色股票指数和发展相关投资产品，研究银行和企业发行绿色债券，鼓励对绿色信贷资产实行证券化；支持设立各类绿色发展基金，实行市场化运作，建立上市公司环保信息强制性披露机制；建立绿色评级体系以及公益性的环境成本核算和影响评价体系，积极推动绿色金融领域各类国际合作。同时，《方案》细化了环境权益交易的相关内容，在用能权和排污权交易制度、水权交易制度等方面作了相关的规定。

党的十九大报告明确指出，加快生态文明体制改革，建设美丽中国，把发展绿色金融作为推进绿色发展的路径之一。党的十九大报告提出，要"加快建立绿色生产和消费的法律制度和政策导向，建立健全绿色低碳循环发展的经济体系"。随着国内绿色金融体系顶层设计的明晰化，绿色金融迎来了发展的黄金时期。

第二，党中央国务院及相关部委形成发展绿色金融的广泛共识。发展绿色金融是绿色发展的重要措施，已成为供给侧结构性改革的重要内容，并逐渐成为党中央、国务院决策高层的重要共识，党中央、国务院以及相关部委领导在不同场合以不同形式阐述了发展绿色金融的重要性。

2016 年 8 月 30 日，国家主席习近平主持召开中央全面深化改革领导小组第二十七次会议，审议通过了《关于构建绿色金融体系的指导意见》，强调发展绿色金融是实现绿色发展的重要措施，也是供给侧结构性改革的重要内容；指出要通过创新性金融制度安排，引导和激励更多社会资本投入绿色产业，同时有效抑制污染性投资。

第三，全球首个以政府为主导的绿色金融政策框架初步形成。2016 年 8 月 31 日，中国人民银行、国家发展和改革委、环境保护部等七部委联合印发

《关于构建绿色金融体系的指导意见》（以下简称《指导意见》），将绿色金融体系建设上升到国家高度，成为全球首个相对完整的以政府为主导的绿色金融政策框架，进一步深化了绿色金融的顶层设计，为政府、社会资本各方参与提供了不同种类的绿色金融产品和金融工具。

首次明确界定绿色金融含义，多项激励机制推进绿色金融。"绿色金融"的概念一直是学术界和金融界争论的焦点，《指导意见》给出了较为明确的定义：绿色金融是指为支持环境改善、应对气候变化和资源节约高效利用的经济活动，即对环保、节能、清洁能源、绿色交通、绿色建筑等领域的项目投融资、项目运营、风险管理等所提供的金融服务。同时，也提出了绿色信贷、绿色债券、地方绿色金融等多方面的激励机制。

加强信用评级和环境信息披露，设立基金和创新融资工具。一是首次以文件形式明确第三方机构在绿色债券评级中的作用：研究探索绿色债券第三方评估和评级标准、规范第三方认证机构对绿色债券评估的质量要求，鼓励信用评级机构在信用评级过程中专门评估发行人的绿色信用记录、募投项目绿色程度、环境成本对发行人及债项信用等级的影响；同时，培育第三方专业机构为上市公司和发债企业提供环境信息披露服务的能力，逐步建立和完善上市公司和发债企业强制性环境信息披露制度。二是设立绿色发展基金深化政府和社会资本合作模式。支持和鼓励设立三类绿色发展基金，即分别由中央财政专项支持、地方政府和社会资本支持、社会资本和国际资本设立，并支持在绿色产业中引入 PPP 模式，将环保高收益项目打捆，建立公共物品性质的绿色服务收费机制。三是完善环境权益交易市场，丰富创新融资工具。丰富和发展各类碳金融产品，例如碳远期、碳掉期、碳期权、碳租赁、碳债券、碳资产证券化和碳基金等碳金融产品和衍生工具。推动建立排污权、节能量（用能权）、水权等环境权益交易市场，在重点流域和大气污染防治重点领域合理推进跨行政区域排污权交易。

第四，多部门合力推进绿色金融相关政策落地生效。绿色金融已从理念上升为国家战略，相关领域的配套政策与措施也正逐步出台落实，尤其是绿色债券的政策体系日趋完善。中国人民银行、国家发展改革委、证券交易所等多个部门、金融机构相继出台了一系列与绿色债券关联的政策，明确了绿色项目界定、绿色债券发行标准、发行对象和方式、募集资金获得和使用等相关内容，为绿色债券的发行提供了指引。

绿色债券市场政策上取得突破，多部门共同推进绿色债券市场。我国的绿色债券市场主要有三大政策来源，分别来自中国人民银行、国家发展改革委和证券交易机构。其中，中国人民银行发行的绿色金融债券公告以及绿色债券界定标准，标志着国内绿色金融债券市场正式启动；国家发展改革委发布《绿色债券指引》，为绿色公司债券发展提供政策保障；上海证券交易所和深圳证券交易所出台绿色公司债券相关政策，为金融机构和绿色公司提供了新的、较低成本的融资渠道。

### 4.2.2　绿色金融政策创新的必要性

我国当前正处于发展方式转变和经济结构调整的关键时期，治理资源过度消耗，要发展绿色金融产业，仅仅依靠国家的财政收入是远远不够的，更加需要绿色金融支持。绿色金融作为新兴领域，蕴藏巨大商机，可为金融业提供可持续发展的机会。

就我国目前的发展现状而言，助推绿色金融政策是金融机构拓宽发展方向和空间、推进战略转型的必由之路，为绿色金融在中国的发展带来了契机。党的十八届五中全会提出绿色发展理念，绿色金融发展已经上升为国家意识和国家意志。绿色金融产业政策落实、地方政府创新发展和生态文明建设，需要引入巨量社会资本、国际资本和国际先进技术；决策者、监管者、金融家、企业家需要以全球视角来经营绿色产业、绿色金融战略，通过政策催化，已经成为行动的起点。

绿色金融政策创新的深度与宽度，直接决定了绿色产业资源创新、管理创新、产品创新与市场创新的方向、力度与效果。当前，金融产品交易市场处于初步发展阶段，绿色金融产品交易平台需要重新进行资本化创新。由于2016年G20后，政策创新正大步进行，绿色金融的资本化创新适逢其时。无论是产品金融化创新，还是绿色交易平台的交易机制、交易方式、风险管理等，都需要政策创新来保驾护航。做好绿色金融体系的顶层设计，政府统筹规划，对于依靠市场无法解决的问题，依靠政府的特殊地位予以补充，从而完成市场无法完成的任务。

### 4.2.3　绿色金融政策体系的总体框架

#### 4.2.3.1　构建绿色金融政策支持体系

绿色金融业务的正外部性及其高风险性使得市场化的商业金融不愿意提供绿色金融服务，因此，市场失灵需要政府的介入来支持绿色金融业务的发展，即绿色金融是一种政策推动型金融。目前为止，出台的与绿色金融政策相关的《绿色信贷指引》中也未涉及相关的激励机制的。因此，要抓住绿色金融的发展机遇，国家政府相关部门，中国人民银行以及中国银行保险监督管理委员会等部门应尽快制定相应的激励和奖惩政策，提高社会参与绿色金融的积极性。

在货币政策方面，首先，要完善对商业金融开展绿色金融的激励和约束机制。在对商业金融开展绿色金融的激励方面，中央银行可以对发放绿色金融项目贷款的金融机构在贷款额度内适当减免存款准备金要求，扩大贷款的利率浮动幅度，而中国银保监会等金融监管机构也可以适当降低金融机构绿色金融项目的贷款资本金要求。此外，还可以建立金融机构环境信用评级，将金融机构在环保方面的表现作为其信用评级的考核因素，中央银行对高信用等级金融机构的融资申请给予优先考虑，而从严审查低信用等级金融机构的再贷款、再贴现等融资申请。除激励商业金融开展绿色金融以外，还要采取多种政策约束商业金融对高污染、高能耗等项目和企业提供金融服务，例如要求金融机构对污染企业的贷款申请实行额度限制并实施惩罚性高利率等。

其次，要建立和完善支持绿色金融的政策性金融体系。由于有些环保项目和生态工程项目投资期限长、风险大，即使有激励约束，商业金融也不愿涉足，因此，实施绿色金融战略，还需要政策性金融以弥补商业金融的不足。例如，2007 年，日本政策银行推出了环境评级贴息贷款业务；2009 年，韩国政府成立了一个可再生能源权益基金公司，拥有 3 000 亿韩元，投资于碳减排绿色行业，并设立了优惠利率的绿色金融产品。我国也需要建立和完善政策性金融体系以促进绿色金融的发展，可以设立一个国家级的"绿色金融专项基金"，其资金来源包括污染罚款、环境税和财政收入划拨等，专门用于环境保护。还可以组建一家政策性的"绿色银行"，或者在原有的政策性银行设立专门的绿色金融部门，其主要任务就是防止环境污染，通过发行绿色金融债券等手段筹集稳定的中长期资金以支持促进环保的投资项目，发挥政府的窗口导向作用。

在财政政策方面，主要是财政收入（税收）和财政支出，不仅要对绿色金融采取可行的减税措施，例如对金融机构开展绿色金融业务的收入实行税收优惠等；财政支出也应该向绿色金融倾斜，发挥财政资金"四两拨千斤"的作用来提高金融机构参与绿色金融的积极性。例如，英国政府对节能设备投资和技术开发项目贷款由财政资金给予贴息；美国 2009 年制订的联邦经济刺激方案也由政府对可再生能源技术和电力传输技术的贷款提供担保。因此，我国也可以对企业实施节能减排、循环经济的绿色金融项目由财政资金提供担保或贴息，以促进绿色金融业务规模的不断扩大。

#### 4.2.3.2　构建绿色金融中介服务体系

中国绿色金融第三方机构和中介服务体系的发展和建立可以从以下三个方

面着手。第一，大力培养基于绿色金融项目的鉴定、评级的专业中介机构。例如具有专业知识的绿色金融项目信用评级机构，第三方核证机构和平台等。第二，设立政策性绿色金融机构和部门。中国人民银行、中国银行保险监督管理委员会，可借鉴国际经验，创立专门的政策性绿色金融机构，为可持续发展绿色项目提供融资机构；还可以成立绿色专项基金，例如环境保护专项基金和生态专项基金等。第三，鼓励现有的中介机构主动参与到绿色金融业务中来。一方面，引导银行经营理念向绿色概念转型，为银行积极投入到推行绿色金融实践提供帮助；另一方面，鼓励现有专业机构为绿色金融项目提供专业技术支持，例如绿色环保项目投资的咨询、评估，融资担保以及审计等相关配套服务。

绿色金融市场，也可以称为绿色投融资的场所，是以环境保护为目的所进行的投融资活动而形成的市场，主要考虑水资源、空气、森林和土地资源等环保因素。当前国际绿色金融市场主要是指，在"京都协议"下所形成的、以碳排放权为基础的一系列与碳信用交易工具相关碳金融市场。中国今后发展绿色金融市场可以先从发展碳交易市场开始。随着碳交易市场的成熟，可以通过对绿色金融产品和服务的创新来开拓更为多元化的绿色金融市场。中国绿色金融市场的发展不需要被现有的国际市场机制和标准所约束，可以往更高层次上发展。

### 4.2.3.3　制定绿色金融法规

中国绿色金融政策体系的建立应该在现有的法律法规基础之上，借鉴先进国家与之相关的法律法规制度，建立和健全绿色金融法律体系，其制度体系应该包括：绿色金融基本法律制度、具体操作实施细则和奖惩法规。首先，绿色金融基本法律制度是绿色金融业务实施细则和确立监管制度的前提和依据。其次，绿色金融业务具体操作细则需要包括完善交易制度和制定相关具体业务操作细则等。最后，随着中国绿色金融概念的发展以及绿色金融业务的开展，后续的法律法规将会逐一研究制定，中国绿色金融的法律体系也将逐渐趋于完善。

### 4.2.3.4　完善绿色金融监管制度

绿色金融监管是指金融监管当局依据国家法律法规对整个绿色金融业（包括绿色金融机构和绿色金融业务）实施的全面性、经常性的检查与监督，以此促进金融机构依法稳健地经营和发展，使之符合绿色金融发展的要求。经过这么多年的发展和改革之后，当前中国金融市场的监管体系形成了"一行两会"的分业监管模式，可以说是基本完善。而绿色金融作为金融界一个新的名词，它的发展壮大势必对中国现有的金融监管体制提出了新的任务和挑战，尤其是在监管机构设置、监管制度以及国际监管等方面需要重新考虑和完善。

完善现有的金融监管机制，建立一套与绿色金融发展相适应的绿色金融监管机制对我国银行业推行绿色金融政策以及中国绿色金融政策体系的建立有着重要的意义。具体来讲，首先，可以在现有的金融监管经验上，借鉴国外发达国家绿色金融监管体制，建立符合我国国情的绿色金融监管机制。其次，可以根据绿色金融特有的产品创新和具体运作模式以及风险防范等问题，分门别类、有针对性地制定监管制度，创新监管理念。例如，由于绿色金融的开展涉及领域比较新，业务界限可能需要重新整合，尤其是对于银行内部机构的整合和设立，如何协调部门的整合以及如何对新业务进行监管将会成为未来监管的关键。另外，中国要发展绿色金融势必要面临与国际的合作问题，所以在监管问题上国际协调监管也可能变得十分重要。除了内部监管之外，还可以考虑引入外部监管机制，成立绿色金融监督管理委员会等机构，对公众大力宣传和倡导绿色金融理念，建立市场化征信制度等，使中国的绿色金融监管制度更加全面和有效。

## 4.3　中国绿色金融法规建设现状及前景展望

### 4.3.1　绿色金融法规建设现状

我国绿色金融立法始于 20 世纪 90 年代，以 1995 年中国人民银行颁布的《关于贯彻信贷政策与加强环境保护工作有关问题的通知》为起始标志，颁布了多部法律和规章，构建起我国绿色金融法律体系，详见表 4 - 1。

表 4 - 1　　　　　　　　　关于绿色金融的法律和规章

| 法律和规章 | 作　用 |
| --- | --- |
| 《关于贯彻信贷政策与加强环境保护工作有关问题的通知》 | 加强银行的管理环境，规避环境风险，促使商业银行投资环保产品 |
| 《关于加快发展环保产业的意见》 | 加快发展环保产业是我国国家产业政策之一，人民银行和商业银行对此应有相应的法律对策，通过各种金融手段大力扶持和优先发展科技含量高、附加值高、低耗能、低污染的产业和产品，促进产业结构合理化，实现经济效益、社会效益和环境效益的有机统一 |

续表

| 法律和规章 | 作　用 |
| --- | --- |
| 《关于落实环保政策法规防范信贷风险的意见》 | 把强化环境监管与规范信贷管理紧密结合，把企业履行环保政策法规情况作为信贷管理的重要内容，把企业环境守法情况作为对企业贷款的前提条件 |
| 《生态文明体制改革总体方案》 | 作为生态文明体制改革的顶层设计首次明确提出构建绿色金融体系战略 |
| 《关于切实做好全国碳排放权交易市场启动重点工作的通知》 | 要求确保 2017 年启动全国碳市场 |
| 《关于构建绿色金融体系的指导意见》 | 明确了绿色金融体系的概念，提出了支持和鼓励绿色投融资的一系列激励措施，包括通过再贷款、专业化担保机制、绿色信贷支持项目财政贴息、设立国家绿色发展基金等措施支持绿色金融发展 |
| 《"十三五"生态环境保护规划》 | 首次从落实的层面对我国生态文明体制机制建设做出规划和部署，细化了《生态文明体制改革总体方案》和《"十三五"规划纲要》中的相关规定 |
| 《中国绿色金融发展报告（2018）》 | 深入研究绿色金融基础理论，不断完善绿色金融标准体系，研究储备更多绿色金融政策工具，继续鼓励绿色金融产品服务创新，广泛深入参与全球绿色金融治理，推动中国绿色金融高质量、可持续发展 |

资料来源：根据中国人民银行网站公开资料整理。

绿色金融立法有助于我国绿色金融的发展，有助于我国的公司履行其绿色社会责任；反过来，绿色金融的发展将有助于绿色金融立法体系的完善。这两者是相辅相成的，缺一不可。但是由于我国绿色金融发展起步较晚，理论不成熟，导致了我国绿色金融立法有些许不足。这些立法的缺陷和不足主要表现在以下四个方面。

第一，基本法律制度方面。我国目前已经有一部分绿色金融相关法律，然而这些法律偏向于对于环境污染的治理方面，没有或者很少提及新能源的利用和生态环境的保护。

第二，由于我国仍深受计划经济时代的"命令式"控制影响，市场机制采用过少，对于破坏的环境和生态系统，大都采取补贴方式来控制其影响，这种方式不利于绿色金融体系所提倡的节能减排，并且打击了金融企业投资生态环保企业的积极性，使环境保护工作效率低下。

第三，我国绿色金融相关法律落后，修正不及时，与现今社会发展相脱离。我国现行的《环境保护法》的立法理念和内容仍是 20 世纪 80 年代的"末端治理"，不能起到很好的防治作用，而且由于经济的发展，收费标准和方法不能跟上时代的潮流，导致国内公司宁愿缴纳排污费用也不愿意对污染物进行妥善处理，严重影响到了绿色金融制度的创立，不利于促使我国的公司履行绿色社会责任。

第四，我国绿色金融立法层次过低，操作性不强，从而导致了缺乏约束力和强制力，没有一个明确的奖惩制度。例如，《节能减排授信工作指导意见》仅强制性的要求各个金融机构履行其环保职责，却缺少对于违规机构的惩罚措施，导致执法机关的行政执法困难，并且现行法律中没有明确规定出国家、公司社团和自然人在绿色金融体系中所享有的权利和应尽的义务。

总而言之，我国当前出台的意见和指导性文件不成体系，很难为绿色金融的发展提供足够的法律保障和制度支持。不过正是由于这些立法上存在不足，为绿色金融法律制度的完善留下了空间。因此，我们应大力加强绿色金融立法，构建完善的绿色金融法律制度，并积极推动绿色金融的深入发展。

## 4.3.2　绿色金融立法的必要性

在法治国家，任何一项重大的战略和改革的出台，都必须有相应的法律依据。绿色金融战略的提出和实施也是如此，需要相应的法律依据使之"师出有名"，在法律的层面上认定其存在的合理性和正当性。

绿色金融的实施需要法律加以规范。法律的规范作用根据对象的不同，可以被概括为指引、预测、评价三种作用。指引作用是指法律对人的行为起到导向、引路的作用，绿色金融的实施主体需要法律为其行为指定正确的方向，使其行为符合法律的规定。评价作用是指法律作为人们对他人行为的评价标准所起的作用，这体现在绿色金融立法上就是通过设定监管部门对实施绿色金融义务方的行为进行评价的职责，评价相关行为是否符合绿色金融法律的规定。预测作用是指人们根据法律估计人们相互间将怎样行为以及行为的后果等，从而对自己的行为做出合理的安排。法律是明确、相对稳定的规范，它的内容是具体的，并在一定时期内保持连续性，这就为绿色金融的实施提供稳定、连续发展的前提。人们也才能够准确预测哪些行为符合绿色金融的要求而可为，哪些行为不符合绿色金融的要求而不可为。

绿色金融的实施需要法律加以促进。法律对绿色金融的促进作用主要体现在制定若干奖励性的规范，通过这些奖励性的规范来促使相关实践主体积极主动落实绿色金融的相关政策目标。设定奖励性的规范可以从两个方面来考量：一方面从金融机构的角度，另一方面从企业的角度。有时候奖励性的规范往往比惩罚性的规范更有效，说到底，无论是商业化的金融机构，还是其他企业都具有追逐利益的本性，当其觉得有利可图的时候自然会主动为之。而我们设定奖励性的规范就是要让利，通过让利使企业自觉自愿实施绿色金融。这样不仅使企业获利，而且也使我们的环境更加美好，达到一种双赢的局面。

针对当前我国节能减排所面临的严峻形势，发展绿色金融，利用金融手段来确保节能减排的目标实现是唯一的出路。为了保障节能降耗和污染减排目标的实现，应当加快推进绿色金融法制化建设，完善相应的法律约束机制和责任机制，为绿色金融的实施提供完善的法律保障。

### 4.3.3　完善绿色金融法律制度的基本设想

（1）完善绿色金融法律制度的基本原则。绿色金融法的目的与宗旨，即在金融法中全面贯彻可持续性发展和环境保护理念，而要实现这一目的，在完善绿色金融法律制度中必须遵循以下基本原则。

第一是公平原则，公平原则指的是世代人之间的纵向公平，同代人的横向公平以及自然公平。在绿色金融法律体系中，应当体现出人与自然和谐共处的关系，促进生态保护和经济利益共同发展。第二是生态秩序保护原则，我国绿色金融的法律中应当体现出对生态秩序的保护，引导金融业和环境协调发展，维持人类社会秩序和生态秩序的平衡。第三，要同时注重效率和效益的原则，我国现行的金融法没有很好地将环境效益考虑到经济生活中，绿色金融法所追求的是社会整体效益与环境效益的共同提高，而不是粗放型经济带来的经济效益或者是不顾技术而盲目开发新能源项目所带来的环境效益。

（2）绿色金融的发展需要相应的法律制度安排。所谓绿色金融法是指有关调整绿色金融的法律规范的总和，也就是金融法的绿化，即体现环境保护理念的金融法。从目前我国绿色金融发展现实来说，我国绿色金融法律制度主要包括绿色银行类法律制度、绿色证券类法律制度、绿色保险类法律制度以及绿色金融监管类法律制度。由于在我国绿色金融的发展处于起步阶段，其发展理念还有待普及和深化，推动力尚显不足，相关法律法规制度尚未建立起来，制定一部单独的促进型法律是必要的。结合绿色金融在我国实施的现实需要，设想应当从整体上制定《绿色金融促进法》，作为实施绿色金融的"母法"。由此，绿色金融法律制度的基本架构如图4-1所示。

首先，绿色金融法律应当先创立基本法，即笔者所设想的《绿色金融促进法》，通过该项基本法，为我国绿色金融战略的实施提供法律依据，而基本法的实施，可以明确我国政府和金融企业在绿色金融发展中的战略和职责，指明我国金融企业在绿色金融法律体系中的地位，为执法部门在行政执法中提供法律依据，并对金融企业的绿色投资提供标准。

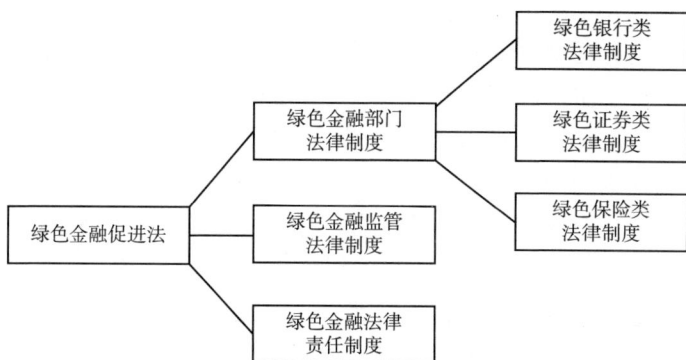

**图 4 - 1　绿色金融法律制度**

其次，通过绿色金融基本法的创立，逐步推出绿色金融单行法，可以明确银行等金融企业的社会职责，完善绿色信贷制度，引导绿色信贷的投资方向。绿色信贷项目可以对高风险污染企业的生态环境保护项目进行投资，并通过绿色证券和绿色证券项目，约束高风险污染企业的行为，引导企业对环保项目的资金流入，促使企业履行其绿色社会责任，实现节能减排以及资源的合理分配利用，优化产业结构，从而实现可持续发展。

最后，绿色金融法律体系的单行法中不仅应当包括关于金融企业方面的法律，而且应当包括面向国家监管部门和消费者的单行法。我国现行绿色金融相关法律规章内容不够全面，没有明确规定政府、企业和消费者在绿色金融体系中的职责，并且没有为执法监管部门提供一个明确的执法标准，从而导致目前对于公司绿色社会责任的管理混乱。因此，绿色金融法律体系的单行法构成中应当包含监管法律和责任制度，为我国相关监管部门提供明确的执法标准，简化执法程序，节约执法成本，提高执法效率，明确政府、企业和消费者的责任和权利，并通过绿色金融单行法引导消费者进行合理消费，与政府、公司社团共同创建绿色环保型社会。

（3）加强相关法律制度的综合完善。前面介绍了目前我国绿色金融法律制度的相关情况，由此可知，我国目前没有一部全面规范绿色金融制度的法律，已有的只是部门的规章和行政指导性文件，并且不健全。但是在环保行政主管部门和中国人民银行、中国银保监会的大力推动下，有关绿色金融政策出台日益频繁，这些努力让我们看到了绿色金融法制化建设和完善的曙光。

首先，要改变立法完善上存在的局限性。对于绿色金融法律制度的完善不能只局限于金融领域，而应该在其他法律部门尤其是环境保护方面的法律制度例如《环境保护法》《环境影响评价法》《水污染防治法》《大气污染防治法》等相关法律制度中进行补充和完善。

其次，不能忽视金融责任中的刑事责任。因为金融业是高风险和事关大局的行业，运用法律手段严格防范金融风险还是很紧要的。例如，刑法最重要的功能并不在于事后惩罚犯罪，而是事前预防犯罪。之所以设定严格的金融犯罪的刑事责任，是因为金融事关国家全局，"牵一发而动全身"，必须严控金融风险和其他可能对金融造成影响的风险。《刑法》中关于金融犯罪的法律规范应予以相应完善，以刑罚的威慑力保障绿色金融的顺利实施。

最后，立法完善的指导思想也需改变。如果仍然沿袭以前"遇着问题绕着走""把问题留给下一代解决"，那么越来越多的问题累积起来会导致矛盾的集中爆发。这种回避问题的思路只能行一时，不能从根本上解决问题。对于绿色金融法律制度的完善，应该顺应我国金融市场发展趋势，对一些原则性的规定尽量细化，使其具有可操作性，而不只是空摆设。

# 第5章

# 中国绿色金融体系金融制度构建

后金融危机时代世界各国面临的首要任务，就是要不断寻找能够让国家经济不断发展的可持续动力。金融危机催生了以低碳为代表的绿色革命，为世界经济实现绿色发展、可持续发展带来了希望，对于中国来说也同样如此。构建绿色金融体系有利于中国转变经济发展方式，发展绿色金融将成为推动绿色经济发展、可持续发展的必经之路，绿色经济的发展呼唤着与之相适应的绿色金融体系。构建中国绿色金融体系是一个庞大而复杂的系统工程，本书将从健全绿色金融制度、发展绿色金融市场、创新绿色金融工具、培育绿色金融机构和完善绿色金融监管这几个角度来讨论绿色金融体系的基本框架构建。

## 5.1 中国绿色金融体系金融制度的现存问题

国外银行业已形成比较健全的法律法规制度，完善的绿色金融制度，合理的内部环境保护组织机构。例如，美国国会自 1970 年以来共通过了 26 部涉及水环境、大气污染、废物管理等有关环境保护的法律，出台了有关监督规范银行开展绿色金融业务的法律法规，以促进绿色经济和绿色金融发展。在发达国家，与绿色金融相关的制度安排和绿色金融产品发展已有几十年的历史，由此推动的绿色投资对这些国家的经济结构转型和可持续发展起了十分积极的作用。

而中国环保政策法规信息零散，缺乏统一的管理与发布机制，政府部门尚未建立针对银行业、项目企业发展绿色金融有效的激励约束机制，国家产业政策存在不连贯、可操作性较差、标准变化快等问题，关于建立绿色金融体系的努力还停留在碎片化状态。

### 5.1.1　缺乏创新金融支持体系

绿色产业或低碳产业对资金的需求巨大，该产业所涵盖的清洁发展机制（CDM）、节能环保等产业的发展无不需要大量的资金投入，而且这些项目的回报期通常都比较长，因此，绿色金融的支持是推动其发展的关键。更为重要的是，与传统产业相比绿色产业存在着较多的不确定性，因此，以银行为代表的间接融资并非绿色产业的主要资金来源。从国际经验来看，绿色产业融资主要依靠风险投资、创业板股票市场和债券市场等融资管道，特别是在技术转化阶段、产业化初期和企业成长期更是如此，而传统的银行间接融资模式多是上述融资方式的补充。显而易见，绿色产业的发展需要绿色金融的支持、需要一个全方位的创新金融支持体系。

### 5.1.2　绿色金融政策支持体系尚未建立

发达国家的经验表明，强有力的政策支持是绿色金融发展的重要保障。然而，当前中国的现状是绿色金融政策支持体系尚未建立，政策比较零散且滞后于市场的发展，主要表现在以下几个方面。一是清洁发展机制（CDM）项目审核缺乏一套专业性和可操作性较强的具体执行标准。二是中国发展自愿减排市场的相关管理办法仍处于拟定之中，自愿减排市场政策缺位。三是绿色信贷推进尚无切实可行的环境评估标准、信贷披露机制和信息共享机制。另外，更为重要的是，政策层面缺乏激励、引导机制导致绿色产业无法获得银行信贷和其他融资支持，失去发展机遇；从监管层面来看，监管缺位加剧了绿色金融市场道德风险、增加了交易成本。

### 5.1.3　绿色金融信息沟通机制尚不完善

由于绿色金融业务风险较高，金融机构需要全面掌握企业环保信息。但目前，环保部门与金融机构、金融监管部门之间的信息沟通机制尚不完善，企业环保信息缺失，金融机构对企业环保合规性的认定难度较大。金融机构在具体操作中缺乏参照标准以及专业领域的技术识别能力，难以识别潜在的环境违法企业或者落后产能企业，影响金融机构融资积极性。

## 5.2　构建中国绿色金融体系金融制度的必要性

构建中国绿色金融体系金融制度具有极其重要的意义，主要表现在以下四个方面。

### 5.2.1　促进中国经济的绿色转型

长期以来，中国经济发展中存在着严重的问题，加快经济发展方式转变和经济结构调整，是中国经济实现绿色发展和可持续发展的必由之路。根据国际能源署对中国经济持续发展的展望，从现在到 2040 年，天然气在中国能源结构中的占比将从当前的 7% 上升至 13%，20% 的道路交通中使用生物燃料，中国经济增长逐渐向更平衡、更可持续的模式过渡，煤炭的需求也随之下降。

金融作为优化资源配置、调剂资金余缺的重要方式和手段，在引导资金投向绿色产业，促进产业链的绿色转型，形成新的经济增长点和增加就业机会方面都具有重要的作用。

### 5.2.2　优化中国金融体系结构

结构性失衡是中国金融体系存在的严重问题之一，突出表现为融资方式结构性失衡，即直接融资和间接融资发展不协调所形成的失衡。金融体系存在的结构性失衡，极大地制约着中国经济和金融的发展，而构建中国绿色金融体系对优化中国金融体系结构具有积极的作用。绿色金融的发展要求与之相适应的新的业务运作模式，客观上促进了原有金融机构的自我创新和新机构的加入，市场出现多层次发展。

另外，碳金融交易活动中国际合作的增强，也有利于中国金融体系的优化和完善。以清洁发展机制（CDM）项目为例，往往涉及两个或多个国家金融机构之间的合作，国内金融机构可以借此提高参与国际业务的议价技巧，加强与国际金融机构之间的业务往来，积累国际化经营的经验。

中国碳金融市场具有极其广阔的发展空间。巨大的碳排放资源是中国建立碳金融交易市场的坚实基础。根据联合国清洁发展机制执行理事会公布的数据，目前中国提供的核证减排单位（CER）已占到全球市场的 60% 左右，位居全球第一，而每年发达国家需向发展中国家购买 2 亿 ~ 4 亿吨二氧化碳当量（即相当于实际二氧化碳排放量的核证减排单位），这就意味着中国每年有超过 1 亿吨的交易量。据国际能源署预测，到 2020 年，中国潜在二氧化碳交易量将近 8 亿吨，远远超过其他供应国。中国碳金融市场及其衍生市场具有广阔的发展前景，为把握这一新的发展机遇，迫切需要构建一个与其相适应的绿色金融体系。

### 5.2.3　创造新的经济增长极

　　一个完善的绿色金融体系将促进整个社会产业链的绿色转型，形成新的经济增长点。一方面，碳交易有别于其他传统金融产品的交易，交易机制复杂，交易过程牵涉的中介机构和部门，除直接参与传统金融证券产品交易的商业银行、投资银行、证券公司、律师事务所和其他社会服务机构外，还有碳评级部门、碳登记结算部门、碳排放权核证单位等碳交易专属机构。另一方面，碳金融作为低碳产业链的核心部分，向产业链的前端和后端的纵向延伸都很长。前端延伸带动了节能减排、新能源技术研发领域的发展及研究机构的参与，后端延伸则形成碳技术交易、碳减排产品设施的交易和相关碳技术应用实践企业的加入。碳金融在低碳产业链的延伸和发展，为经济发展创造新的增长极。

### 5.2.4　参与国际金融体系改革的契机

　　近年来全球碳交易市场发展异常迅猛，预计 2020 年其规模将达到 3.5 万亿美元，有望超过石油市场成为世界第一大商品交易市场。碳排放权所具有的"准金融"属性也日益凸显。碳排放权将成为继石油等大宗商品之后又一个新的价值符号。因此，西方发达国家正在围绕着碳排放权，试图构造一种碳交易货币，以及以直接投资融资、银行贷款、碳期货期权等一系列金融工具为支撑的碳金融市场体系。

　　碳金融、绿色金融的发展或将成为中国参与和推进国际金融体系改革的重要契机。积极构建绿色金融体系金融制度，使人民币成为碳交易计价的主要结算货币，将有助于推进人民币国际化，有助于中国在国际金融体系改革过程中掌握更多的主动权。

## 5.3　中国绿色金融体系的总体框架

　　中国绿色金融的发展正处在一个机遇与挑战并存的关键时刻，在这一过程中要以科学发展观为指导，遵循绿色金融发展的客观规律，构建一个符合绿色发展和可持续发展要求的中国绿色金融体系。金融体系是由金融制度、金融市场、金融工具、金融机构和金融监管所构成的综合体，中国绿色金融体系的基本框架也应由这五大部分所组成。

## 5.3.1　健全绿色金融制度

绿色金融制度具体包括以下三个方面：绿色金融基本法律制度、绿色金融业务具体实施制度及绿色金融监管制度。

首先，关于绿色金融基本法律制度。构建绿色金融基本法律制度是制定绿色金融业务实施细则及确立监管制度的前提和依据，主要包括总量控制计划的确立和排放权合法性的确认。总量控制为环境容量的使用设定上限，明确了资源的稀缺性，从而为排放权作为商品进行交易提供了可能。当前，虽然在《联合国气候变化框架公约》和《京都议定书》的框架下，中国暂不承担强制减排的责任，只需在排放强度上加以控制，但是长期来看，中国作为发展中国家的排放大国，必须设立有关总量控制具体实施的统一法规，并从法律上确认排放权，将其与其他生产要素一样纳入企业的产权范围。

其次，关于绿色金融业务具体实施制度。其应包括完善碳交易市场交易制度以及制定绿色信贷、绿色保险、绿色证券等业务操作规则。中国碳排放权交易市场的建设定位是一个涵盖项目市场、自愿减排市场和配额交易市场的多层次市场交易体系，所以碳排放交易制度内容也旨在逐步规范这三个市场的行为主体、客体及相关交易活动。在绿色信贷、绿色保险和绿色证券的业务上，中国人民银行和国家环保总局在 2007 年、2008 年先后联合发布了《关于落实环保政策法规防范信贷风险的意见》《关于环境污染责任保险工作的指导意见》《关于加强上市公司环保监管工作的指导意见》，初步建立了绿色信贷、绿色保险和绿色证券领域制度的基本框架，但在操作层面，还有一些规则需要完善。

最后，关于绿色金融监管制度。绿色金融领域的特殊性对中国现有的监管制度提出了新的挑战，以市场化机制解决环境问题在很大程度上要依赖政府的有效监督和必要的行政干预，否则具体交易制度无法发挥其应有的作用。当前，国家发改委联合生态环境部、中国人民银行发布的一系列关于开展绿色金融业务的办法都属于监管制度中的行政规章制度，随着中国绿色金融市场的逐级递进及绿色金融业务的逐步深入，后续规章制度将会逐一研究制定，监管制度也将逐渐趋于完善。

## 5.3.2　发展绿色金融市场

当前国际绿色金融市场主要指的是在"京都机制"下形成的以碳排放权为基础的一系列碳信用工具交易的碳金融市场，包括项目市场、自愿减排市场和配额交易市场。由于当前中国正处于工业化阶段，碳市场面临着市场需求不足、总量控制不现实等因素，因此，未来碳市场试点将会在重点地区和重点行业开展。从目前国际碳交易发展格局来看，以配额市场为主、项目交易为辅。自愿减排市场占全球碳交易市场的比重很小，例如，其交易量只占国际碳交易的2.9%、交易额仅占0.6%。但在过去的几年里，该市场的需求得到了稳固的提升，显示出了迅速上扬的吸引力，其发展前景不容忽视，特别是在亚洲和北美地区。

鉴于中国目前所处的发展阶段，主流观点认为中国在2020年以前不会作出强制减排承诺，所以短期内仍以CDM项目为侧重点，同时发展自愿减排场内和场外交易市场；长期应逐步发展碳配额交易市场，可以过渡性地从单强制再到双强制，先试点交易，再全面推广。

除组织形式外，市场构建的另外一个重要方面是交易机制的探索，除服务于国际碳金融市场的"京都三机制"外，许多国家都结合本国国情进行了有益的尝试。

截至目前，全球主要的碳交易平台，例如，欧盟的欧盟排放权交易体系（EU ETS）、英国的排放权交易体系（ETG）、美国芝加哥气候交易所（CCX）以及澳洲新南威尔士交易体系（NSW），其交易机制都不尽相同，但相同之处都是立足于各自境内的减排需求及发展战略。需要强调的是，绿色金融市场的发展不必拘泥于国际市场机制和标准，可以在更高层次上设立自主的、适合中国国情的本土化绿色金融交易机制。

## 5.3.3　创新绿色金融工具

绿色金融工具，是指在绿色金融市场中可交易的金融资产，是用来证明贷者与借者之间融通资金余缺的书面证明。按传统金融工具原生和衍生的分类，绿色金融工具也可以分为原生类绿色金融工具和衍生类绿色金融工具两大类。当前绿色金融市场上，原生类绿色金融工具主要包括碳信用和碳现货，由此派生出的衍生类绿色金融工具包括远期、期货、期权、互换和结构性产品等。衍生类绿色金融工具的价值取决于相关的原生类绿色金融工具的价格，其主要功能是管理与原生绿色金融工具相关的风险暴露。国际市场绿色金融工具创新方兴未艾，世界银行于 1999 年推出首款针对 CDM 的原型碳基金之后，各种类型的基金层出不穷，按发行主体的不同，可分为世界银行型基金、国家主权基金、政府多边合作型基金、私募碳基金等；为应对碳金融项目的巨额资金需求和规避未来发展前景的高度不确定性，碳担保和碳保理等金融产品应运而生。

当前，发达国家在绿色金融产品创新方面主要围绕碳减排权开发了一系列衍生交易工具，其金融创新形式对中国有重要的借鉴意义。中国的绿色金融产品创新基本上还处于起步阶段，绿色金融产品种类单一。依据绿色金融市场发展的整体布局，可以先发展碳市场的原生交易工具，例如，原始清洁发展机制（CDM）市场的核证减排单位（CER）交易以及自愿减排市场的自愿减排单位（VER）交易，搭建交易平台，实现场内和场外市场同步交易。

随着国内绿色金融市场体系逐渐趋于成熟，同时在金融衍生品交易方面积累了一定的经验之后，可借鉴欧盟、美国等发达国家的成功经验，开发传统衍生工具。在此基础上，进一步尝试发展新型绿色金融衍生品，如根据碳资产或者与碳资产挂钩的传统气候衍生品而设计的结构性产品等。

## 5.3.4　培育绿色金融机构

随着中国绿色金融市场全方位、多层次的逐步深入发展，市场参与主体将会日益增多，无论是项目的业主和开发者，还是碳信用交易的买卖双方都急需相关的能力和经验，从而为深谙规则的相关机构提供广阔的中介服务市场，中国绿色金融中介服务体系的构建至少应包括以下三个层面。

第一，鼓励现有中介机构积极参与绿色金融业务。一方面，实现商业银行的绿色转型，大力推行绿色金融理念和践行绿色金融业务。在信贷配置的过程中增加对环保产业和节能减排技术创新的信贷支持，在现有的银信合作模式中探索融资租赁业务，为节能减排项目提供设备支持等。另一方面，积极鼓励专业机构为绿色金融业务提供技术支持，例如，项目评估、项目融资担保、法律和审计等服务。

第二，培育基于绿色金融业务的专业中介机构。例如，大力发展本土的第三方核证机构、绿色信用评级机构、独立的绿色金融业务登记结算平台等。

第三，设立政策性绿色金融机构。为支持绿色金融的发展，可借鉴国际经验，创立专门的政策型绿色金融机构，例如"绿色银行"，为绿色发展和可持续发展项目提供政策性融资活动；设立绿色专项基金，例如"环保专项基金"，主要用于支持环保业的发展，也可用于对环境污染重大事件受害者的赔偿。

### 5.3.5  完善绿色金融监管

绿色金融监管是指金融监管当局依据国家法律法规对整个绿色金融业（包括绿色金融机构和绿色金融业务）实施的全面性、经常性的检查与监督，以此促进金融机构依法稳健地经营和发展，使之符合绿色金融发展的要求。目前中国金融市场的监管体系已相对完善，而绿色金融的发展对中国现有的监管体制提出了新的挑战。完善绿色金融监管框架，一方面应借鉴现有的监管经验，另一方面要根据绿色金融特有的风险和特殊的运作模式，有针对性地制定监管的法律法规，调整监管方式，创新监管理念。为了使中国的绿色金融监管更全面、更有效，可考虑进一步完善外部监管，如成立绿色金融协会等自律性机构及建立市场化征信制度等。

## 5.4  构建绿色金融体系的政策取向

绿色金融不是一个单一利润导向的金融，它与社会发展目标、国家发展战略，以及经济学上所说的正的外部性相关联，从这种意义上来讲，绿色金融的主导因素应该是政策。绿色金融的发展离不开国家政策支持，包括资金、法律法规、机构设施建设等方面。从近期来看，构建中国绿色金融体系需要重点把握两个方面：优化宏观政策环境，构造和完善微观基础。

### 5.4.1  优化宏观政策环境

（1）完善激励机制。绿色金融具有政策性强、参与度高和涉及面广的特点，发展绿色金融业务兼有短期拉动经济增长和长期促进经济转型的双重社会功效，有助于节能减排目标的实现。国家有关部门应该尽快制定相应的投资、税收和信贷导向等激励机制，引导个人、企业、金融机构抓住发展绿色金融带来的新机遇，拓展相关绿色金融业务。首先，在财政政策方面。财政政策激励的最重要方面是政策性资金的介入，引导外资、商业资本和民间资本介入。此外，还可以通过降低绿色金融项目的有关税率、适当延长免税期，对金融机构开展绿色金融业务的收入进行税收优惠等措施，提高金融机构参与绿色金融的积极性。其次，在货币政策方面。可以采取在绿色金融项目贷款额度内适当减免存款准备金要求，加大项目贷款利率的浮动范围，延长还款期等差异化的监管措施，引导社会资本向绿色金融领域聚集。最后，在投资政策方面。改革开放以来，中国在利用外资促进经济增长和产业发展方面有诸多成功经验，其中很重要的一条便是政策激励，包括让利、让税以及汇率优惠等政策。中国应当尽快完善对于跨国绿色投资准入、待遇和保护的政策并予以适当的政策优惠，鼓励发达国家投资中国低碳环保项目及其相关的金融业务。

（2）健全法律法规。目前中国国内有关绿色金融的法律法规还不健全，绿色金融参与主体权利的保护和义务的约束缺乏必要的适用准则，绿色金融业务展开也缺乏统一的标准和操作规范。虽然中国目前有中环联合认证中心、中国质量认证中心等第三方认证机构，但各方使用的评价标准并不一样。因此，政府有关部委，如国家发改委、商务部和中国人民银行等应加大协调力度，进一步制定和完善相关法律法规和操作办法，确保中国绿色金融业务的规范发展。

（3）构建交易平台。通过环境产权交易所、能源交易所等碳交易平台的建立，为碳排放权的供需双方搭建沟通和议价的场所，有利于市场的整合和价格的最终发现。中国先后成立了北京环境交易所、上海环境交易所和天津排放权交易所三家较大的交易所；山西吕梁节能减排项目交易中心成立，武汉、杭州和昆明等几家交易所也相继成立，各地掀起了一股建立交易所的热潮。但从长远来看，中国在构建交易平台方面还缺乏整体规划。为此，国家需要统筹安排，依托建设上海国际金融中心，构建中国碳交易市场网络，推进交易所制度的完善，促进参与主体范围的不断扩大，为进一步与国际市场接轨奠定基础。

（4）探索市场交易规则。中国在国际碳金融市场上缺乏定价权和话语权的一个重要原因是碳交易规则和标准的缺失，参与碳交易市场只能依赖于发达国家制定的规则和标准进行。立足建立真正意义上的国内绿色金融市场，中国必须探索适合中国国情的碳交易规则，建立符合中国开展绿色金融交易的具体的、细致的、统一的交易规则。

## 5.4.2　构造和完善微观经济基础

（1）健全完善组织架构。金融机构要充分认识开展绿色金融业务对于其拓宽利润来源、提高竞争力等方面具有的重要作用。金融机构的决策管理层要在战略上重视绿色金融业务，健全组织架构，成立专门的机构负责绿色金融业务的开展，为绿色金融提供全方位的业务服务。从国际领先银行的实践经验来看，通常是建立可持续发展的管理架构，制订和实施可持续发展计划，提高碳排放对企业的限制，鼓励客户考虑及利用新兴的环保技术来减少碳排放量。在组织架构方面，可以采用集中管理的方法，也可以采用分散型的治理架构。集中管理的可持续发展架构由三个层次组成：最上层是可持续发展委员会，负责制定可持续发展战略和政策；中层为环境专责小组，负责制订银行的碳排量评估方案、与气候相关的新产品，并直接向可持续发展委员会报告；下层是贷款、审批及相关的业务单位。采用分散型的治理架构，则是在银行层面有一个社会责任（CSR）小组，其团队分散部署在各业务部门。CSR 小组在银行整体业务战略的框架下，综合协调可持续发展政策，并将银行社会责任及气候问题纳入自己的业务单位。

（2）培养高素质专业人才。绿色金融的发展面临着极其复杂的环境，与之相适应，需要熟悉环境与金融的高素质专业人才。缺乏绿色信贷的专门人员，对环保法律法规、政策了解不足等，制约着绿色信贷深入发展。为解决绿色金融发展对专业人才的迫切需求，金融机构可多管齐下：一是确立人才优先发展战略，加快建立健全人才引进、培养、任用和评价制度，优化人才队伍结构；二是进行内部有针对性的培训，提高从业人员的素质；三是从外部招聘熟悉碳金融国际标准的专业人才，聘请和储备一些社会与环境专家作为外部顾问，构建适合开展绿色金融业务的团队；四是积极参加国际交流与合作，借鉴联合国环境规划署金融行动组织（UNEPFI）、碳排放披露项目组织（CDP）等机构的成熟经验，引进国际碳金融机构积累的专业技术、知识产权，动态跟踪全球 CDM 项目和联合履约机制（JI）项目的进展，不断提高业务人员的专业水平。

（3）转变业务发展模式。转变业务发展模式已是大势所趋。在经济发展模式向以低碳为核心的绿色经济转型的大背景下，拓展绿色金融业务成为金融机构抢占未来发展先机、培育新的核心竞争力和业绩增长点的关键。开展绿色金融业务有利于进一步优化商业银行信贷的产业结构和客户结构，是调整业务结构、提高国际竞争力的巨大推动力。因此，中国的金融机构必须密切关注相关政策的变化，及时转变业务模式和服务流程，拓宽业务领域。

## 5.4.3　建立强制性的绿色保险制度

目前我国的环境污染形势依然严峻，隐患很多，一些环境问题发生概率高，生态系统的退化速度加快。针对以上问题，保险应运而生，作为市场化的风险承担，对于环境污染防范和风险分担有较大帮助。从更宏观的角度来看，强制要求污染性企业投保环境污染责任保险（或称为绿色保险），可以将未来的污染成本显性化，从而抑制股东对高环境风险项目投资的冲动。第一，必须要加快推进全国性质的污染责任制度的建立，出台新的条例；第二，将高环境风险行业和企业纳入强制投保范围，明确环境污染强制责任保险参保名录；第三，建立健全环境污染侵权责任法规体系且严格加强执法，为推广环境污染责任保险构建有效的法治环境；第四，建立专业风险评估机制和损失确定标准，完备推行环境污染责任保险的基础配套条件；第五，在企业环境信用评价的基础上，建立企业环境信用数据库，为参保企业的保费及享受的财税优惠政策提供客观依据。

### 5.4.4　完善环保和金融部门的信息沟通和共享机制

金融部门获得及时和有效的企业环保信息，是绿色金融开展的前提。环保和金融部门应该明确分工，加强彼此间的合作与交流，加大对相关人员环保知识的培训，通过信息平台和企业征信系统等方式，规范信息共享程序，完善信息共享机制。政府要加强推进金融行政管理体制的创新，建立以中央垂直管理为主的双重领导模式，可以由生态环境部牵头成立高层次的协调机制，有效整合各方力量，实现绿色金融行政管理体制的创新。

# 第6章

# 中国绿色金融机构体系构建

一个相对完善的绿色金融业务管理体系至少需要五大支柱：建立绿色金融战略与规划，构建专业的组织架构，不断完善约束激励机制，持续进行产品与服务创新，以及不断加强绿色金融专业能力建设。构建完善的绿色金融体系是一个庞大而复杂的工程，现阶段我国银行业以及非银行金融机构均将绿色金融作为重要的发展方向，在构建绿色金融机构体系的道路上不断探索。目前我国银行机构发展绿色金融的主要着力点在绿色信贷，其次是绿色债券。

## 6.1 中国人民银行绿色金融体系构建

### 6.1.1 积极推动绿色金融改革创新

中国人民银行的主要职责之一就是拟订金融业改革和发展战略规划，承担综合研究并协调解决金融运行中的重大问题、促进金融业协调健康发展的责任。在推进绿色金融体系构建的过程中，中国人民银行同样发挥着提纲挈领的作用。

1995 年，中国人民银行颁布了《中国人民银行关于贯彻信贷政策和加强环境保护工作有关问题的通知》。2007 年，国家环保总局、中国人民银行、中国银监会联合下发了《关于落实环境保护政策法规防范信贷风险的意见》。这些政策的出台在引导我国银行业发展绿色金融方面起到积极作用。近几年来，我国在绿色金融建设上的步伐加快。2016 年 8 月，中国人民银行、财政部、中国银监会等七部委联合印发的《关于构建绿色金融体系的指导意见》对绿色金融、绿色金融体系都做出了明确的定义，初步构建起我国绿色金融体系整体框架，同时提出了一系列措施和意见，进一步引导社会资本投向绿色产业，详见表 6 – 1。

表 6 – 1　　　　　　　　　　《关于构建绿色金融体系的指导意见》

| | |
|---|---|
| 大力发展绿色信贷 | （1）构建支持绿色信贷的政策体系；<br>（2）推动银行业自律组织逐步建立银行绿色评价机制，推动绿色信贷资产证券化；<br>（3）研究明确贷款人环境法律责任，支持和引导银行等金融机构建立符合绿色企业和项目特点的信贷管理制度，优化授信审批流程；<br>（4）支持银行和其他金融机构在开展信贷资产质量压力测试时，将环境和社会风险作为重要的影响因素 |
| 推动证券市场支持绿色投资 | （1）完善绿色债券的相关规章制度，统一绿色债券界定标准；<br>（2）采取措施降低绿色债券的融资成本；<br>（3）研究探索绿色债券的第三方评估和评级标准；<br>（4）积极支持符合条件的企业上市融资和再融资；<br>（5）支持开发绿色债券指数、绿色股票指数以及相关产品；<br>（6）逐步建立和完善上市公司和发债企业强制性环境信息披露制度 |
| 设立绿色发展基金 | （1）支持设立各类绿色发展基金，实行市场化运作；<br>（2）地方政府可通过放宽市场准入等措施，完善收益和成本风险共担机制，支持绿色发展基金所投资的项目；<br>（3）支持在绿色产业中引入 PPP 模式（公私合营模式），建立公共物品性质的绿色服务收费机制 |
| 发展绿色保险 | （1）在环境高风险领域建立环境污染强制责任保险制度；<br>（2）鼓励和支持保险机构创新绿色保险产品和服务；<br>（3）鼓励和支持保险机构参与环境风险治理体系建设 |
| 完善环境权益交易市场、丰富融资工具 | （1）发展各类碳金融产品，促进建立全国统一的碳排放权交易市场和有国际影响力的碳定价中心；<br>（2）推动建立排污权、节能量（用能权）、水权等环境权益交易市场；<br>（3）发展基于碳排放权、排污权、节能量（用能权）等各类环境权益的融资工具，拓宽企业绿色融资渠道 |
| 支持地方发展绿色金融 | 鼓励和支持有条件的地方通过多种手段撬动更多社会资本投资于绿色产业，为绿色项目提供融资帮助，支持国际金融机构和外资机构与地方合作，开展绿色投资 |
| 推动开展绿色金融国际合作 | （1）要求广泛开展绿色金融领域的国际合作，继续在二十国集团框架下推动全球共同发展绿色金融理念的形成；<br>（2）稳妥推动绿色证券市场双向开放；<br>（3）提升对外投资绿色水平 |

资料来源：根据中国人民银行网站相关资料整理。

　　此外，中国人民银行等七部门为更好地落实《指导意见》的具体措施制订了详细的实施方案，明确具体的责任主体和时间表。2017 年 6 月，国务院决定在浙江、广东、新疆、贵州、江西五省（区）的八个城市建设绿色金融改革创新试验区，中国人民银行等七部门联合印发了总体方案。从绿色金融改革创新试验区建设的特色和侧重来看，试验区可分成三类：第一类是浙江和广东，第二类是贵州和江西，第三类是新疆。在浙江，要探索创新绿色金融对传统产业转型升级，对中小城市整体实现绿色发展方面的服务；广东则侧重发展绿色金融市场；新疆着力探索绿色金融支持现代农业、清洁能源资源等；在贵州和江西，则要探索利用良好的绿色资源发展绿色金融机制，构建绿色发展方式。2019 年 5 月，中国人民银行广州分行联合杭州、南昌、贵阳、乌鲁木齐中心支行，为进一步贯彻落实创新、协调、绿色、开放、共享的发展理念，发展我国绿色金融市场，加强绿色金融改革创新试验区建设，对绿色金融改革创新试验区发行绿色债务融资工具方面做出了具体通知。

### 6.1.2　创新发展绿色金融产品和服务

（1）绿色金融债券。2015 年 12 月，中国人民银行发布公告，在银行间债券市场推出绿色金融债券，这标志着国内绿色债券市场正式启动。央行这一市场创新举动为金融机构通过债券市场筹集资金支持环保、节能、清洁能源、清洁交通等绿色产业项目拓展了筹资渠道，有利于其提升中长期绿色信贷的投放能力。绿色债券市场的发展，有助于进一步缓解银行期限错配问题，提升银行长期绿色信贷投放能力。

宏观审慎评估（MPA）是中央银行为构建完善宏观审慎结构体系做出的积极探索与实践，为防范金融风险、维护金融稳定做出了重要贡献。自 2016 年起，全国 24 家系统重要性银行就已实现其绿色债券情况纳入 MPA 的信贷政策执行大项。从 2017 年第三季度开始，24 家全国系统重要性银行的绿色信贷绩效也纳入 MPA。随着人民银行绿色贷款专项统计制度的确立，越来越多金融机构的绿色信贷绩效将纳入 MPA。

（2）碳交易金融衍生产品。2016 年中国人民银行联合相关部委发布了关于构建绿色金融体系的指导意见，旨在构建完整的绿色金融政策体系和多层次的绿色金融市场体系。在此背景下，中国人民银行积极指导上海清算所推动建立碳排放市场统一的清算和托管体制，围绕人民币碳排放金融衍生品开展中央对手清算业务的研发工作。该业务的成功推出不仅可以弥补我国绿色金融的市场空白，还将进一步推动我国碳市场和绿色金融市场的规范、创新发展。

2018 年 11 月，在中国人民银行肇庆市中心支行和人民银行四会市支行的指导下，四会市农村商业银行成功发放全国首笔民营企业碳配额抵押贷款 600 万元，这是为解决企业跨履约期配额抵押融资问题做的一次大胆尝试，不仅成为辖区内绿色金融工作的亮点，也为全国范围内碳金融探索提供了实践经验。

## 6.2　政策性银行绿色金融体系构建

政策性银行包括国家开发银行、中国进出口银行和中国农业发展银行。

### 6.2.1　国家开发银行绿色金融体系

国家开发银行的主要业务是向国家基础设施、基础产业以及战略性新兴产业的大中型基本建设和技术改造等政策性项目及其配套工程发放政策性贷款，发挥开发性金融的作用和优势。作为我国最大的对外投融资合作银行，国开行国际业务发展迅速，为中国企业"走出去"提供了极大的支持和帮助；同时，该银行积极推行"绿色信贷"，谨慎考虑资源和环境承载力，将其作为是否投放信贷的重要考量标准，严格把控环境和社会风险，促进多方共赢。

（1）综合运用各类金融工具引领绿色金融发展。针对绿色金融领域公益或准公益性项目，国家开发银行坚持"依托信用支持，服务国家战略，市场化运作，保本微利"的原则，通过创新融资模式，切实降低融资成本、提高融资服务效率，推动绿色项目健康可持续发展。

国家开发银行积极发挥开发性金融优势，主动探索绿色金融债券发行。近年来，国开行创新绿色项目定制筹资模式，已先后发行"大气污染防治""京津冀协同发展""绿色循环发展"等专题绿色金融债券，合计 200 亿元。在推进具体绿色项目时，国家开发银行综合运用各类金融工具，不断开拓创新，努力提升绿色项目的长期商业价值，实现业务、项目和地方经济社会多方共赢的可持续发展。

（2）完善绿色信贷机制。围绕传统制造业绿色转型发展需要，国家开发银行在项目开发、尽职调查、授信审批、贷后管理等具体流程中，明确了绿色信贷的有关要求，将绿色元素嵌入绿色信贷的全过程。

在项目准入方面，高度关注项目建设方案中对污染防治、健康、移民等问题的解决，要求项目必须达到环保减排、安全生产等方面适用的标准或要求，不支持存在重点环境和社会风险的项目。

在项目审批方面，设置"环境行为"信用评级专项指标，将环境和社会风险管理纳入信用评级和授信评审流程；制定"重点行业客户的环境和社会风险清单"，进一步明确项目审查要求；完善节能环保项目环境测算体系，利用信息化手段保留真实的节能减排数据，为企业或项目开展绿色评级奠定基础。

在贷后监管方面，对发现重大环境和社会风险的客户实行名单制管理，制定管理预案，督促客户整改，实施限额管理。在存量资产盘活上，要求信贷资产证券化的入池项目近三年内无违反国家节能减排相关规定，无因违反生态环境部相关规定而被挂牌督办的记录等。

## 6.2.2　中国进出口银行绿色金融体系

中国进出口银行的主要职责是贯彻执行国家产业政策、对外经贸政策、金融政策和外交政策，为扩大中国机电产品、成套设备和高新技术产品出口，促进对外关系发展和国际经贸合作，提供政策性金融支持。作为国有政策性银行，进出口银行不遗余力地支持绿色金融发展。

2007 年中国进出口银行确立"鼓励绿色信贷业务发展并主动控制授信业务环境与信贷风险"的绿色信贷战略，成为众多银行中率先践行绿色金融理念的先行者之一；2015 年中国进出口银行出台《中国进出口银行绿色信贷指引》，为其建立绿色信贷体系提供方向和工作要求，完善了整个信贷流程的绿色信贷管理；2016 年 12 月 5 日，中国进出口银行成功发行了 2016 年第一期绿色金融债券，期限 5 年，金额 10 亿元人民币，最终发行利率 3.28%，略低于市场水平，得到投资人高度认可；2017 年 12 月 22 日，中国进出口银行第一期"债券通"绿色金融债券在上海成功发行，通过簿记建档、集中配售方式面向海外投资机构募集绿色资金专项投资于国家"一带一路"重点绿色项目，并与上海国际金融中心对接发展战略，为绿色"一带一路"全球互联建设做出了破冰尝试和积极贡献；2019 年 4 月 23 日，国务院发展研究中心和中国进出口银行在京联合发布了《中国推进"一带一路"绿色金融发展的理念和实践》的报告，报告指出，"一带一路"倡议为绿色金融的发展提供了广阔的发展机遇，绿色金融正在成为"一带一路"沿线国家新的经济增长点。

中国进出口银行作为政策性金融机构，一直高度重视履行环境保护责任和社会责任，主动将对国家、社会、经济和环境的四重责任与自身改革发展相结合，积极提供绿色金融服务，推动中国及全球的绿色发展、可持续发展。截至 2018 年末，中国进出口银行绿色信贷余额突破 2 500 亿元，且中国进出口银行与世界银行共同发起的"中国节能融资项目"和"节能转贷第三期项目"已累计支持节能贷款项目 75 个，贷款余额超过 35 亿元，有效推动了绿色产业发展。未来进出口银行将继续推动绿色金融的发展，完善政策性金融资金专项支持绿色产业的融资安排，为推动经济向绿色转型做出更大的贡献。

### 6.2.3 中国农业发展银行绿色金融体系

中国农业发展银行的主要任务是：按照国家的法律法规和方针政策，以国家信用为基础，筹集农业政策性信贷资金，承担国家规定的农业政策性和经批准开办的涉农商业性金融业务，为农业和农村经济发展服务。

为深入贯彻落实中共中央、国务院关于加快推进生态文明建设的战略部署，践行绿色发展理念，经中国人民银行批准，中国农业发展银行于 2016 年 12 月 21 日下午，通过银行间债券市场公开招标发行 60 亿元绿色金融债券，债券期限 3 年，发行利率 3.79%，比前一日收益率低 24BP，认购倍数 4.43 倍，成为当时境内机构首次通过公开招标方式发行的最大规模绿色金融债券。2017 年 2 月 27 日，农发行通过银行间债券市场增发 40 亿元绿色金融债券。2018 年 7 月，农发行通过上海清算所，面向全球投资者，公开招标发行 30 亿元 "债券通" 绿色金融债券。2018 年 11 月 19 日，农发行发行首笔准主权 3 年期浮息欧元绿色债券，发行规模为 5 亿欧元，利率为 3 个月期欧元银行间同业拆借利率加 48 个基点（3mE + 48bps），认购订单金额为 16.84 亿元，高达 3.4 倍，获分配订单中欧洲地区投资者数量占比超过 58%，计划在卢森堡证券交易所、中欧国际交易所和香港联交所上市。2019 年 4 月 1 日起，农发行绿色债券被纳入彭博巴克莱全球综合指数。中国农业发展银行深入贯彻落实国家生态文明建设战略，以实际行动推进农业供给侧结构性改革，勇于担当，主动创新，成功发行 "债券通" 绿色金融债券，在国际上开展绿色债券市场合作，彰显了新时代农业政策性金融支持乡村振兴的中国特色。农发行已经逐步发展成为推动中国债券市场发展的中坚力量，是中国绿色资本市场发展的重要引领者和推动者。

## 6.3 商业银行绿色金融体系构建

随着可持续发展理念的逐步深入以及金融体系的完善，近两年来，我国绿色金融发展速度显著加快。作为我国金融体系的主体，商业银行在构建绿色金融体系、推动我国绿色发展中将扮演着更为重要的角色。截至 2019 年 6 月，全国 21 家主要银行绿色信贷余额已超过 10 万亿元。

## 6.3.1　兴业银行绿色金融体系

兴业银行一直秉持着绿色金融的发展理念，在绿色金融领域始终占据我国商业银行的龙头位置。2005 年，兴业银行和国际金融公司（IFC）合作，开始探索国内能效融资的商业模式；2006 年开创了节能减排贷款；2007 年和联合国环境规划署签署了《金融机构关于环境和可持续发展的声明》；2008 年 10 月 31 日，正式公开承诺采用赤道原则，成为中国首家"赤道银行"；2015 年，制定了明确的集团绿色金融战略和规划，开始在集团层面实现绿色金融业务的协同联动和快速发展。另外，兴业银行通过"融资 + 融智"积极推动我国绿色金融体系建设，积极参与我国首批五个绿色金融改革创新试验区建设。

（1）推行绿色金融，打造新的利润"增长极"。由于环境问题越来越受到各级政府的关注，绿色环保产业已经成为一个极具发展潜能的新兴产业。近年来，我国在绿色环保方面的投入逐步加大，截至 2019 年 9 月，我国节能环保支出为 4 750 亿元，同比增长 14.5%。随着国家财政投入的不断增加和鼓励政策措施的陆续出台，绿色产业的未来发展空间巨大。

截至 2019 年 6 月末，兴业银行已累计为 17 938 家企业提供绿色金融融资 19 724 亿元，融资余额达 9 408 亿元，实现银行、政府与社会的共赢局面。兴业银行绿色金融融资的不良率仅为 0.47%，优于银行业的平均资产质量。另外，其绿色金融所支持的项目可实现在我国境内每年节约标准煤 2 992 万吨，年减排二氧化碳 8 428.43 万吨，年节水量 40 991.19 万吨，相当于关闭 193 座 100 兆瓦火力发电站，10 万辆出租车停驶 40 年。

多年来，兴业银行积极探索绿色金融发展模式，积累了深厚的专业技术和有益经验，用实践证明了绿色金融的商业可持续性。在推动试验区建设的过程中，兴业银行走出了一条有特色的绿色普惠金融之路。2017 年兴业银行在江西省提供融资服务的 60 兆瓦光伏扶贫项目，使 2 238 户建档立卡贫困户受益，支持了国家"精准扶贫"政策的落地，将绿色金融与精准扶贫有机结合起来。

兴业银行已制定了"两个一万"的 5 年目标，即到 2020 年，集团的绿色金融融资余额突破一万亿元，绿色金融客户突破一万户，并将提供多样化的"融智"服务，努力成为全球一流的绿色金融综合服务提供商。

（2）绿色业务创新产品种类覆盖面广。作为中国最早发展绿色金融市场的银行，兴业银行深耕绿色金融，积极推进产品和服务创新。2016 年，除上述国内首批发行的绿色金融债外，该行还注册发行了全国首只绿色非公开定向债务融资工具、投资国内首单非上市公司绿色 ABS、面向个人投资者发行投资绿色环保项目和绿色债券的绿色理财产品，并加大在绿色信贷资产证券化、绿色消费信贷等新兴业务领域的探索创新。兴业银行在为企业提供融资服务的过程中，已形成门类齐全、品种丰富，涵盖绿色融资、绿色租赁、绿色信托、绿色基金、绿色投资和绿色消费等在内的绿色金融集团产品服务体系，正逐渐实现从一流绿色银行向一流绿色金融集团的转变。

## 6.3.2　其他商业银行绿色金融体系

绿色金融业务对于促进商业银行高质量发展具有重要意义。近年来，各商业银行积极响应国家战略号召，构建绿色金融顶层设计，不断开展金融产品和服务创新，提升开展绿色金融的业务能力，详见表 6-2。

表 6-2　　　　　　　　　我国主要商业银行发展绿色金融措施

| 工商银行 | 国内最早提出并付诸实施"绿色信贷"的商业银行；<br>2013 年，建立绿色信贷分类与企业评级的关联，实行信贷全流程的"绿色信贷一票否决制"，确保信贷业务的环保合规；<br>2016 年 1 月，在全国银行间债券市场成功承销发行境内首只绿色金融债券；<br>推出多元化的绿色金融服务；<br>将于 2019 年 11 月 13 日至 11 月 20 日（非工作日除外），面向个人和对公客户在柜台市场首次分销国家开发银行可持续发展专题"债券通"绿色金融债券 |
|---|---|
| 农业银行 | 推出我国首张环保主体贷记卡——金穗环保卡；<br>实施"建设节约型农行，推行无纸化办公，尽量节约能源消耗"计划 |
| 中国银行 | 开发清洁发展机制项目融资掉期业务和"绿色心益通"的环保捐息存款业务；<br>2016 年 11 月，中国银行以伦敦分行为主体，发行了 5 亿美元的"绿色资产担保债券"，这是全球首单兼具"双重绿色属性"的绿色资产担保债券；<br>2019 年 10 月 9 日，中国银行在境外市场成功完成 10 亿美元等值三币种绿色债券定价，包括 3.5 亿美元、3 亿欧元和 20 亿元人民币，募集资金主要用于支持符合要求的绿色项目 |
| 建设银行 | 2006 年，在环保信贷审批中开始实行一票否决制，否决在环保中违法、违规客户的信贷；<br>制定专门的监测制度——舆情检测报告制度，通过相关媒体，对授信企业的环境信息进行关注 |
| 交通银行 | 对全部信贷客户和业务实行环保分类管理的国内第一家商业银行；<br>承担了国家"十二五"水专项课题的企业扩大产能项目，在日常的授信准入、授信审查、投向管理和贷后管理等各环节当中全面融入绿色信贷 |
| 江苏银行 | 2017 年，宣布适用《赤道原则》；<br>打造"固废贷""脱硫贷"等绿色产品 |

| 浦发银行 | 2010 年，先于其他银行率先签订了以能源管理未来收益权为质押的质押融资合同；<br>2012 年形成银行业最全面和领先的绿色金融产品体系，收录了五大板块十大创新绿色信贷产品；<br>2014 年 5 月开发出国内第一种与碳市场紧密相关的绿色债券；<br>2016 年，浦发银行成功发行境内首单绿色金融债，并分三期完成了 500 亿绿色金融债券的发行 |
| --- | --- |
| 光大银行 | 率先推出阳光理财低碳公益产品和绿色零碳信用卡；<br>2018 年 10 月，通过在香港交易所挂牌的 50 亿美元欧洲中期票据计划（EMTN），成功发行 3 年期、3 亿美元绿色债券，这是光大银行首次发行绿色债券 |
| 招商银行 | 2010 年推出了绿色融资租赁和绿色设备买方信贷两项绿色金融概念产品；<br>与法国进行节能中间信贷项目合作，积极推荐和支持国内可再生能源和节能项目 |
| 民生银行 | 2010 年底，中国民生银行在北京设立了首家绿色金融专营机构，为北京环境交易所"合同能源管理投融资交易平台"提供全面而专业的金融服务；<br>研究并试行了关于碳排放权质押等贷款融资模式和低碳金融产品，有效解决了中小型环保企业融资难的问题，为节能环保行业提供了更多金融支持 |

资料来源：根据各商业银行官网相关资料整理，以及陈琳，《我国商业银行绿色金融业务发展研究》，和讯网，2016 年 9 月 6 日。

近年来国内商业银行纷纷发展绿色金融，发挥金融作为现代经济核心和资源调节杠杆作用，在支持绿色发展方面取得了令人瞩目的成绩。但从商业银行的角度来说，由于绿色项目普遍存在前期投入大、收益期长且收益不确定、风险高等特点，仍需要配套完善的政策环境、市场环境。为了绿色金融业务的有序开展，建议除了建立跨部门的绿色信贷委员会之外，商业银行还可以考虑在总行成立专门的绿色金融专门部门，牵头推动全行的绿色信贷业务工作。

## 6.4　非银行金融机构绿色金融体系构建

非银行金融机构主要指保险公司、信托投资公司、证券公司、财务公司和租赁公司等，在此，以保险公司和信托机构为例做简单讨论。

### 6.4.1　保险业绿色金融体系

2019 年中国绿色金融体系发展呈现出全面提速的良好态势。作为体系的重要组成部分之一，保险业通过环境污染责任险、科技保险等险种在促进传统产业绿色转型、促进绿色发展动能培育等方面发挥着独特的作用，绿色保险概念日益深入人心。

绿色保险产品研究及工具开发取得积极进展。2017 年，在绿金委发布的十项重要成果中，保险行业占据三项，分别是中国人保财险"人保企业环境风险服务平台及 App"、平安产险鹰眼系统环境风险地图、中央财经大学绿色金融国际研究院的"基金与保险资管业环境压力测试方法"。以平安产险鹰眼系统为例，该系统在内嵌中华人民共和国成立以来 71 年的历史灾害记录数据的基础上，融合了平安产险承保及理赔数据，数据总量超过 137 亿，可支持中国大陆境内 11.85 亿个物理空间单元的灾害等级识别。

保险可以促进绿色产业资本的深化，通过信用增级和直投，助力解决绿色产业投入不足的问题。一方面，通过将绿色低碳知识产权、绿色低碳技术装备等纳入保险保障，可显著提升信贷底层基础资产的抗风险能力及可抵押性；另一方面，可直接通过信用保证保险提供增信服务，有效分散和分担绿色信贷风险，促进金融资源流向绿色经营主体。

## 6.4.2　信托机构绿色金融体系

绿色信托是以信托法律关系为制度安排，以信托机构为载体，以绿色金融理念为指导，以新能源、循环经济等实体经济为依托，以信托资金为主要手段，服务十绿色产业的信托投融资行为。

2015 年 9 月 17 日，中美双方企业共同投资设立中美建筑节能基金，投资中国的建筑节能项目，中航信托是该基金参与企业名单中的唯一一家信托公司。2016 年 6 月，该基金支持的首批项目签署投资意向书，首期规模 200 亿元。而中航信托也是 68 家信托公司中首次系统地提出绿色信托概念的公司，其在 2015 年年报中单辟一章谈及绿色信托发展战略。2019 年 1 月 28 日，中美建筑节能与绿色发展基金、中航信托股份有限公司共同投资宁波诺客环境科技有限公司 2.5 亿人民币。事实证明，在近几年的绿色金融探索中，中航信托在创新转型的基础上，重点在节能减排等环境保护方面设计产品，将资源往环保领域倾向性配置。

除了中航信托，行业"大哥"中信信托也做了尝试。2016 年 6 月，中信信托推出"中信·六盘水钟山区城投"项目，用于支持六盘水市城区内道路的建设和当地生活垃圾焚烧发电工程；中信信托还与山东省潍坊地区合作，推出"中信·民生青州宏利水务""中信·民生潍坊东兴建设""中信·民生高新东方国资"等多个基础设施建设项目，涉及农业、环保、水利领域。这些不仅为推动区域经济发展提供了全方位综合金融服务，而且也是中信信托在支持地方绿色经济方面做出的有益尝试。

目前开展绿色信托的主要模式有两个，一是通过市场化手段以及信托特有属性，履行受托责任，影响交易对手实施节能减排、低碳转型，帮助其实现可持续发展；二是通过向优秀的交易对手学习，优化自身绿色发展的实践措施，获得更多的发展机遇。

# 第 7 章

# 中国绿色金融体系金融工具创新

金融工具是推动绿色金融发展的有效手段，进行金融工具的创新，才能切实解决绿色金融融资难等相关问题，使生态环境保护得到充足的资金，使环保产业和防污企业得到发展，形成规模效应，促进环境的可持续发展。

## 7.1 绿色金融工具概念的界定

### 7.1.1 绿色信贷的内涵及创新

#### 7.1.1.1 绿色信贷的内涵

绿色信贷也被称为可持续融资（sustainable-finance）或环境融资（environmental-finance）。宏观上的绿色信贷就是指银行业金融机构在遵循对应产业政策的基础上利用利率杠杆调控信贷资金的流向，实现资金的"绿色配置"。具体而言就是对"高能耗、高污染"行业实施信贷管制，通过项目准入、高利率、额度限制等约束其发展，引导其转变高能耗、高污染的经营模式。同时，通过提供配套优惠的信贷政策与信贷产品，来加大对节能环保、低碳循环产业的扶持力度，使节能环保产业产生更大的生态效益，并反哺金融机构，最终实现生态与金融业的良性循环。

#### 7.1.1.2 国内绿色信贷的发展创新

2007 年 7 月 30 日，国家环保总局、中国人民银行、中国银监会联合发布了《关于落实环境保护政策法规防范信贷风险的意见》，核心是对不符合环保要求的企业和项目进行信贷控制，从而将绿色信贷上升为一项政策制度。使我国金融发展在绿色信贷方面迈出了非常关键的一步。我国绿色信贷起步较晚，到目前为止，许多银行绿色信贷业务虽然有很大突破，但相比发达国家仍然发展缓慢。

兴业银行是我国开展绿色信贷业务的先驱，早在 2006 年时，兴业银行就已开始投身于绿色信贷领域，同时，兴业银行也是我国首家采纳国际赤道原则的银行。为了使绿色信贷业务的发展更加专业化，兴业银行成立了独立的部门——可持续金融中心，独立负责绿色信贷业务，形成了完善的风险管理体系，包括：风险识别→风险分类→风险评估→风险控制→风险监测→信息管理/披露→绩效评价。也正因为如此，如今兴业银行已经在国内绿色信贷领域扎稳了脚跟，截至 2019 年 9 月末，兴业银行已累计为 18 506 家企业提供绿色金融融资 20 837 亿元，融资余额 9 746 亿元。兴业银行所支持的这些项目可实现在我国境内每年节约标准煤 2 998 万吨，年减排二氧化碳 8 433.16 万吨，年节水量 40 998.32 万吨。

作为国有商业银行，中国工商银行在绿色信贷领域也不甘落后。在贷款前期，银行对企业进行严格的审查，利用资产管理（CM2002）系统对客户进行严格划分，及时将企业信息录入系统，有效防止贷款风险，采用一票否决，对于国家政策予以禁止贷款的领域坚决不放贷。建立绿色快捷通道，为企业绿色项目资金需求提供特殊通道，使企业可以快速获得资金开展项目；在贷款发放后期，银行对企业进行不定时的跟踪监测，防范贷款风险。同时，工商银行还建立了问责体系，将绿色信贷纳入各支行考核体系，要求各支行对绿色信贷项目进行严格审查、紧密追踪和监测。截至 2019 年初，工商银行在绿色金融领域的贷款余额约人民币 12 377.58 亿元，累计承销各类绿色债券，募集资金总额达人民币 655.1 亿元，为节能减排、绿色能源、环保工程、污染治理等一大批绿色优质项目和企业提供了融资支持；发行两笔"一带一路"主题绿色债券，其中一笔等值 16 亿美元的双币种绿色债券在伦敦证券交易所挂牌上市，并成为伦敦证券交易所上市债券中规模最大的一只绿色债券，募集资金全部用于支持"一带一路"沿线清洁交通及可再生能源等绿色资产项目。

中国银行积极贯彻国家环保政策，积极投身于绿色信贷领域。与瑞典携手进行环保项目融资，提供资金进行环保电缆改造，化解光伏产业产能过剩，为废物处理中心建设提供资金等案例，充分体现了中国银行实行绿色信贷的决心。同时，中国银行努力地开发新型的绿色信贷产品，主要包括保理业务、产业基金、收费权质押等。中国银行副董事长、行长刘连舸在绿色金融论坛上表示，截至 2019 年初，中国银行绿色信贷余额 8 000 多亿元，较上年增长了 11.22%。

招商银行对企业客户实行"四色分类"，这四色分别为环保绿色、蓝色、黄色、红色贷款，所谓绿色贷款是指投向正常合法经营企业并且能给环境带来积极影响的贷款，蓝色贷款是指投入到环保合格企业的贷款，黄色贷款是指投向经过评估审查认为其存在一定程度环境风险企业的贷款，红色贷款是指进入国家禁止放贷、对生态环境造成严重污染和破坏领域的贷款。同时，由招商银行总行牵头，建立了领导小组，指导和监督这些政策的实施，由此，可见其重视程度。招商银行积极进行绿色信贷产品创新，其主要的绿色信贷产品有：清洁发展机制融资综合解决方案、节能收益抵押贷款、绿色融资租赁、排污权抵押贷款、法国开发署绿色转贷款、绿色设备买方信贷等。

### 7.1.1.3　国外绿色信贷的发展创新以及经验借鉴

赤道原则是在 2002 年 10 月于国际知名商业银行会议上由世界银行下属的国际金融公司和荷兰银行联合提出的。后由巴克莱银行和花旗银行等参与制定，结合了世界银行的环境保护标准与国际金融公司的社会责任方针形成，并于 2006 年 7 月进行了修订。赤道原则共分为九条，可以概括为七个方面。第一，规定了项目风险的分类依据；第二，规定了不同类别项目的环境评估要求；第三，规定了环境评估报告应包括的主要内容；第四，规定了环境管理方案要求；第五，规定了向公众征询意见制度；第六，规定了有关借款人和贷款人关系的要求以及确保守约的机制；第七，规定了赤道原则的适用范围，即只适用于总融资 5 000 万美元以上的项目。

截全 2018 年 3 月，全球已有包括汇丰银行、花旗银行、巴克莱银行在内共计来自 37 个国家的 92 家金融机构宣布采纳赤道原则，覆盖了全球 80% 的新兴市场国际项目债务融资。

花旗银行非常重视绿色金融的发展。在过去的几年中，一直积极应对全球环境问题，严格践行赤道原则。2007 年，花旗银行承诺在未来十年对气候友好型项目投资 500 亿美元，这个目标在 2013 年提前完成。2015 年，花旗银行又制定了在未来十年投资 1 000 亿美元的新计划，主要领域包括清洁水、垃圾处理、城市绿色基础设施、节能产品及可再生能源方面。同时，在金融产品方面，花旗银行在各地区大力推广绿色信贷业务，设立了环保和社会风险政策审查委员会，在传统业务基础上进行绿色金融创新。从产品分类角度来看，主要包括银行业和资本市场（115 亿美元）、绿色债券（95 亿美元）及公共财政（17 亿美元）。花旗银行努力为实现低碳的目标，减少全球温室气体排放量做出贡献。

美国的绿色信贷经验有以下三个方面。第一，建立健全相关法律制度。自 20 世纪 70 年代开始，美国陆续颁布了 20 多部与环境污染、水污染和空气污染相关的法律，这使得银行必须承担与环境相关的社会责任，从而推动了绿色信贷的实施。第二，美国政府在政策方面大力支持绿色信贷的发展。以美国的税收政策为例，美国政府对于有利于环境保护的项目实行税收减免政策，这一政策有效刺激了美国绿色信贷的发展。第三，构建完善的环境和社会风险管理体系。从银行信贷的角度来评估金融项目的风险，支持环境保护，从而推动绿色信贷的发展。

日本开始发展低碳产业较早，其政府制定了一系列扶持新能源和节能环保的政策法规。1997年，日本制定了《促进新能源利用特别措施法》，设立专门机构提供低息贷款及对绿色产业进行补助和支持。法律法规对绿色信贷发展的积极推动，使得绿色信贷的执行有了充分的法律保障。日本国内三大商业银行三菱东京日联银行、三井住友银行、瑞穗银行都严格遵守赤道原则，专门建立了针对低碳环保产业融资的部门。2004年10月，瑞穗实业银行已经编制完成并在全球业务项目中实施了《瑞穗实业银行赤道原则实施手册》。随后，该银行又于2006年成立了可持续发展部门，成为日本第一家引入可持续概念的银行。在实施绿色信贷后，其全球融资业绩迅速上升至世界前列。三菱东京日联银行也是实施绿色信贷的典范银行，该行主要针对B类项目开展绿色信贷业务，大力推动了环境友好型企业的发展。

日本的绿色信贷发展也有几处值得我们学习的经验。第一，不生搬硬套，结合自身的情况对赤道原则加以应用，使得赤道原则本土化，更有效地提升银行的业绩；第二，建立内部管理制度，规范融资审批操作流程，从根本上改善银行内部机制；第三，增进与业务所在地政府合作和交流，促进环保事业的发展，深化大众对于绿色信贷观念的认知，以此带动银行绿色信贷业务的发展。

英国政府严格要求商业银行遵循赤道原则，银行为避免风险主动将环境和社会因素纳入自身的信贷管理和对企业的评估系统中。巴克莱银行和汇丰银行都是第一批采纳赤道原则的商业银行。巴克莱银行制定了涵盖所有融资调控，涉及50多个行业的信贷指引；2012年11月，全球第一家绿色投资银行英国绿色投资银行设立；2011年4月，政府承诺拿出30亿英镑筹建有借贷实力的绿色投资银行，并通过立法赋予新银行独立于政府的地位，绿色投资银行计划由此进入立法程序。

英国值得我们学习和借鉴的地方有：第一，建立健全环境保护的监督和评估体系，严格按照标准认定某个项目是否违反了环保要求；第二，加强与他国之间的交流合作，通过经验的分享与交流，不断提高自身践行绿色信贷的能力，从而推动绿色信贷的发展；第三，加强内部人员的培训，建立内部人才库，为绿色信贷的实施提供技术支持。发达国家商业银行普遍以赤道原则为依据，制定出本行的绿色金融发展规划和内部业务标准体系，努力将赤道原则所倡导的理念贯穿于银行绿色信贷的各个环节，拥有完善的可量化的评估指标和绿色信贷流程，以及标准的绿色信贷业务的准入机制。通过提高全面风险管理能力，积极履行社会环境保护责任，以实现自身的可持续发展，从而顺应银行业的国际发展潮流。

## 7.1.2　绿色债券的内涵及创新

### 7.1.2.1　绿色债券的内涵

绿色债券是指任何将所得资金专门用于资助符合规定条件的绿色项目或为这些项目进行再融资的债券工具。由世界银行和欧洲投资银行于 2007 年首次提出。绿色债券与传统债券最主要的区别是，绿色债券募集的资金只被用于特定的绿色项目，不仅如此，这些绿色项目会受到严格的专业评估，资金的使用过程会受到跟踪和监测，以确保资金的正确使用。作为一种新型债券，目前的绿色债券通常要求具有简单、透明、可比性、流动性等特征，并且需要接受信用评级，以更有效的吸引投资者。其中最为典型的是气候债券，它是为减缓气候变化和帮助国家适应气候变化的影响而进行融资的一种固定收益债券，本书认为，作为投资于绿色项目的气候债券，包含于绿色债券。

近年来，绿色债券市场取得了蓬勃的发展，涌现出形形色色以可持续发展债券、绿色债券为名的债券品种。在中国，推进经济的全面可持续发展对金融系统提出了更高的要求，金融系统的绿色革命正在展开。绿色债券作为直接融资工具，不仅能够融通更多资金支持可持续发展项目，还能够通过提供中长期投融资工具，实现金融系统融资结构的优化，减轻金融体系的期限错配风险，因此，其成为构建绿色金融体系的重点领域。

### 7.1.2.2　国内绿色债券的发展创新

目前来看，世界经济形势持续动荡，中国宏观经济整体增速放缓。然而，从我国债券市场看，近年来我国债券发行规模却呈现持续增长趋势，如图 7 - 1 所示。根据中国人民银行发布的数据显示，2018 年我国债券市场发行各类债券规模达 43.1 万亿元，较上年增长 15.1%。同时增速较上年放缓，但中国债券市场整体呈现出富有生机的发展态势，政府继续支持发展信贷资产支持证券和资产证券化产品，债券类衍生品也进一步推出。

（亿元）

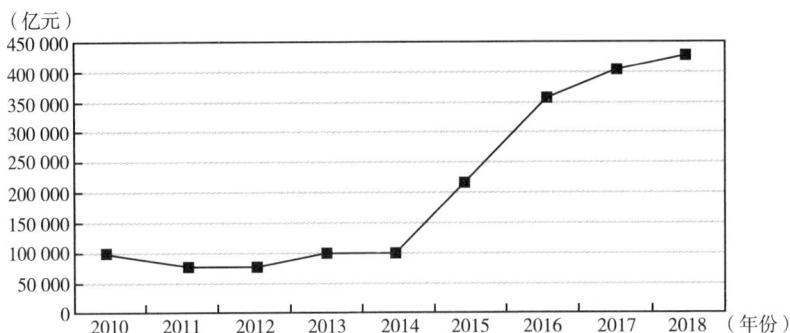

**图 7 - 1　　2010 ~ 2018 年中国债券发行规模**

资料来源：中国人民银行、新华社、人民网。

2019 年的中国绿色债券市场依然蓬勃发展。中央结算公司发布的《2019 年上半年中国绿色债券市场报告》显示，2019 年上半年，中国境内发行贴标绿色债券共计 1 276.81 亿元，同比增长 143.79%。其中，中国贴标绿色债券发行金额约占全球的 16.72%。2019 上半年，全国共有 58 个发行主体发行了金融债、企业债、公司债、中期票据、短期融资券和资产支持证券等各类债券，总共 82 只绿色债券（见表 7 - 1）。

表 7 - 1　　　　　　　　**2019 年上半年各类绿色债券发行额及汇总**

| 类　别 | 绿债发行额（亿元） | 绿债发行只数（只） |
| --- | --- | --- |
| 公司债 | 412.14 | 23 |
| 金融债 | 380.00 | 19 |
| 企业债 | 199.00 | 16 |
| 资产支持证券 | 184.87 | 13 |
| 中期票据 | 97.8 | 10 |
| 地方政府债 | 3 | 1 |
| 合计 | 1 276.81 | 82 |

资料来源：Wind 数据库，中债资信整理。

在绿色金融领域，绿色债券目前正在成为一种蓬勃发展的新型融资方式。从资金投向来看，广义绿色债券中为可持续发展提供了有力的支持。90% 的融资投向交通、能源、建筑与工业等领域的可持续发展项目，其他还包括农林业、废弃物处理、水利等项目（见表 7 - 2）。其清洁、绿色、期限长、成本低等优势可为绿色经济提供巨额资金支持，同时，可通过资本市场融资优势来约束产能过剩行业的发展，激励节能环保相关产业发展，也可进一步推进供给侧结构性改革，形成良性互动。

表 7 - 2　　　　　　　　**2019 年上半年中国非金融绿色债券主要投向**　　　单位：%

| 项目分类 | 占比 |
| --- | --- |
| 节能 | 5 |
| 资源节约与循环利用 | 2 |
| 清洁交通 | 17 |
| 清洁能源 | 53 |
| 生态保护与适应气候变化 | 1 |
| 其他以及不明确 | 22 |
| 合计 | 100 |

　　资料来源：公开资料，中债资信整理。

　　中国绿色债券市场的发展目前表现为政府主导型。随着绿色债券的制度从无到有，政府支持频率和力度不断增强，市场参与绿色债券市场的热情也越来越高。到目前为止，我国绿色债券发行状况以及政策探索情况详见表 7 - 3。

表 7 - 3　　　　　　　　**我国绿色债券发行状况以及政策探索**

| 时　间 | 理论与政策探索 |
| --- | --- |
| 2013 年 10 月 | 国际可持续发展研究院和国务院发展研究中心共同召集了"发展中国的绿色债券市场"的圆桌会议 |
| 2014 年 5 月 | 中广核风电发行国内第一只绿色债券 |
| 2014 年 11 月 | 中国人民银行与联合国环境署可持续金融项目联合发起绿色金融工作小组 |
| 2015 年 1 月 | 兴业银行以绿色债券申报并获批发行金融债券 300 亿元 |
| 2015 年 3 月 | 中央在党的十八大"新四化"的基础之上首次提出"绿色化"的概念 |
| 2015 年 4 月 | 国内第一个绿色金融专业委员会成立绿色金融工作小组报告《构建中国绿色金融体系》首次发布 |
| 2015 年 7 月 | 由北京市金融局、中国人民银行营管部、北京节能环保中心等 16 家企业共同发起的绿色债券联盟在北京成立 |
| 2015 年 7 月 | 中国新疆金风科技股份有限公司以美元标价在香港发行 3 亿美元绿色债券 |
| 2015 年 10 月 | 中国农业银行发行的等值 10 亿美元双币种绿色债券 |
| 2015 年 12 月 | 中国金融学会绿色金融专业委员会发布《绿色债券支持项目目录（2015 年版）》；中国人民银行发布关于发行绿色金融债券的 39 号公告 |
| 2016 年 1 月 | 国家发改委发布《绿色债券发行指引》；浦发银行发行了总额 200 亿元的国内首只绿色金融债券；兴业银行发行 100 亿元绿色金融债 |

| 时　间 | 理论与政策探索 |
|---|---|
| 2016 年 2 月 | 青岛银行公布了 80 亿元人民币的绿色金融债券发行计划 |
| 2016 年 3~4 月 | 深沪交易所公布《关于开展绿色公司债券试点的通知》 |
| 2017 年 3 月 | 中国证监会发布《关于支持绿色债券发展的指导意见》<br>中国银行间市场交易商协会《非金融企业绿色债务融资工具业务指引》 |
| 2017 年 5 月 | 国家发改委印发《政府和社会资本合作（PPP）项目专项债券发行指引》 |
| 2017 年 6 月 | 央行七部门联合印发《绿色金融改革创新试验区总体方案》 |
| 2017 年 10 月 | 北京市金融工作局等八部门联合发布《关于构建首都绿色金融体系的实施方案》 |
| 2017 年 12 月 | 央行、证监会联合发布《绿色债券评估认证行为指引（暂行）》 |
| 2018 年 3 月 | 中国人民银行发布《关于加强绿色金融债券存续期监督管理有关事宜的通知》 |
| 2018 年 6 月 | 中国人民银行发布《关于开展银行业存款类金融机构绿色信贷业绩评价的通知》 |
| 2018 年 7 月 | 上海证券交易所发布公司债券优化融资监管指南和持续融资监管指南 |
| 2018 年 7 月 | 中国基金业协会发布《绿色投资指引（试行）》 |
| 2019 年 3 月 | 七部委联合印发《绿色产业指导目录》 |
| 2019 年 5 月 | 中国人民银行发布《关于支持绿色金融改革创新实验区发行绿色债务融资工具的通知》 |

资料来源：官方文件和网络资料，前瞻产业研究院整理。

可以看出，中国的绿色债券市场从 2013 年末初步探索至今，历经了五年半时间。随着政府牵头进行发展中国绿色债券市场的理论研究，并加快了政策制定步伐和支持力度，通过政策鼓励和税收激励引导资金流向，传统金融市场的资金被逐步撬动起来。企业直接投资也从观望姿态走向了积极参与。同国际上纷繁多样的绿色融资产品相比，中国的绿色债券市场才刚刚起步，市场规模偏小、品种单一，存在巨大的发展潜力。因此，推动绿色债券市场的发展和创新具有重要的现实意义。

### 7.1.2.3　国际绿色债券的发展创新以及借鉴意义

国际绿色债券市场发展迅速，为各国的可持续发展项目提供了中长期低成本的资金支持。2007 年以来，世界银行和欧洲投资银行发行了全球首批绿色债券，2014 年绿色债券发行总额达到 365.93 亿美元，出现大规模突破。2014年 1 月 13 日，多家商业银行和投资银行联合发布了首版绿色债券原则（GBP）；2015 年 3 月，国际资本市场协会（ICMA）牵头与多家金融机构共同修订完成绿色债券原则第二版，同年年全球绿色债券发行总额达到 412 亿美元；2016 年 3 月 16 日，上海证券交易所正式发布《关于开展绿色债券试点的通知》。绿色债券的数量经历了从无到有到后来爆发式的增长。2007 年最初发行规模仅不到 10 亿美元，再到 2018 年，全球发行的绿色债券总额达到 1 673 亿美元。如图 7-2 所示。当然，在全球债券市场每年数以万亿美元的庞大发行量面前，绿色债券市场占比仍不足 5%，存量更是微不足道，但是这也意味着绿色债券市场仍然具有巨大的发展潜力。

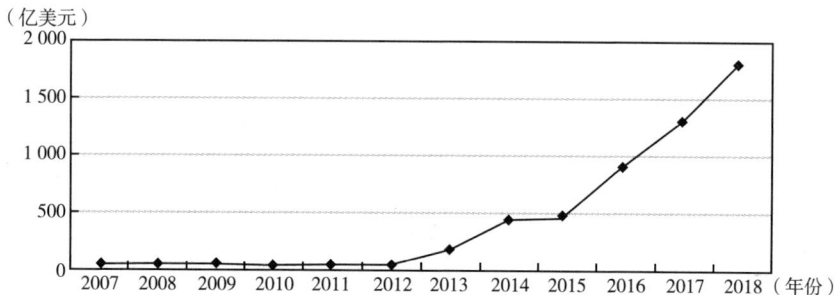

**图 7-2 国际绿债发行量**

资料来源：Wind 数据库，电缆网讯。

国际绿色债券发展迅速，市场规模不断扩大；发行人和投资者更加趋向多元化；期限、评级和发行货币也呈现多元化分布趋势。一是债券期限以短期为主，兼顾中期；二是债券评级以 AAA 级为主，并开始出现较低评级绿色债券；三是发行货币主要以欧元和美元为主，以其他货币为辅。在国际市场上，新兴经济体开始启动绿色债券市场，包括印度、巴西、南非及中国的广义绿色债券发行量大大增长。人民币成为广义绿色债券中最主要的计价货币，反映了中国这一快速发展的市场潜力，但是，经认证的绿标债券主要在欧元区和美国发行，欧元和美元仍是主要的计价货币。

从国际经验来看，发展绿色债券市场需要政府和市场主体的共同努力，其中，政府对绿色投资和绿色项目的全方位扶持，是发展绿色债券市场的前提条件。首先，要确定"绿色标准"，与国际自愿原则不同，政府需要推出权威性的中国绿色项目和绿色资产标准，向市场提供可靠的标尺，使其符合公共政策目标；其次，政府应该从树立绿色发展理念、培育绿色投资者网络、确立可持续发展的法律法规、实施财政税收倾斜鼓励政策、加强市场基础设施建设等多方面扶持绿色项目，提高绿色项目和绿色债券的吸引力，降低绿色融资的成本；再次，政府还需加强信息披露制度，积极培育绿色项目认证和评估中介，推动市场的标准化和透明化；最后，政府应扩大发行主体范围，鼓励政策性银行、地方和商业银行试点发行绿色债券。

### 7.1.3　绿色基金的内涵及创新

#### 7.1.3.1　绿色基金的内涵

绿色基金是指在证券市场上专门针对节能减排战略、低碳经济发展、环境优化改造项目而建立的，以企业的环境绩效为考核标准筛选投资对象进行投资的基金。它的发行目的除了经济收益，还追求生态与经济的协同发展。由于市场的差异性，绿色基金在不同国家具有不同的命名，例如，在美国被称为环境基金，在日本被称为生态基金，而西欧则以绿色基金为名。在我国，绿色基金的研究还处于起步阶段，对此的相关研究较少，需要学术界为其提供理论支撑，这也显示出我国绿色基金富有潜力的市场规模以及待以探索的广阔前景。

目前，全球可持续发展进入了以绿色经济为主驱动力的新阶段。美国的"绿色新政"，日本的"绿色发展战略"总体规划，德国的"绿色经济"研究等均表明，经济的"绿色化"已经成为增长的新引擎，这已成为世界的共识。利用经济杠杆或金融工具建立弹性的环境治理制度和完善环境治理融资渠道，既可以引导企业降低内部成本，还可以确保企业获得外部经济，同时避免行政干预的低效。作为资金来源广泛的绿色基金，是一种新型的金融工具，包括绿色产业基金及绿色担保基金，在金融体系下更具有举足轻重的作用。

#### 7.1.3.2　国内绿色基金的发展创新

我国绿色投资基金发展比较滞后，2011 年才出现了第一只绿色投资基金——兴全绿色投资股票型证券投资基金。这是国内首只明确提出绿色投资理念的基金，其投资领域将主要涵盖以下层次：绿色科技产业或公司（主要是清洁能源和环保产业），以及传统产业中积极履行环境责任、致力于向绿色产业转型或在绿色相关产业发展过程中做出贡献的公司。由此可见，现阶段中国资本市场中的绿色基金寥寥可数，绿色基金投资在中国并未引起足够的重视。因此，绿色基金可以作为今后金融机构投资的一个关注点。中国境内绿色基金的相关发展情况详见表 7 - 4。

表 7 - 4　　　　　　　　　　　中国境内绿色基金的相关发展

| 时　间 | 事　件 |
|---|---|
| 2008 年 | 兴业社会责任基金发行了"兴业社会责任股票型基金"，是国内第一只以"社会责任"为投资理念的基金 |
| 2011 年 2 月 | 兴业全球基金管理有限公司发行了国内第一只绿色投资基金——兴全绿色投资股票型证券投资基金 |

续表

| 时　间 | 事　件 |
| --- | --- |
| 2015 年 9 月 | 习近平主席访美期间，由中美政商两界共同倡导，建议设立的一个纯市场化的绿色引导性基金 |
| 2016 年 7 月 | G20 财长和央行行长会议将七项发展绿色金融的倡议写入公报，政府与社会资本合作的绿色发展基金将成为重要途径 |
| 2016 年 8 月 | 七部委联合印发了《关于构建绿色金融体系的指导意见》，提出通过政府和社会资本合作（PPP）模式动员社会资本，中央财政整合现有节能环保等专项资金设立国家绿色发展基金，同时鼓励有条件的地方政府和社会资本共同发起区域性绿色发展基金 |
| 2017 年 6 月 | 国务院常务会议决定建设绿色金融改革创新试验区，推动经济绿色转型升级，并提出支持创投、私募基金等境内外资本参与绿色投资 |
| 2018 年 11 月 | 中国证券投资基金业协会发布《绿色投资指引（试行）》 |
| 2019 年 3 月 | 国家发改委颁布了《绿色产业指导目录（2019 年版）》，明确了绿色投资行业的范围问题 |

资料来源：根据亚洲可持续发展投资协会网站（www. asria. org）和相关资料整理。

### 7.1.3.3　国际绿色基金的发展创新以及借鉴意义

在美国、日本、西欧等地，绿色投资基金得到了很大的发展。不同国家由于市场发育程度的差异，绿色投资基金表现出不同的形式。在发达国家，绿色基金的发行主体主要是金融机构，尤其美国在 1996 年成立了社会投资论坛，自此绿色基金开始高速发展。而在日本，受自然环境及人文环境等影响，环保意识在社会中广泛传播，企业主动改善生态环境的情况较多，极大地促进了绿色基金在日本的发展。例如，美国是世界上社会责任投资（SRI）发展最早和完善的市场。自从第一只绿色投资基金在美国面世以来，市场相继推出了许多绿色投资基金，这极大地促进了美国社会经济生态效益的提高，也促使更多 SRI 将生态环境作为重要筛选指标，通过股东对话的形式来增加对企业环境的重视，这是美国初期绿色投资基金的构成形式。

目前，发展社会责任投资基金得到了欧洲大多数国家的重视。在西欧地区，绿色投资基金是社会责任投资的第三代金融产品，更专注于环境等某个具体的领域，而且其资产增速也大于市场资产的平均增速。SRI 资产的平均增长率、投资策略、投资者结构、资产的配置情况，在欧洲不同的国家之间差异较大。为实现环境可持续发展，使欧洲投资基金（EIF）的管理经验在应对气候变化方面得到充分运用，欧盟委员会于 2008 年创办全球能效和可再生能源基金，基金采取 PPP 组织架构形式，由公共部门出资，向中小型项目开发者和企业提供股权投资，包括新兴市场中的可再生能源和能效项目、绿色基础设施项目，从而有效发挥母基金的投资杠杆效应。

国际上绿色基金的发展经验，对我们有以下五方面的启示。

第一，通过绿色基金可拓宽融资渠道，构建多元化的投资主体结构。从长远来看，绿色产业基金的资金应主要来源于民间。应通过政策和制度的调整，积极拓宽绿色产业基金的融资渠道，发展民间资本、养老金、金融机构、国外资本和政府资金等共同参与的多元化投资主体结构。

第二，发展绿色产业基金组织形式，因地制宜，合理发展。长远来看，有限合伙制度更适合绿色产业基金。因为其能有效地将资本与专业人才结合起来，在明确划分责、权、利的基础上，提高决策的专业水平，在激励和约束管理人行为的同时减轻有限合伙人承担的风险和责任。

第三，积极利用外资推动绿色基金可持续发展。加强引进国际来源资金是城市绿色发展的重要领域。我国目前基金众多，其中不乏与绿色基金相似的产业基金，但针对性较低，缺乏专业人士的研究引导，市场参与度不足。考虑到国际市场的因素，产业基金的发展不仅可以寻求国内投资，而且更可以引进外资和国外专业人员，建立绿色产业基金项目库，进一步获得国际金融机构等在基金和技术上的支持，同时，提高资金使用效率也是确保城市绿色发展融资的重要因素。

第四，推进环保并购基金的发展。从"大气十条""水十条"的落地实施到环保"十三五"规划及"土十条"的预期出台，环保行业预计将带来近 20 万亿元的"大蛋糕"，上市公司则相继开启"争抢收购标的"按钮，并购重组已成为环保行业发展的催化剂。根据环境商会的不完全统计，从 2015 年至今，已有超过 20 家上市公司宣布设立环保并购基金，包括万邦达、上风高科、先河环保、盛运环保、格林美等，总规模近四百亿元。国内环保并购基金普遍采用"上市公司＋私募股权投资"，即上市公司联手私募股权投资（PE）成立并购基金的模式。这不仅可以推进上市公司社会责任的承担，而且也可以充分吸引民间资本参与到低碳环保产业的发展。

第五，从国际经验来看，单靠政府资金已不能满足大量的公共基础设施投资需求，利用国际及国内民间私人资本进行公共基础设施建设，PPP 模式逐步成为应用广泛的项目融资和实施模式，即公共政府部门与民营企业合作模式。建立公共财政和私人资本合作的 PPP 模式绿色产业基金，提高社会资本参与环保产业的积极性，是推动绿色基金发展的重要路径，包括主要投资于区域环境保护的流域水环境基金、土壤修复产业基金、雾霾治理产业基金等。基金可以通过银行贷款、企业债、项目收益债券、资产证券化等市场化方式举债并承担偿债责任。

### 7.1.4 绿色股票指数和相关产品

#### 7.1.4.1 绿色股票指数的内涵

绿色股票指数指根据特定标准对绿色股票进行评选，选取综合评分较高的上市公司为样本，根据其股票价格所设计并计算出来的股票价格指数，用以衡量绿色股票市场的价格波动情形。绿色股票指数反映了过去能源结构在当前市场环境中所面临的困境，是绿色金融体系的重要部分。

绿色股票指数具有以下特点：第一，广泛性，它是指绿色股票指数涵盖水、碳、核能、清洁能源、可替代能源、再生能源、可持续发展、社会责任等众多主题板块；第二，风险分散，它是指指数通常是一组上市公司的组合，有利于避免投资者对单个环保类项目投资的风险；第三，大众参与，它是指绿色股票指数是具有互联网精神的绿色金融方式，可以帮助投资者选择绿色企业，并通过指数投资产品，引导更多市场资本投资绿色产业。

#### 7.1.4.2 国内绿色股票指数的发展创新

我国股票市场上的绿色股票指数主要分为三大类。第一类为可持续发展指数（ESG），主要针对企业在环境、社会责任、公司治理等方面的综合评价。第二类为环保产业类指数，这是目前国内绿色环保指数的核心品种，主要涵盖资源管理、清洁技术、产品和污染管理等范围内的上市公司，在综合的环保产业指数里面，还有更为细分的类别，例如，新能源、新能源汽车、环境治理等。第三类是环境生态指数，包括低碳、水资源、非矿物燃料类指数。例如，碳效率类指数，是通过计算上市公司的碳足迹（二氧化碳排放量/主营收入），来选取碳排放量比较低的上市公司。第一类和第二类指数主要反映重视环境治理的公司，第三类指数聚焦在传统类公司的节能减排，视角有所差异。

国内股票市场上绿色股票指数的占比还比较低，根据中证指数公司数据显示，我国共目前共推出 21 只绿色股票指数，其中可持续发展类指数 6 条，包括 ESG、社会责任、公司治理等；环保产业类指数 13 条，涵盖环保、环境治理、新能源等；环境生态类指数 2 条，分别为基于碳足迹数据的上证 180 碳效率指数和绿色城市指数（见表 7－5）。

表 7 - 5　　　　　　　　　　　　中证已发布的绿色股票指数

| 类别 | 细类 | 指数全称 | 指数简称 | 发布时间 |
|---|---|---|---|---|
| 可持续发展 | ESG | 中证财通中国可持续发展 100（ECPIESG）指数 | ESG100 | 2012 年 10 月 16 日 |
| | | 中证 ECPIESG 可持续发展 40 指数 | ESG40 | 2010 年 9 月 17 日 |
| | 公司治理 | 上证 180 公司治理指数 | 180 治理 | 2008 年 9 月 10 日 |
| | | 上证公司治理指数 | 公司治理 | 2008 年 1 月 2 日 |
| | | 沪深 300 绿色领先股票指数 | 绿色领先 | 2008 年 1 月 4 日 |
| | 社会责任 | 上证社会责任指数 | 责任指数 | 2009 年 7 月 21 日 |
| 环保产业类 | 环保产业 | 中证内地低碳经济主题指数 | 内地低碳 | 2011 年 1 月 21 日 |
| | | 中国低碳指数 | 中国低碳 | 2011 年 2 月 16 日 |
| | | 中证环保产业 50 指数 | 环保 50 | 2015 年 4 月 7 日 |
| | | 上证环保产业指数 | 上证环保 | 2012 年 9 月 25 日 |
| | | 中证环保产业指数 | 中证环保 | 2012 年 9 月 25 日 |
| | | 中证水杉环保专利 50 指数 | 环保专利 | 2016 年 5 月 18 日 |
| | | 中证水环境治理主题指数 | 水环境 | 2016 年 7 月 20 日 |
| | 环境治理 | 中证环境治理指数 | 环境治理 | 2014 年 7 月 21 日 |
| | | 中证阿拉善生态主题 100 指数 | 生态 100 | 2015 年 10 月 21 日 |
| | 新能源 | 中证新能源汽车指数 | 新能源车 | 2014 年 11 月 28 日 |
| | | 中证新能源指数 | 中证新能 | 2015 年 12 月 16 日 |
| | | 中证核能核电指数 | 中证核电 | 2015 年 5 月 19 日 |
| | | 中证新能源汽车产业指数 | 新能源车 | 2017 年 7 月 19 日 |
| 环境生态 | 碳效率 | 上证 180 碳效率指数 | 180 碳效 | 2015 年 10 月 8 日 |
| | 绿色城市 | 中证海绵城市主题指数 | 海绵城市 | 2016 年 7 月 20 日 |

资料来源：中证指数有限公司，以及作者整理所得。

### 7.1.4.3　国际绿色股票指数的发展创新以及经验借鉴

国际绿色股票指数现可被分为三类：第一类是 ESG（environment，socia-land gove-rnance）指数，包括环境、社会及公司治理类指数。第二类是环境生态指数，包括低碳、水资源、非矿物燃料类指数。第三类是环保产业指数，包括资源管理、污染管理、清洁技术类指数。国际代表性绿色股票指数及指数系列有以下方面。

国际环保产业指数发展较早，富时（FISE）、道琼斯（DOWJones）、标准普尔（S&P）、明晟（MSCI）等机构推出了一系列绿色股票指数。国际绿色股票指数以环保产业指数为主，同时 ESG 指数和低碳类指数也受到普遍关注。原因有以下三点：一是环保产业指数发展较早，且主题明确；二是国际主流指数公司，如道琼斯公司、富时集团等，拟借助其不断研发的 ESG 相关指数系列，推动其 ESG 信息披露标准发展为国际统一标准；三是随着全球气候变暖情况的日益严重，越来越多关心温室气体影响的投资者开始关注碳效率、碳风险等低碳类指数。此外，国际绿色股票指数及其投资产品丰富，欧美资本市场中具有很多代表性的绿色股票指数，包括英国富时社会责任指数系列、标准普尔全球情节能源指数以及国际指数公司环境、社会和公司治理基金评级（MSCIESG）系列指数。国际的绿色股票指数均以具体真实的环境信息为基础，国际上有 28 家交易所，包括英国、法国、加拿大、南非、巴西、澳大利亚、新加坡、印度等地的交易所，都制定了强制环境信息披露制度，要求其上市公司必须按一定标准披露环境、社会及公司治理方面的相关信息，这种强制信息披露制度保证了其环境的真实性。

综合国际上绿色股票指数的发展现状，我国应当借鉴的经验主要有以下方面。

首先，加强自主和合作研发，丰富绿色指数产品。一是建议加强交易所、金融机构等的自主研发实力，例如，筛选股票模型是绿色股票指数研发的重要基础，研发单位应注重提高模型设计的投研能力；二是鼓励金融机构开发出多种形式的绿色金融投资产品，敦促并监督上市公司的污染排放行为，增强上市公司的社会责任意识；三是加强与国内外知名环保公司的合作，挖掘成熟的第三方提供资本数据，并依托专业的分析机构做支撑，为指数的构建提供具体、可靠的数据及分析服务。

其次，提高绿色信息透明度，多维度优化披露机制。一是建议明确上市公司环境信息披露要求，并逐步推出强制性的信息披露制度；二是鼓励上市公司自主披露环境信息，并给予一定激励政策调动其积极性；三是通过问卷、走访调研、环境咨询等方式搜集环境信息，解决环境信息的不对称问题，从而共同推动绿色股票指数及相关产品的发展。

最后，积极引导绿色投资者，培育市场认可度，加强绿色投资和责任投资理念的宣传与推广力度。一方面，倡导投资机构在投资过程中考虑绿色、环境、责任投资因素，引导机构投资者开展绿色投资；另一方面，鼓励长期资金开展绿色投资，发挥大型机构投资者在责任投资方面的引领和示范效应。

## 7.1.5　绿色保险的内涵及创新

### 7.1.5.1　绿色保险的内涵

绿色保险又叫生态保险，是在市场经济条件下进行环境风险管理的一项基本手段。其中，以保险公司对污染受害者进行赔偿的环境污染责任保险最具代表性。其又称为环境污染责任保险，是以企业发生污染事故对第三者造成的损害依法应承担的赔偿责任为标的的保险。通过解决环境纠纷、分散风险、为环境侵权人提供风险监控等方式为环境保护提供服务。有效运用这种保险工具，对于促使企业加强环境风险管理，减少污染事故发生，迅速应对污染事故，及时补偿、有效保护受害者权益方面，都能产生积极的效果。

联合国环境规划署金融行动认为，保险在应对环境风险中主要发挥三方面作用：一是建立绿色保险补偿机制，运用金融风险定价原理，识别潜在的环境风险，推动环境风险量化评估，实现环境风险可保；二是完善环境风险管理机制，运用风险管理和灾害学原理，加强对异常气候变化的预警，采取积极干预措施应对气候变化，提升社区应灾和备灾能力；三是参与构建绿色融资体系，建立环境外部效益激励和约束机制，推动环境风险外部性内生化，抑制污染型及高耗能型投资，引导公共资源及社会资本流向环境友好和绿色生态产业。

### 7.1.5.2　绿色保险在我国的发展创新

自20世纪90年代初，中国针对日益严峻的公害、环境问题提出绿色保险制度。1991年开始在大连、吉林、长春、沈阳等城市设立试点。2008年6月，国务院出台《关于保险业改革发展的若干意见》，2008年2月，中国保监会与国家环保总局联合推出《关于环境污染责任保险工作的指导意见》。以此作为转折点，全国各地的保险与环保部门开始积极实施绿色保险的推进工作，试点在更多城市与行业的开展。在绿色保险推广的这10多年间，相关政府部门对绿色保险的政策进行了积极的探索（见表7-6）。

表7-6　　　　　　　　我国绿色保险的发展以及政策探索

| 时　间 | 事　件 |
| --- | --- |
| 2013年 | 环境保护部和中国保监会联合发布了《关于开展强制性环境责任保险试点工作的指导意见》，明确要求在部分省份和地区实施试点工作 |
| 2015年 | 2014年第十二届全国人大常委会第八次会议表决通过了《中华人民共和国环境保护法》（2014年修订版），2015年实施，鼓励企业投保环责险 |

续表

| 时　间 | 事　件 |
|---|---|
| 2016 年 | 中国人民银行等七部委发布了《关于构建绿色金融体系的指导意见》，提出在环境高风险领域建立环境污染强制责任保险制度，鼓励和支持保险机构创新绿色保险产品和服务 |
| 2017 年 | 环境保护部和中国保监会联合制定了《环境污染强制责任保险管理办法》，明确要求环责险为强制责任保险，对高污染企业购买绿色保险做出明确要求，同时规定保险公司若无正当理由对投环责险的企业不得拒绝或者拖延承保 |
| 2017 年 | 国务院总理李克强主持召开国务院常务会议，会上提出在部分省份建设绿色金融改革创新试验区来助推绿色经济转型升级，通过创新生态环境责任类保险产品来加快发展绿色保险 |
| 2018 年 | 由生态环境部审定发布《环境污染强制责任保险管理办法（草案）》标志着中国政府出台和落实了一批在经济活动中直接促使环境风险和效益内部化的政策 |

资料来源：文献资料整理。

### 7.1.5.3　绿色保险国外的发展创新以及经验借鉴

在西方发达国家绿色保险业已实现产业化，各方面也比较成熟。绿色保险制度已成为解决环境损害赔偿问题的主要方式之一。例如，美国制定完善的环境污染责任保险制度，主要包括两个方面：一是明确被保险人因污染水、土地或空气等而依法承担的环境损害责任；二是明确自有地治理责任保险。美国针对有毒物质和废弃物的处理可能引发的损害赔偿责任实行强制保险。此外，美国还成立了专业的环境污染风险的保险公司——环境保护保险公司。德国在绿色保险领域起步很早，已积累了相当丰富的经验。1990 年颁布的《环境责任法》，主要出于确保环境侵权受害人能得到补偿，侵权人能履行赔偿义务的考虑，同时特别规定设施所有人必须采取一定的预先保障义务履行的预防措施。

针对国际经验进行总结，对我国绿色保险发展创新可以提出以下建议。

第一，建立健全环境污染责任保险相关的法律法规体系，确立绿色保险的法律地位。明确污染责任者对第三方造成的损害以及相关清污费用等必须承担高额的经济赔偿责任，并将环境污染责任保险的相关内容纳入其中。颁行《强制性环境污染责任保险条例》，使得环责险从一项试点性的业务提升成为一种普遍的、具有长效机制的环保制度。

第二，优化地方政府在环责险发展中的角色定位。将环责险的相关内容纳入地方性立法程序中，为业务的开展提供更有力的法律依据；改变以往主要依靠行政罚款的方式，更多地依靠环境公益诉讼制度强化对环境事件肇事者的责任追究；严格执法，强化行政责任和问责制度，切实落实地方政府对环境保护的监管责任。

第三，采用一定的财税激励手段支持环责险的业务发展。中央财政设立专项资金，用于支持环境污染责任保险在全国的推广，建立专门的环境污染损害鉴定评估机构等；允许符合条件的企业在投保环责险时其保费支出在一定额度内享受税前抵扣。

第四，建立绿色保险与绿色信贷的联动机制。在环保部门、保险机构与信贷机构之间建立有机的联动机制，将企业投保环境污染责任保险的情况与其各项环境评估结果、获取信贷的资质等挂钩。

第五，加强环保部门与保险行业的协调与合作。通过数据共享，帮助保险公司进行基础数据的收集和积累；健全环境损害赔偿制度，加快建立和完善环境污染损害鉴定评估机制；支持和鼓励保险经纪机构提供环境风险评估和其他有关保险的技术支持和服务。

## 7.1.6　绿色融资租赁的内涵及创新

### 7.1.6.1　绿色融资租赁的内涵

绿色融资租赁是指租赁公司出资购买节能设备，节能服务公司承租并投放到节能客户中，租赁期内节能设备所有权属于租赁公司，节能客户享有使用权并与节能服务公司分享节能收益。节能服务公司获得收益后，按期支付租赁公司租金。承租时间和租金依据节能效益而定。租赁期满后节能设备的处置可以根据协议，灵活选择留购、续租或退回。

融资租赁在绿色金融体系中具有独特优势。其一，租赁具有投资与融资的双重属性，能够更加直接地服务于绿色经济，实现与绿色经济的紧密结合；其二，租赁产品期限较长，能够与绿色项目的长期性相匹配，较好地解决绿色金融当前存在的期限错配问题；其三，租赁不仅能够为绿色环保企业提供绿色信贷，解决资金需求，还能够促进绿色设备销售，从而加速推动绿色技术的发展。

### 7.1.6.2　国内绿色融资租赁的发展创新

在我国的融资租赁行业中，华夏租赁、河北租赁、兴业租赁、中信租赁、农银租赁、苏银租赁、贵银租赁、哈银租赁等金融租赁公司都将新能源、节能环保业务等绿色租赁项目定为重点发展领域，除银行贷款外，融资租赁已成为国内光伏等新能源企业的重要融资渠道之一。2017年9月23日，国内首个绿色租赁发展共同体在上海成立。该共同体由国银租赁、兴业金融租赁、中信租赁和恒鑫金融租赁共同发起设立，有上百家金融租赁和融资租赁公司组成。设立共同体主要有两方面重点工作：一是搭建交流平台，深入行业研究，实现资源和信息共享；二是打通资金端和资产端渠道，提供项目撮合、资产交易、资金交易、增信服务、投资服务等增值服务。

### 7.1.6.3　国际绿色融资租赁的发展创新以及经验借鉴

综观国际绿色融资租赁市场，荷兰合作银行是"绿色"技术租赁领域的全球领先者，2005 年为"绿色"租赁方案引资 1 亿 300 万英镑。荷兰其他大型银行，例如荷兰银行（ABNAMRO）和荷兰国际 ING 等，也都有较大规模的绿色租赁业务。荷兰政府允许银行将绿色技术租赁业务相关成本从应税利润中扣除，同时还允许绿色技术设备加速折旧，提供节能投资补助、环境投资补助计划等。美国能源政策要求地方电网对光伏发电全额收购（PPA），因此，投资分布式光伏发电设备能够通过售电获得有保障的收益。然而安装光伏设备初期投资较大，为了解决融资问题，美国绿色金融市场逐渐形成了一整套完整的太阳能光伏设备租赁商业模式。该模式以综合服务商为核心，连接用户、投资者以及设备供应和管理方。由于在 PPA 机制下，光伏设备运营收益（售电成本）较为稳定，而技术故障造成的不确定性也由设备供应商质保条款所覆盖，因此，上述融资租赁模式几乎不存在违约风险。

我国可以借鉴的国际融资租赁经验主要有以下三点。一是可以通过引入中介服务商、设备供应商、特殊目标实体以及多元投资者，进一步分散风险，提高绿色租赁服务的稳健性。二是引入特殊目标实体对投资者所持有的设备资产进行证券化，降低绿色租赁的资本占用，进一步分散和摊薄风险，提高资产流动性。三是放宽绿色租赁拨备充足率的到位时间，中国银监会要求金租公司在 2018 年前租赁资产拨备充足率达到 2.5%。由于绿色租赁更多的是强调社会效益和环保、生态效益，比之于普通的商业租赁，绿色租赁项目的盈利能力更弱，因此，建议在金租公司租赁资产中，对绿色租赁资产部分的拨备充足率，可延缓 2 年提足，即到 2020 年达到 2.5%。

## 7.1.7　碳金融的内涵及创新

### 7.1.7.1　碳金融的内涵

从狭义上看，碳金融是指以碳排放权为标的物的期权期货等金融衍生产品。从广义上讲，碳金融指为减少温室气体排放而服务的各种金融制度及金融交易活动，其中包括碳排放权及其衍生品的交易与投资、低碳项目的直接投融资活动、碳排放指标交易、碳金融衍生品相关的金融创新及其他金融中介活动。碳金融的存在，使得原本由外部社会承担或无人承担的温室气体减排成本转化为由企业整体承担的内部生产成本，极大地促进了企业自身节能减排的主观能动性，有效地发挥了市场机制的作用。

　　碳金融产品主要分为三类。一是碳金融原生产品。目前，碳市场上，碳金融原生工具主要有碳排放配额和核证自愿减排量，也就是通常简称的碳现货，通过交易平台或者场外交易等方式达成交易，随着碳排放配额或核证自愿减排量的交付和转移，同时完成资金的结算。二是碳金融衍生品，包括碳远期、碳期货、碳期权和碳掉期。三是碳现货创新衍生产品，是指以碳排放权配额或核证自愿减排量的现货为标的，创新和衍生出来的碳金融产品，也可称之为碳金融创新衍生产品，包括碳基金、碳债券、碳质押、碳抵押和碳信托。

### 7.1.7.2　国内碳金融的发展创新

　　碳排放权交易通过设定一个适度从紧的碳排放配额总量和交易配额的方式实现节能减排。对企业来说，有助于激发企业的减排动力、推动企业转型升级；对社会来说，有助于推动降低减排成本、发展绿色经济。我国碳市场试点工作从 2011 年启动，在 7 个省市开展碳排放权交易试点。深圳在 2013～2015 年试点期间，充分证明了市场机制能激发企业推动节能减排、能源结构调整和产业转型的潜力。从 2013 年 6 月开市至 2017 年 11 月，7 个省市累计配额成交量超过 2 亿吨二氧化碳当量，成交额约 46 亿元人民币，成为全球最大的碳市场。2017 年 12 月全国碳排放权交易市场启动，标志着我国碳交易市场的统一。我国碳金融市场在碳远期、碳质押、碳回购、碳掉期、碳托管等方面都进行了不同的创新。我国碳金融的发展创新情况详见表 7－7。

表 7－7　　　　　　　　　　　我国碳金融的发展创新

| | 产品名称 | 中国首次推出 |
|---|---|---|
| 碳远期 | 担保型 CCER（中国核证自愿减排量）碳远期 | 2015 年 8 月，北京，交易双方根据预先约定的合约，在将来某一确定时间内交换 CCER |
| | 碳排放权现货远期 | 2016 年 6 月，湖北，企业买入碳排放权现货远期产品可以对冲未来现货市场碳资产价格上涨的风险 |
| | 碳配额远期 | 2016 年 12 月，上海，指以上海碳排放配额为标的、用人民币计价和交易、在未来某一约定日期清算、结算的远期协议 |

续表

| 产品名称 | | 中国首次推出 |
|---|---|---|
| 碳质押 | CCER 质押 | 2014 年 12 月，上海，上海宝碳以 CCER 为质押，获得上海银行 500 万元人民币质押贷款 |
| | 碳排放权配额质押 | 2014 年 9 月，湖北，宜化集团将 213 万吨碳排放配额作为质押，获得兴业银行提供的 4 000 万元贷款 |
| 碳回购 | 碳排放权配额回购 | 2015 年 1 月，北京，北京华远意通热力科技股份有限公司将碳排放权作为标的物，与中信证券股份有限公司达成回购协议，获得 1 330 万元融资 |
| 碳掉期 | 碳排放权配额场外掉期交易 | 2015 年 6 月，北京，交易双方根据预先约定的合约，将来某确定时间内交换碳配额或核证自愿减排量 |
| 碳托管 | 碳排放权配额托管 | 2014 年 12 月，湖北，湖北碳排放权交易中心以专业的碳资产管理能力接受湖北兴发化工集团股份有限公司 100 万吨碳排放权的托管，帮助企业盘活存量碳资产 |

资料来源：根据相关文献整理。

截至 2019 年 6 月底，北京、天津等七个试点地区累计成交 3.3 亿吨二氧化碳当量，成交额约 71 亿元人民币，试点市场范围内的碳排放总量和强度实现"双下降"，市场交易日趋活跃，规模逐步放大。其中，深圳市碳市场配额累计成交量 1 807 万吨，累计成交额超过 5.96 亿元。湖北省通过试点单位 GDP 碳排放下降幅度和经济增长速度在全国排位均持续上升。然而，目前我国正处于碳市场建设的初级阶段，我国各省市碳交易试点中的 CER 成交数量差距很大，不过也从侧面说明我国的碳交易市场还蕴含着相当大的潜力。

### 7.1.7.3  国际碳金融的发展创新与经验借鉴

在国际市场上，基于配额的交易，代表性配额交易市场除了欧盟碳排放交易体系（EUETS）外，还有美国、澳大利亚的排放市场。在基于配额的市场中占绝对主导地位的是 EUETS，2008 年该体系的交易总量就已经突破了 900 亿美元，在配额交易市场中的比重占到绝对优势。因此，国际碳金融交易的重要指标就是 EUETS 的成交量和价格。基于项目的交易，其典型形态是清洁发展机制（CDM）和联合实施机制（JI）。在整个基于项目的市场交易中，90% 为原始 CDM 市场，而发达国家的 JI 项目交易金额占的比例较大；主要的需求方是欧洲，这是由于欧盟具有严格的配额管理。中国是原始 CDM 市场的主要卖方，占据了 80% 以上的市场份额，而其他亚洲国家占据的市场份额仅为 4%。

目前发展较成熟的碳金融衍生品有碳远期、碳期货、碳期权、碳互换、碳掉期等，仍以发达国家市场为主要发展领域，其发达金融市场是碳金融衍生品快速创新的基础。荷兰富通银行 2010 年已开展 CER 期货合约准回购业务，澳洲气候交易所与澳洲证券交易所在 2009 年推出碳期货，欧洲气候交易所 2008 年推出 CERS 期货合约、现货、期货、期权以及 EUAS 和 CERS 互换合约，美国纽约商品期货交易所推出的是温室气体及可再生能源环保期货。因此，目前全球绿色金融市场上，碳金融及相关衍生产品的发展主要集中在欧洲市场，北美市场则相对较为滞后。

国际碳金融的发展创新能够给我们的带来的经验借鉴有以下四个方面。

一是建立完善的污染治理法律体系。中国目前仍缺乏碳金融制度保障，尚未形成碳排放交易的有关法律，《碳排放权交易管理条例》还在酝酿中。现行碳排放交易市场运行主要依照《"十三五"控制温室气体排放工作方案》以及各试点地区出台的排放权交易规则，其法律约束力不强。

二是设置合理的碳排放权初始分配机制。欧盟碳交易市场发展至今的庞大规模，与其设计精密的排放权初始分配机制密不可分，而我国各地碳交易市场独立运行，配额初始分配规则因地而异，将可能引致地区间发生"碳泄漏"现象，引发配额转移的寻租行为，因此亟须规范统一初始分配标准，借鉴 EU-ETS 的分配机制，为全国统一碳市场建设奠定交易基础。

三是构建完备的碳金融产品体系，大胆引入国际碳金融市场的产品架构，并积极参与国际市场交易。

四是发展专业的碳交易外部服务。国际碳金融市场的高效运转离不开健全的外部配套服务，碳交易金额大、周期长、过程复杂等特点，使碳金融交易链条需要配备专业的中介机构，例如，专业介入碳交易的咨询公司、资产评估公司、会计师事务所、保险公司等机构，我国亟待引入或培育相关碳交易中介机构，提高交易信息甄别能力和披露水平，提升信息共享和项目认证水平，突破碳金融交易的瓶颈。

## 7.2　绿色金融工具发展创新的经验总结

尽管我国发展绿色金融工具还存在很多的障碍和瓶颈，但是千里之行始于足下，绿色金融工具的建立与创新也需要一个渐进的过程。

### 7.2.1　政府层面的机制创新

（1）完善相关体制机制。境外在发展绿色金融方面起步早，在体制机制建设上也领先于中国，尤其是欧洲，在绿色金融体制机制相对完善。境外的优秀经验对我国发展绿色金融具有指导意义，境外体制机制的相关经验借鉴详见表 7-8。

表 7-8　　　　　　　　　　　境外体制机制经验借鉴

| 机制 | 境外经验 | 建　议 |
| --- | --- | --- |
| 激励机制 | 美国的环境友好型企业更容易获得银行贷款和环保部门的审批，享有较低的税收。欧洲建立相关的基金为可再生项目融资。瑞典官方为环保项目增信。这些可以降低环保项目的融资成本，吸引了更多的投资者 | 运用税收优惠、再贷款、财政贴息等手段。从政府部门的角度来说，对购买绿色债券的机构投资者给予税收优惠，对绿色环保企业发行的债券进行财政贴息，对企业的绿色债券和股票在审批上给予便利。从金融机构的角度来说，对发展绿色金融业务的银行进行定向降准、对环境友好型企业给予贴息、税收优惠、信贷优惠 |
| 监管机制 | 欧洲已有立法实践，将 ESG 因素纳入金融业强制监管范围，并将监管对象扩大到公共利益组织。以强制性的立法赋予了 ESG 监管更大的约束力和效力，监管对象的扩大提高了其影响力 | 完善绿色金融的法律法规，金融业监管范畴纳入 ESG 因素。将绿色信贷等绿色金融产品纳入宏观审慎监管框架，防止出现绿色项目高杠杆、资本空转和"洗绿"等问题 |
| 信息披露机制 | 中国香港特区要求高污染的上市公司强制披露环境信息，然后将强制性披露要求扩大到整个资本市场。有助于投资者获得项目资金使用和环境效益等信息，提高市场的透明度，引导市场自发形成公正可信的价格 | 可以采取渐进性的信息披露机制，首先对污染性行业强制性披露，再逐步过渡到所有行业强制性披露。对各行业设置统一的强制性信息披露指标和参考性信息披露指标，并应规定各行业信息披露的频率。信息披露指标的设定应该以定量指标为主，实现各行业指标的可比性 |
| 评估机制 | "赤道原则"强调风险评估，并提出管理方法引导。国际资本市场协会发布的 GBP 提出了四种评估方式，咨询评估、审计核查、第三方认证和评级 | 以企业 ESG 信息披露为基础，引入独立的社会评估机构对绿色金融产品发行机构的信用状况、资产状况、业务范围和业务规模等方面进行评估，对绿色金融产品的成本、收益、风险等进行评估，根据绿色金融的气候和环境特点提供独立意见实现差异化的评级。同时建立第三方评估和评价标准，使得第三方的评估和评价信息具有可比性。将"赤道原则"纳入银行业务流程 |

（2）完善中国绿色金融标准并促进其国际化。绿色金融标准狭义上包括绿色金融属性标准、绿色金融产品标准；广义上包括绿色金融信息披露标准、绿色金融评级标准、绿色金融监管标准、绿色金融认证标准、绿色金融业务管理标准等。中国目前现有的绿色金融标准仅局限于属性认定和部分金融产品，因此，需要进一步完善绿色金融标准体系。绿色金融国际标准及经验借鉴情况详见表 7-9。

表 7-9　　　　　　　　　　　　　绿色金融国际标准及经验借鉴

| 标准 | 绿色国际标准 | 经验借鉴 |
|---|---|---|
| 绿色属性认定标准 | 绿色债券原则（GBP）与气候债券标准（CBS）对绿色项目范围的认证存在冲突，二者都是"自下而上"的自愿性标准 | 加强各机构的协调，形成统一的绿色界定标准。调动发挥市场主体的积极性，积极推动绿色金融工具的创新、发展 |
| 产品标准 | 针对绿色债券的 GBP、CBS，国外绿色债券的评估认证标准已经形成固定的模式；针对绿色信贷的"赤道原则"，要求银行贷款时考虑项目的风险和环境影响，但"赤道原则"不具有法律强制性 | 加强对环境影响评估认证，形成具有普适性的中国化的认证标准。采纳并完善"赤道"原则，对重点项目要求强制性。随着我国创新型绿色金融产品的不断涌现，需要建立配套的绿色金融产品标准，我国下一步需要推进绿色基金的标准化 |

　　我国的绿色金融标准与国际上的绿色金融标准不一致，不利于我国绿色债券走向世界，因此，需要构建全球统一的绿色金融标准。中国秉持共商、共建、共享的全球治理观，全球环境治理和金融治理需要中国智慧，需要中国绿色金融标准体系的建设，更需要全球性的规则。推动中国绿色金融标准国际化，有助于中国发挥在全球治理中的引领者作用、有助于提升中国在绿色金融国际事务中的话语权、有利于抢占绿色金融市场先机。"得标准者得天下"，把握了绿色金融标准制定的主动权，就把握了产业竞争的命脉。随着我国绿色金融体系的逐步完善和实践经验的形成，"一带一路"、亚投行等也使中国拥有推动中国标准国际化的实力。

　　（3）建立碳市场定价机制。第一，建立碳定价机制，发挥市场的作用。发展碳排放权等环境产权交易市场，环境产权交易市场透明度高、公开、公平、交易者多，有助于通过市场机制自发调节价格，形成公正的价格。欧盟排放交易体系初步形成了排放权价格机制，同时为解决气候变化问题积累了丰富的经验。第二，加强与国际合作，推动形成国内外统一的绿色金融标准。第三，组织国内专业机构和企业人员培训学习国外经验，增强专业机构服务于绿色金融的能力，增强企业在绿色项目的谈判能力。

　　（4）完善资本市场环境。第一，政府需要运用激励机制扩大市场参与主体，调动金融机构、非金融机构和民间资本的积极性，解决市场参与主体由于绿色金融产品收益低、风险高、投资回报期长带来的动力不足的问题。第二，加强信息披露机制可以改善资本市场的信息不对称，解决由于资本市场弱有效性带来的资本市场价格扭曲绿色金融产品价值的问题，使资本市场的价格反映所有公开可得的信息；加强评估和评级机制可以向投资者披露更多与企业和项目有关的信息，有利于投资者对绿色金融产品形成合理预期，从而形成合理的定价。

（5）推进绿色金融地方试点落地实施，完善投融资机制。2017 年推出的五省市绿色金融应该根据各个地方的环境资源禀赋和经济特点来发挥本地区的优势，探索各省市未来绿色金融发展中的问题和路径。地方在绿色金融改革创新试点过程中，应探索完善相关法律基础设施，积极落实环境责任、生态资源产权确权和绿色信贷优先受偿等制度。完善 PPP 模式绿色基金的收益和成本风险共担机制，完善公共服务定价，实施特许经营模式，落实财税和土地政策等措施，保障社会资本进入的公平性。

## 7.2.2　金融机构层面的机制创新

（1）将发展绿色金融纳入企业发展战略。金融机构要调整单纯以追求股东利益最大化为目标的营运思路和模式，将社会责任与可持续金融作为企业的核心理念与价值导向，形成围绕绿色金融的核心价值和行为标准。短期内，绿色金融业务可能会与一些传统业务利益发生冲突，但从长远来看，发展绿色金融是实现企业社会责任与经济效益相统一的必然选择。

（2）加强绿色金融基础建设。应建立绿色金融的专门政策、专门机构和配备专门人才，为开展绿色金融业务打下坚实的基础。其一，金融机构在制定各项业务政策时应考虑环境保护和社会责任因素，提出清晰、完善的业务环保准入门槛要求，从而为客户选择信贷投向提供长期指导。其二，应在公司治理制度和组织安排方面，对环境事务的管理和协调职责有所安排。其三，绿色金融业务涉及较深层次的技术领域，发展绿色金融必须配备相关人才，通过培训、引进、储备、交流和使用等方式加快专业化队伍建设，打好发展绿色金融的基础。

（3）建立并逐步完善"绿色信贷体系"。商业银行应将环境和社会因素纳入标准的信贷评估审批和管理流程，对环境风险的评估、分类、监测和管理，必须贯穿于一项业务的全过程，并使其完善化、制度化。

（4）积极开展绿色金融产品创新。除了传统的"绿色信贷"，金融机构也应大力拓展碳金融及其他绿色金融服务的创新。例如，为 CDM 项目提供融资、咨询、方案设计、资金管理等服务，作为企业的经纪人参与国际碳市场交易，提供碳减排理财产品、项目预付款退款保函服务，提供风险管理服务以及开发基于碳市场的金融衍生工具等。在创新产品的同时，也不能忽视对碳金融交易风险的控制，确保碳金融业务稳健开展。

# 第 8 章

# 中国绿色金融体系金融市场构建

　　绿色金融体系是指通过贷款、私募投资、发行债券和股票、保险等金融服务将社会资金引导到环保、节能、清洁能源、清洁交通等绿色产业发展中的一系列政策、制度安排和相关基础设施建设。构建绿色金融体系包含着很多方面，例如，在之前章节中介绍过的绿色金融制度构建、机构体系构建、金融市场构建等，本章讲述构建绿色金融市场的必要性及对其的构建。

## 8.1　构建绿色金融市场的必要性

　　改革开放以来，在中国经济持续增长的同时，环境状况也日益恶化。持续的雾霾天气，严重的环境污染，以及大量的资源浪费悄悄威胁着中国经济的可持续发展。清华大学李宏彬教授等专家发表的研究报告《空气污染对预期寿命的长期影响：基于中国淮河取暖分界线的证据》指出，长期暴露于污染空气中，总悬浮颗粒物每上升 100 微克/立方米，平均预期寿命将缩短 3 年。因此，治理环境污染刻不容缓。

　　要实质性地改善中国的环境，不仅要依靠更强有力的末端治理措施，还必须采用一系列财税、金融等手段改变资源配置的激励机制，让经济结构、能源结构、交通结构变得更为清洁和绿色。在资源配置中，资金（即金融资源）配置的激励机制将发挥关键作用。如果资金从污染性行业逐步退出，更多地投向绿色、环保行业，那么其他资源（包括土地、劳动力）将随之优化配置。

　　多项研究估计，为实现中国环境部门预计的环境改善的目标，绿色产业在"十三五"期间每年至少需要 3 万亿～4 万亿元的投资。根据最近几年政府财政支出数据和财政收入增长逐步减速的趋势，预计在未来全部的绿色投资中，政府出资占比只能是 10%～15%，社会资本投资比重必须占 85%～90%。在目前价格体系无法充分反映污染项目负外部性和绿色项目正外部性的情况下，如何抑制对污染性行业的过度投资，吸引足够的社会资金配置到绿色产业，用有限的政府资金撬动几倍、十几倍的社会资金发展绿色经济，是建设"生态文明制度"的一个关键环节，也是中国经济结构转型面临的一大挑战。

2015 年初，由中国人民银行牵头的绿色金融工作小组提出了关于构建中国绿色金融体系的十四条建议。工作小组认为，应该构建一个绿色金融体系，通过贷款、私募投资、发行债券和股票、保险、碳金融等金融服务，将社会资金引导到环保、节能、清洁能源、清洁交通、清洁建筑等绿色产业。2017 年 6 月，国务院批复同意在江西等 5 省份的部分地区开展绿色金融改革创新试点，我国逐步构建起覆盖绿色信贷、绿色债券、绿色保险等在内的较为完整的绿色金融政策体系，绿色金融发展的生态环境得以进一步优化。这一切都迫切需要一个绿色金融市场的构建。

## 8.2　绿色金融市场参与者

绿色金融市场的参与者，是指参与绿色金融市场的交易活动而形成证券买卖双方的单位，主要包括：政府部门、工商企业、金融机构三大部分。对绿色金融市场参与者的构建主要从这三大部分展开。

### 8.2.1　绿色政府部门的参与

部分企业的生产经营活动具有很强的负外部性，它们一味地追求利益，而不管不顾废气废水的排放对环境及人体造成的剧烈危害。绿色金融体系的建立可以引导资金远离污染企业，流入绿色行业，从而达到改善生态环境的目的，具有正外部性。外部性的存在使得社会脱离了最有效的生产形态，市场机制不能很好地实现其优化资源配置的功能，即在追求"盈利性"的基本原则下，污染企业不会自动减少污染，传统金融机构也不会投资风险较大、回报期限较长的绿色产业。此时，政府应当纠正市场价格体系下绿色金融机构改善环境的正外部性和污染企业的负外部性无法被内生的缺陷，使外部性问题内生化。

在构建绿色金融体系方面，政府主要扮演了绿色金融的倡导者、扶持者和监管者的角色。在绿色金融的倡导者角色下，政府应当积极宣传业绩优秀的绿色金融机构和绿色企业，进一步向社会普及环保意识，鼓励社会闲散资金投向绿色产业，形成共建生态文明、支持绿色金融发展的良好氛围。在绿色金融扶持者这一角色下，政府应当加大财税政策的支持力度，包括统筹使用财政资金，大力支持绿色金融机构及绿色企业，以及鼓励融资担保机构向绿色领域配置担保资源，对符合要求的绿色产业和绿色项目给予优先支持等。在绿色金融的监管者的角色下，政府应当建立健全绿色金融风险的预警机制，健全绿色企业的公开披露制度、与利益相关者的沟通互动机制，以及严格监控大中型绿色项目的杠杆率和偿付能力等信用风险指标等。在政府的引导下，资金将向绿色产业倾斜，这样不仅可以达到改善生态环境的作用，还可以为当地引进优秀人才以促进当地经济的增长，具体流程如图8-1所示。

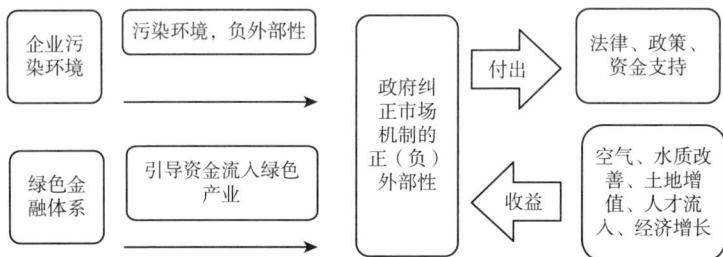

图8-1　绿色金融体系的运行机理及政府作用

当然，构建绿色金融体系的主要工作当应由市场完成，政府在其中只是发挥了引导作用，用以补充市场的一些弊端。通过市场和政府两种力量共同促进绿色金融体系的发展，引导社会资金退出高污染产业，转向发展绿色产业，这对于政府和人民都是双赢的事情。

## 8.2.2　绿色工商企业的参与

绿色企业是构建和谐社会发展过程中的新型企业。发展绿色企业，要从企业经营的各个环节着手来控制污染与节约资源，达到企业经济效益、社会效益、环境保护效益的有机统一。政府和企业应积极研究环保对策，将环保投入作为企业开拓市场、降低成本、实现高效益的有效手段。

第一，落实科学发展观，树立环保意识。目前大多企业都设有环保机构，但几乎都是形同虚设。企业内部基本上不存在环境管理，员工环保意识淡薄。因此，要首先解决人的意识问题：一是要建立人与自然的和谐观念。认识到人与自然是一个有机整体，两者互相依存，相互制约，相互作用。两者必须协调发展，才能保证人类生存和发展的健康、安全。要将社会以人为中心转变为人与自然和谐并存，将企业追求自身利润最大化转变为以追求自身利益与社会利益最佳结合为目标。二是要树立环境道德观念。把人与人之间的平等、正义等道德观念扩展到人与自然的关系上，明确人类对自然界所负有的道德责任。三是要树立环境法律观念，明确环境责任，依法治理和保护环境。"谁污染谁治理"是中国污染防治政策的核心。

第二，以人为本，教育为先。企业员工不仅应有较强的环保意识，还应掌握环保知识及专业基础知识，使其岗位责任同环保紧密相连，这样员工不仅能自觉地保护环境，还能够使环保技术创新同工艺创新相一致，推动企业发展。因此，企业绿化首先从人的教育开始；这里的人应是全体员工，包括经营者、各级管理者和职工；这里的教育不仅包括环保意识教育、环保知识教育，还包括岗位专业技术培训。只有这样才能让人适应市场和社会的需求，为企业的发展创造最根本的条件。为了倡导环境保护的观念、激励员工做出对环境友善的行为，以及推动实施环境管理系统，企业必须规划并执行对全体职工的教育训练。

第三，推行绿色生产，提供绿色产品。绿色生产又称清洁生产，是指以节能、降耗、减污为目标，以技术、管理为手段，通过对生产全过程的排污审计、筛选、实施污染防治措施，以消除和减少工业生产对人类健康和生态环境的影响，从而达到最大限度地防治工业污染及提高经济效益双重目的的综合型措施。它包括两方面的含义：清洁的生产过程和清洁的产品，前者要求生产过程对环境无污染或少污染，后者要求产品在使用和最终报废过程中不对环境造成损害。

第四，实施绿色营销战略。企业要不断探索绿色经营，例如，建立绿色商品基地，营造绿色购物环境，推广绿色营销、绿色服务、宣传推广绿色消费方式等，适应人们崇尚健康、保护生态、追求生活高品质的需要。绿色营销是一个复杂的过程，它要求将绿色管理思想贯穿于原料采购和产品设计、生产、销售到售后服务的各个环节。绿色营销应包括收集绿色信息、发展绿色技术、开发绿色产品、实行绿色包装、重视绿色促销、制定绿色价格、选择绿色渠道、树立绿色形象、提供绿色服务等。

第五，塑造绿色企业文化。绿色文化是使人类越来越好地生存和发展而进行的设计、制造并使之产生积极成果的一种文化，其基本观点是把人与自然、人与人以及人自身的和谐作为人类应有的追求，是企业文化的基础。随着企业绿色生产和绿色营销的开展以及员工绿色需求的增长，营造绿色企业文化势在必行。绿色企业文化以绿色文化为企业经营管理的指导思想，并将并贯穿于企业经营的各个方面，它是发展绿色企业的基础，以开展绿色营销为保证，以满足员工的需求为动力，实现员工、企业、生态和社会可持续发展的经营文化，它是绿色经营模式的灵魂。

### 8.2.3　绿色金融机构的参与

绿色金融机构包括绿色银行、绿色证券公司、绿色基金公司等，这些绿色金融机构的构建及发展都有很大部分的相似之处，因此，本书以绿色银行为例讲述构建绿色金融机构。

绿色银行是专门用于绿色投资的政策性银行，一般在价格扭曲、市场失灵等条件下得以建立。当经济发展进入某个阶段，污染性行业投资回报比绿色产业更高的时候，出于盈利目的和动机，商业银行通常不愿意投资绿色产业（除非在信息公开和履行社会责任压力的下，商业银行才可能开展极小规模的绿色投资），这种情况下，有必要考虑建立绿色银行。英国绿色投资银行是世界上第一个国家绿色发展银行，是英国政府全资拥有的政策性银行，专门致力于绿色经济投资，以解决英国绿色基础设施项目融资中的市场失灵问题，并通过调动私人投资加快英国向绿色经济转型。我国目前同样处于环境成本尚未内部化的阶段，可以在国家和地方层面探索建立绿色银行。

## 8.3　绿色金融工具的完善

绿色金融工具包含绿色信贷、绿色债券、绿色基金、绿色保险等绿色金融产品，但国内关于绿色金融工具的理论成果主要集中在绿色信贷研究。构建绿色金融市场的过程中，构建绿色金融工具是重中之重，绿色金融工具作为绿色金融市场的主要交易对象，它的设计及交易过程等方面都要满足绿色金融发展的要求。

### 8.3.1　开发绿色信贷

绿色信贷是指投向绿色项目、支持环境改善的贷款。自 2007 年以来，我国先后制定出台了一系列政策和文件，鼓励和倡导金融机构积极开展绿色信贷。绿色信贷的体系框架由以下四部分组成：《绿色信贷指引》《绿色信贷统计制度》《绿色信贷考核评价体系》以及银行自身的绿色信贷政策。总体来看，我国绿色信贷规模稳步增长，21 家主要银行的绿色信贷余额从 2013 年上半年的 4.85 万亿元增长至 2019 年 6 月份的突破 10 万亿元，年均增长率基本保持在 10% 以上；近五年来 21 家主要银行的绿色信贷占金融机构整体贷款的比重稳定在 7% 以上，2019 年上半年占比达 9.6%。

绿色信贷是金融机构对环保企业、环保项目以及绿色产业提供的债权融资方式，主要表现为以下三种机制。

第一，在践行赤道原则的背景下，金融机构出于防范金融风险考虑而对高环境风险企业不予贷款或者压缩贷款规模及年限，从而促进金融资源向绿色产业流动。例如，中国银监会于 2012 年发布的《中国银监会关于印发绿色信贷指引的通知》，在第二十三条规定当中指出：银行业金融机构应当建立有效的绿色信贷考核评价体系和奖惩机制，落实激励约束措施，确保绿色信贷持续有效开展。

第二，在价格扭曲、市场失灵的条件下，政策性金融机构（或政策性金融产品）为环保企业、环保项目以及绿色产业提供的优惠贷款，如降低贷款利率、延长贷款期限等。

第三，通过应用排污权（收费权）质押方式，为环保企业、环保项目以及绿色产业进行资金融通创造新条件。当前，绿色信贷是我国环境保护和绿色产业融资的主要渠道之一。

在中国间接融资即贷款，在金融机构中占有重要比例，因此，绿色贷款首推为治理环境的重要措施。绿色贷款项目普遍具有高风险、前期投入大，投资回报比传统领域慢等特点，普通商业银行以利润最大化为目的，对绿色企业贷款的积极性不高，政府可以对绿色信贷财政贴息，通过贴息降低银行的成本，使得原本不愿贷款的银行因得到贴息成本降低，从而对绿色产业提供更多资金，这样，可以充分发挥财政贴息的"杠杆作用"，带动更多资金进入绿色产业。政府可以根据绿色企业环保效率的不同，对商业银行的绿色贷款提供不同的贴息率，从信贷方面降低企业的成本，鼓励企业发展绿色产业。总体原则是：环保效果越高，贴息率越高。另外，为鼓励绿色信贷发展，政府应当给绿色信贷银行提供税收减免、坏账自主核销等优惠政策，从而鼓励银行增加绿色信贷的投放量。

## 8.3.2　开发绿色债券

绿色债券是募集资金专项支持绿色产业项目的一类债券。2015 年 12 月 22 日，中国人民银行发布第 39 号公告，在银行间债券市场推出绿色金融债券，为金融机构通过债券市场筹集资金支持绿色产业项目创新了筹资渠道。同日，中国金融学会绿色金融专业委员会发布了《绿色债券支持项目目录》，旨在为发行人提供绿色项目界定标准。根据该目录，符合绿债条件的绿色项目包括 6 大类和 11 小类。其中 6 大类包括节能、污染防治、资源节约与循环利用、清洁交通、清洁能源、生态保护和适应气候变化。2016 年，我国先后陆续发布了《关于发行绿色金融债券有关事宜的公告》和《绿色债券发行指引》，标志着我国绿色债券市场的正式启动。2017 年 3 月，中国证监会和中国银行间市场交易商协会又分别颁布了《关于支持绿色债券发展的指导意见》和《非金融企业绿色债务融资工具业务指引》，进一步完善了绿色债券高速发展中关于发行主体、资金投向等方面的不足，并提出引入第三方认证机构介入评估等建议，对绿色债券的未来发展产生了深远影响。

绿色债券是政府、金融机构以及企业为环保项目融资而发行的债券。政府发行的绿色债券（国债、地方债）主要用于环境基础设施建设。例如，北京市金融工作局、中国人民银行营业管理部、北京节能环保中心等 16 家单位于 2015 年 7 月共同签署《绿色债券联盟发起成员单位合作备忘录》，未来将据此在各自职责范围内合作，助推北京辖内企业在境内外资本市场发行绿色债券。金融机构发行的绿色债券同样具有强大的市场需求，世界银行、国际金融公司、亚洲开发银行、欧洲投资银行纷纷投入绿色金融债发行行列。在中国，作为国内绿色金融先行者，兴业银行于 2018 年 11 月 1 日在全国银行间债券市场成功发行了 2018 年第一期绿色金融债券，总额为 300 亿元，募集资金专项用于绿色产业项目贷款。虽然我国绿色债券发行基本处于起步阶段，但是绿色债券在未来绿色项目融资中将发挥越来越重要的作用。

自从绿色债券于 2015 年 12 月在中国银行间市场问世以来，中国人民银行采用政府引导和市场化约束相结合的方式，对绿色金融债券从绿色产业项目界定、募集资金投向、存续期间资金管理、信息披露和独立机构评估或认证等方面进行引导和规范，同时明确了鼓励绿色金融债券发行的优惠政策，主要包括以下四个方面。一是强调募集资金只能用于支持绿色产业项目。二是对债券存续期间募集资金管理进行明确规定。要求发行人应按照募集资金使用计划，尽快将资金投放到绿色产业项目上；要求发行人开立专门账户或建立台账。此外，为降低发行人成本，允许发行人在资金闲置期间投资信用高、流动性好的货币市场工具及非金融企业发行的绿色债券。三是严格信息披露要求，充分发挥市场化约束机制的作用。发行人不但要在募集说明书中充分披露拟投资的绿色产业项目类别、筛选标准、决策程序、环境效益目标，以及发债资金的使用计划和管理制度等信息，还要在债券存续期间定期公开披露募集资金的使用情况。四是引入独立的评估或认证机构。鼓励发行人聘请独立机构对所发行的绿色金融债券进行评估或认证；要求注册会计师对募集资金使用情况出具专项审计报告；鼓励专业机构对绿色金融债券支持绿色产业项目发展及其环境效益影响等实施持续跟踪评估，第三方的评估认证意见和专项审计报告，应及时向市场披露。

中国人民银行将积极扩大绿色金融债券发行规模、切实降低绿色金融债券筹资成本，进一步发挥好绿色金融债券在加快国内绿色金融发展、推动经济向绿色低碳转型升级中的作用。2015 年 10 月，农业银行在英国伦敦发行 9.95 亿美元等值的双币种绿色债券（其中人民币 6 亿元），并在伦敦交易所挂牌上市。本次发行体现了农业银行对绿色产业的大力支持，也实现了亚洲发行首单人民币绿色债券的创新和突破。2019 年 10 月 9 日，中国银行在境外市场成功完成 10 亿美元等值三币种绿色债券定价，包括 3.5 亿美元、3 亿欧元和 20 亿元人民币，募集资金主要用于支持符合要求的绿色项目。

### 8.3.3　创立绿色基金

绿色基金是指通过基金来投资环保项目、环保企业以及绿色产业的金融形式，主要包括融资基金、专项基金以及公益基金 3 类。1987 年美国设立的清洁水州周转基金属于融资基金，由联邦政府和州政府按照 4 : 1 的比例注入资本金，主要通过低息或无息贷款方式为合格的环境保护项目提供援助。重庆于 2015 年 6 月设立的政府主导型环保产业股权投资基金，也属于融资基金。基金初始规模 10 亿元，同时与其他产业引导基金建立合作机制，充分释放协同效应，主要支持环保产业项目做大做强。此外，财政部 2015 年 9 月 30 日发布消息称，已联合 10 家机构共同设立中国政府和社会资本合作（PPP）融资支持基金，总规模 1 800 亿元。美国于 1980 年设立的超级基金，属于专项基金，用于处理工业化过程中企业搬迁遗留的高污染性"棕色地块"问题。中华环境保护基金会于 2017 年 4 月设立的绿色出行专项基金也属于专项基金的一种，此项基金用以推动绿色出行产品的投放使用、废旧车辆回收，以及支持绿色出行城市基础设施建设。中华环保基金和阿拉善 SEE 基金，资金来源于赠款以及基金保值、增值运作和投资活动带来的收益，均属于公益基金。中国人民大学蓝虹教授认为，环保产业发展面临巨额资金需求，建构以 PPP 环保产业基金（属于融资基金）为基础的绿色金融创新模式是解决其融资困境的有效手段。综合来看，由于我国环境保护财政支出压力较大，社会投资明显不足，以撬动社会资本环保投入为主要目标的融资基金必然会成为当前以及未来环境保护领域重要的基金形式。

### 8.3.4　完善绿色保险

绿色保险是以企业发生污染事故对第三者造成的损害依法应承担的赔偿责

任为标的的保险，是一种以金融手段加强环境保护的有益尝试。我国对环境保护历来重视，从 20 世纪 90 年代开始，绿色保险便得以在我国发展。1991 年，我国率先在大连、吉林、长春等城市开展环境责任保险试点。2007 年，由国家环保总局和中国保监会联合印发的《关于环境污染责任保险工作的指导意见》，启动了环境污染责任保险政策试点。2016 年 8 月 31 日，由中国人民银行牵头印发的《关于构建绿色金融体系的指导意见》中明确指出要发展绿色保险，建立环境污染强制责任保险制度。2018 年 5 月 7 日，《环境污染强制责任保险管理办法（草案）》经生态环境部部务会议审议并原则通过，进一步健全规范了环境污染强制责任保险制度，这是贯彻落实党的十九大精神的具体行动，对加快生态文明体制改革、建设美丽中国具有积极的意义。随相关法律制度的不断完善，环境监督管理措施的不断严格，污染损害赔偿责任的不断明确，绿色保险有可能成为未来环境保护领域的重要融资手段之一。

绿色保险可以给环境污染的受害人及时提供经济赔偿，保障受到污染的环境及时得到治理、受到环境污染的受害人能够得到医疗救助资金。因此，政府应当鼓励发展绿色保险，例如，政府出台"环境污染强制责任保险条例"，引导采矿、热电等污染性企业强制参与绿色保险，因为有些企业对环境的污染较大，所以采取强制的办法，一旦发生污染，由绿色保险公司赔付资金，这些资金用于清理污染、生态环境修复、医疗费用等。对于污染较小的其他企业，采取鼓励引导方式，使所有企业切实体会到防范环境污染的重要性。

### 8.3.5　发行绿色股票

我国股票市场上的绿色股票指数体系主要分为三个大类：可持续发展指数、环保产业类指数和绿色环境指数。其中可持续发展指数又可分为 ESG 指数（环境、社会和公司治理）、公司治理指数和社会责任指数等类别；环保产业类指数又分为新能源汽车指数、环境治理指数和新能源指数等类别。自 2008 年上海证券交易所和中证指数有限公司正式发布中国首只绿色股票指数——上证公司治理指数以来，截至 2017 年，中证指数有限公司已发布 19 只绿色股票指数，其中，包括可持续发展指数 5 只，环保产业指数 12 只，绿色环境指数 2 只。

绿色股票是指环保企业以发行股票方式进行绿色项目融资的方式，因股票发行手续烦琐，发行费用高，特别是占绝大多数的中小型环保企业，向社会募集发行股票比较困难，导致绿色股票在我国发行范围较小。据文献《中国绿色股票指数的现状分析与发展建议》统计，目前中国现有绿色股票指数共 19

只，仅占市场指数总量的 2%，而国际上绿色股票指数规模已达上万只，欧洲的绿色股票指数占其市场指数总量的 20%，这足以说明绿色产业上市公司目前市值水平仍相对偏低。随着环保产业的不断发展，环保市场的不断完善，环保企业将趋于向综合化、大型化、集团化方向发展。绿色股票将成为未来绿色产业融资的重要资金渠道之一。

在我国主要股票指数的构成中，传统的高耗能高污染的重工业企业占很大比例，而许多基金和机构投资者做被动投资时（与股指构成一致的投资）自然将同样比例的资金投入污染性行业。建立和推广绿色股票指数（绿色企业占比较高的股票指数）是国际上通行的推动机构投资者提高绿色投资比重的做法。我国在建立和推广绿色、可持续指数与投资方面，还处于刚刚起步的阶段，影响力还十分有限。为加快我国绿色指数的开发和运用，应该进一步借鉴国际经验和方法（如碳足迹计算方法），推进绿色指数发展创新；要推动机构投资者开展绿色指数的投资应用，鼓励资产管理机构开发更有针对性、更加多样化的绿色可持续投资产品。

## 8.3.6 设立绿色信托

绿色信托是指委托人将合法拥有的资金委托给受托人，由受托人按委托人的意愿对绿色产业或绿色项目进行投资并获取回报。绿色信托作为绿色金融的组成部分，其起步时间和发展历程相对较短，因而在发展过程中存在许多问题。首先是绿色信托行业展业风险较高与监管政策滞后的问题。在这种情况下，监管部门应积极制定合理的风险评估体系，并通过政府资本和社会资本合作的方式，引导绿色信托健康发展，降低绿色信托的风险。其次是政府对绿色信托支持力度太小，缺乏外部激励机制的问题。此时政府应当通过立法支持、财政支持以及一定的税收政策上的优惠，降低企业融资成本，积极鼓励企业使用信托的方式融资。

根据中国信托业协会编制的《中国信托业社会责任报告（2018～2019）》，2018 年，信托业深入学习贯彻习近平新时代中国特色社会主义思想和党的十九大精神，牢牢把握新时代党的建设总要求和新时代党的组织路线，引导信托资金投入绿色发展项目，不断创新绿色信托模式。截至 2018 年末，全行业管理的信托资产规模为 22.70 万亿元。2018 年信托业实现营业收入 1 140.63 亿元，其中，信托业务收入为 781.76 亿元，利润总额达到 731.80 亿元；全年实际缴纳税款为 309.40 亿元，比 2017 年增长 23.98%。随着未来我国价格扭曲的逐渐矫正，环境外部成本内部化的不断深入，绿色投资盈利空间的逐步增大，绿色信托也有望成为环保项目和环保产业的重要融资方式之一。

### 8.3.7　拓展绿色租赁

绿色租赁是指出租方根据承租方要求出资购买环保设备，并按照融资租赁协议所约定的租赁期限、利率、租金支付方式、保险金、手续费、残值处置等条款出租给承租方使用。我国绿色租赁发展缓慢，其原因在于：绿色项目利润空间较小，而融资租赁方式资金成本较高，资金总额占设备价值的比例高于同期银行贷款利率，在经济不景气时，高昂租金往往加重承租方财务负担。近几年来，中国环境修复产业联盟创造性运用金融模式，推出环境调查、监测和修复设备仪器租赁服务，包括价值较高的重金属快速检测仪和土壤采样建井设备等，以解决土壤和地下水修复领域相关仪器设备应用面不广且占用企业大量资金的问题。随着未来绿色投资盈利空间的逐步增大，绿色租赁业务也会随之广泛发展。

## 8.4　构建绿色金融市场推进机制

当前，我国绿色金融发展滞后，绿色金融市场尚不完善，专门的绿色银行暂未建立。除绿色信贷、绿色债券取得初步进展以外，绿色股票、绿色信托、绿色保险、绿色基金以及绿色租赁均非常薄弱。为寻找制约绿色金融发展的关键瓶颈，有必要从不同着力点分析绿色金融市场的推进机制，如图8-2所示。

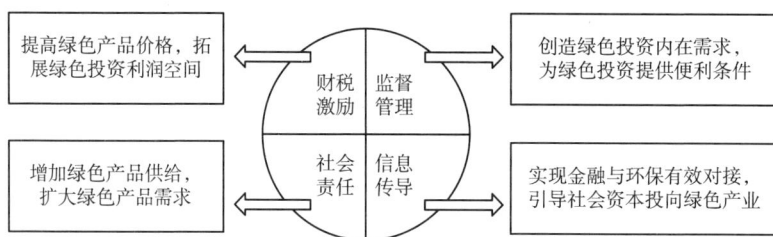

**图8-2　绿色金融市场推进机制**

推动绿色金融市场发展的四类激励机制，即监督管理机制、财税激励机制、社会责任机制、信息传导机制，尽管其着力点不同，但终究都需要提高清洁产品定价，增大清洁产品投资回报率；或者降低污染产品价格，减小污染产品投资回报率。同时明确社会各部门的职责，更好地构建绿色金融市场。四种激励机制的推进措施详见表8-1。

表 8 - 1　　　　　　　　　　　**绿色金融市场推进机制的实施措施**

| 机　制 | 措　施 |
|---|---|
| 监督管理 | 严格执行中华人民共和国环境保护法，增强环保投资和绿色投资的内生动力 |
| | 推动绿色金融立法，明确贷款人法律责任，如果银行将贷款发放给污染性企业，污染事故发生后，受害者可以起诉银行 |
| | 在化工、冶金、火电、焦化、造纸、印染以及有重金属污染物排放的企业强制推行环境污染责任保险，建立专业风险评估机制和损失确定标准，构建环境污染责任保险与绿色信贷联动机制 |
| | 开发绿色股票指数，借鉴标准普尔全球清洁能源指数、纳斯达克美国清洁指数等做法，敦促上市公司实行清洁生产、加大环保投资力度，减少污染排放 |
| | 建立 IPO 绿色通道，明确绿色产业和企业认定标准，简化绿色企业 IPO 审核程序 |
| | 由中国人民银行和中国银监会发布绿色金融债相关指引，简化绿色债券审批流程，制定允许和鼓励公司（企业）与地方政府发行绿色债券的政策 |
| 财税激励 | 对新能源等重要节能环保产品实施价格补贴，激励投资者加大绿色投资力度 |
| | 健全财政对绿色贷款贴息机制，加大贴息力度，逐步放开贴息标准限制，合理划定贴息期限，简化审批流程 |
| | 开征环境税、碳税，提高煤炭等资源税税率，纠正间接税税负在行业间的扭曲现象 |
| | 免除绿色债券机构投资者所得税，并在存贷比和贷款风险权重等方面为绿色债券提供政策支持 |
| 社会责任 | 构建绿色机构投资者网络，形成绿色投资社会责任协议，以推动在投资决策程序中引入环境因素，督促被投资企业承担社会责任 |
| | 实施生产者责任延伸制度，要求生产者必须承担产品使用完毕后的回收、再生和处理的责任 |
| | 加大宣传教育力度，改变消费者偏好，促使其增加清洁产品需求，拉动产品价格提升 |
| 信息传导 | 对中国证监会和证券交易所建立强制性上市公司环保信息披露机制，为上市公司环境风险评估提供基础，引导资本市场将更多资金向绿色产业配置 |
| | 建立环保部门与金融监管部门之间有效的信息沟通机制 |
| | 加强政府部门之间的合作，建立面对公众的有效的企业环境信息发布平台 |

我国绿色金融市场发展滞后，应抓紧构建以绿色政府部门、绿色工商企业、绿色金融机构等为主的绿色金融市场参与者，以及以绿色信贷、绿色债券、绿色股票、绿色信托、绿色保险、绿色基金、绿色租赁等为主的绿色金融工具共同构成的绿色金融市场，从监督管理、财税激励、社会责任、信息传导四个方面的激励机制入手，明确社会各方面在建立绿色金融市场中的职责所在，扫清绿色金融市场发展道路上存在的主要障碍，让绿色金融市场更快更好地建立起来。

# 第9章

# 中国绿色金融体系中的政府角色创新

绿色金融是指用以支持资源节约、环境友好和生态保护等生产、消费活动的金融。绿色产业是绿色金融的投融资范畴。现阶段我国绿色金融还处于起步时期。短时间内，传统金融追求经济利润的观念不会发生巨大改变，中国绿色金融的发展仍然会有一个较长时期的演化过程。在当前阶段，绿色金融体系更需要政府的监管和调控。

## 9.1 绿色金融监管的经济学分析

绿色金融监管是指金融监管当局依据国家法律法规对整个绿色金融业（包括绿色金融机构和绿色金融业务）实施全面性、经常性的检查与监督，以此促进金融机构依法稳健地经营和发展，使之符合绿色金融发展的要求。

不妨从经济学的外部性来分析这个问题。外部性是指经济单位的行为会对其他个体产生正面或负面的影响。金融机构向环保型企业融资具有正的外部性，会产生边际外部收益。然而，由于这部分收益金融机构无法获得，金融机构没有进一步向绿色企业融资的动力，金融机构向绿色企业的融资数量小于社会最优融资数量，从而产生市场的无效率；从企业的角度来讲，企业进行环保治理无疑会增加企业的负担，因此，许多企业设法逃避环保行为，从而降低成本，获取更高的利润，将部分社会成本转移给了公众。因此，绿色金融市场外部性的存在要求政府的介入，一方面，要鼓励金融机构向绿色企业融资，促进绿色产业的发展；另一方面，要限制金融机构向高污染、高能耗企业贷款。这样，企业贷款、担保、上市等融资行为需要进行环保审核，提供环保证明，这就使得企业不得不主动进行环境治理，金融机构只能为符合环保要求的企业融资，从而避免了企业获利、社会受害、政府买单的现象。

从宏观层面来看，尽管我国环保投资总量呈不断增长趋势，但相对环境保护工作不断增长的资金需求，实际环保投资仍具有较大缺口。而金融资源在资源配置中发挥关键作用，只要资金从污染性行业逐步退出，更多地投向绿色和环保行业，土地和劳动力等资源将随之优化配置。根据相关银行社会责任报告、年度财务报告，2018 年我国商业银行绿色信贷规模呈现逐年递增的趋势，然而绿色信贷占商业银行各项贷款总额（客户贷款及垫款）的比重还是整体偏低。绝大多数银行绿色信贷总额与总资产的比例低于 3%，与总资产相差甚远。严峻的形势迫切需要政府对绿色金融体系的监管，引导金融资源流向，优化资金配置。

## 9.2 绿色金融体系构建中政府的角色

在我国绿色金融体系构建中，政府的作用是多重的、不可或缺的。

（1）政府是绿色金融模式的倡导者。绿色金融实践往往是政府推动的结果。在政府的推动下，社会各界才能纷纷响应，最终促成绿色金融的发展。

（2）政府是金融活动的规制者。通过绿色金融推动可持续发展、促进生态文明建设需要政府通过环境立法、金融立法、行政管理等手段对金融行业和融资企业做出旨在促进可持续发展的金融规制。

（3）政府是绿色产业发展的支持者。在绿色转型发展中，政府一方面要在金融、财税、技术上限制"两高一剩"产业的发展；另一方面要促进绿色产业的发展，政府可以利用政策性银行，通过贷款倾斜、贷款优惠与环保行为挂钩等方式积极扶持绿色产业的发展，促进产业结构全面绿色转型。

（4）政府是绿色金融发展的条件创造者。绿色金融是一种新型的复合金融，从业者不仅需要经济数据资料，也需要与企业相关的环保数据资料。因此，政府必须加大绿色金融人才的培养、绿色技术及其评价的研究，以及政府、金融机构、企业之间绿色信息数据共享网络的建设。

（5）政府是绿色金融践行的监督者。虽然绿色、技术等规制能起到预先预防的作用，但是政府作为行政管理者，还必须加强对绿色金融进行的监督。例如，银行是否真正按规办事，企业是否存在环保信息隐瞒行为、公众环境知情权是否得到保障，以及政府内部成员是否存在渎职腐败等行为。

## 9.3　绿色金融体系的顶层设计和相关政策

### 9.3.1　顶层设计和政策制定

中国共产党第十九次全国人民代表大会会议报告中提出要"加快生态文明体制改革，建设美丽中国"，认为"我们要建设的现代化是人与自然和谐共生的现代化，既要创造更多物质财富和精神财富以满足人民日益增长的美好生活需要，也要提供更多优质生态产品以满足人民日益增长的优美生态环境需要。必须坚持节约优先、保护优先、自然恢复为主的方针，形成节约资源和保护环境的空间格局、产业结构、生产方式、生活方式，还自然以宁静、和谐、美丽"①。报告同时指出"建设美丽中国"的具体做法，其中包括"积极开展节能量、碳排放权、排污权、水权交易试点"。这反映出党和政府对绿色金融和生态环境保护的充分重视，看到了绿色金融体系的构建对推动生态文明建设的巨大作用。

在绿色金融体系构建过程中，政府相关部门也出台了关于绿色金融的相关政策和规定，详见表 9 - 1。例如，2007 年 7 月，环保部、中国人民银行、中国银监会三部门联合发布了《关于落实环境保护政策法规防范信贷风险的意见》，它标志着中国绿色信贷制度的正式建立。2016 年 3 月，全国人大通过的《"十三五"规划纲要》中明确提出要"建立绿色金融体系，发展绿色信贷、绿色债券，设立绿色发展基金"。构建绿色金融体系已经上升为中国的国家战略。2017 年 6 月 8 日，中国人民银行等五部委联合发布《金融业标准化体系建设发展规划（2016～2020 年)》，将"绿色金融标准化工程"列为重点工程。

表 9 - 1　　　　　　　　　　　　　相关政策和文件

| 时　　间 | 相关政策和文件 |
| --- | --- |
| 2001 年 | 国家环保总局、中国证监会联合发布《上市公司环境审计公告》 |
| 2003 年 | 国家环保总局、中国证监会联合发布《上市公司或股票再融资进一步环境审计公告》《上市公司环境信息披露的建议》 |
| 2004 年 | 国家发改委、中国人民银行、中国银监会联合发布《关于进一步加强产业政策和信贷政策协调配合控制信贷风险相关问题的通知》<br>中国银监会发布《关于认真落实国家宏观调控政策进一步加强贷款风险管理的通知》，要求对产能过剩、"两高"行业实行严格贷款审批制度 |

① 习近平. 决胜全面建成小康社会　夺取新时代中国特色社会主义伟大胜利——在中国共产党第十九次全国代表大会上的报告［R］. 北京：人民出版社，2017.

续表

| 时　　间 | 相关政策和文件 |
|---|---|
| 2005 年 | 国务院发布《关于落实科学发展观加强环境保护的决定》 |
| 2007 年 5 月 | 国家发展和改革委员会等八部委共同落实国务院《关于开展清理高能耗高污染行业专项大检查的通知》 |
| 2007 年 7 月 | 中国银监会办公厅发布《关于防范和控制高耗能高污染行业贷款风险的通知》<br>国家环保总局、中国人民银行、中国银监会联合发布《关于落实环保政策法规防范信贷风险的意见》 |
| 2007 年 11 月 | 中国银监会发布《节能减排授信工作指导意见》 |
| 2007 年 12 月 | 国家环保总局、中国保监会联合发布《关于环境污染责任保险工作的指导意见》 |
| 2008 年 1 月 | 国家环保总局与世界银行国际金融公司共同制定了符合中国国情的《绿色信贷环保指南》 |
| 2008 年 2 月 | 国家环保总局发布《关于加强上市公司环保监督管理工作的指导意见》 |
| 2008 年 8 月 | 《中华人民共和国循环经济促进法》颁布 |
| 2008 年 10 月 | 国务院出台 4 万亿元投资计划，其中约 2100 亿元面向生态工程和节能减排项目 |
| 2009 年 | 中国人民银行、中国银监会、中国证监会、中国保监会联合发布《关于进一步做好金融服务支持重点产业调整振兴和抑制部分行业产能过剩的指导意见》<br>中国银行业协会发布《中国银行业金融机构企业社会责任指引》 |
| 2010 年 | 国务院发布《关于加快推行合同能源管理 促进节能服务产业发展意见的通知》<br>中国人民银行、中国银监会联合发布《关于进一步做好支持节能减排和淘汰落后产能金融服务工作的意见》 |
| 2011 年 | 国务院发布《"十二五"节能减排综合性工作方案》《关于加强环境保护重点工作的意见》 |
| 2012 年 | 中国银监会印发《绿色信贷指引》 |
| 2013 年 2 月 | 中国银监会办公厅发布《关于做好 2013 年农村金融服务工作的通知》 |
| 2013 年 7 月 | 中国银监会、国家林业局（现国家林业和草原局）联合发布《关于林权抵押贷款的实施意见》 |
| 2013 年 9 月 | 中国银监会发布《关于进一步做好小微企业金融服务工作的指导意见》 |
| 2014 年 | 中国银监会办公厅发布《关于印发〈绿色信贷实施情况关键评价指标〉的通知》 |
| 2015 年 | 中国银监会、国家发改委联合发布《关于印发能效信贷指引的通知》 |
| 2016 年 8 月 | 中国人民银行等七部委联合发布《关于构建绿色金融体系的指导意见》 |
| 2017 年 6 月 | 中国人民银行等五部委联合发布《金融业标准化体系建设发展规划（2016—2020 年）》 |
| 2017 年 12 月 | 中国人民银行与证监会联合发布《绿色债券评估认证行为指引（暂行）》 |
| 2018 年 7 月 | 中国人民银行发布《关于开展银行业存款类金融机构绿色信贷业绩评价的通知》 |
| 2019 年 3 月 | 国家发展改革委、人民银行等七部委联合发布《绿色产业指导目录（2019 年版）》 |
| 2019 年 11 月 | 中国人民银行发布《中国绿色金融发展报告（2018）》 |

资料来源：根据中国银保监会、中国人民银行等网站公开资料整理。

## 9.3.2　政府绿色金融政策的创新

虽然党中央、国务院以及一些相关部门相继推出了一系列的方针、政策、文件。但目前我国在绿色金融政策方面仍有不足，金融主管等政府部门还没有全面承担起绿色金融理念的传播、引导职责，对绿色金融发展缺乏完整的战略安排，也没有建立起完善的政策支持体系，相应的外部激励机制尚未形成。

具体来说，应该在以下三个方面予以优化。

第一，明确"绿色"的定义、标准、原则和框架。关于绿色金融，尚缺乏完整、统一、明确的概念框架和统计意义上的详细定义，决策者及各参与机构对绿色金融的内涵和外延的理解不完全相同，政策制定和执行时容易出现理解上的差异。只有首先明确"绿色"的定义和标准，金融机构才能分辨出哪些企业是合规的，可以给哪些企业贷款；监管部门才能据此进行监管，对贷款不合规的银行或其他金融机构进行处罚。

第二，细化绿色金融相关政策，增强政策的可操作性。目前政府部门颁布的绿色金融业务执行标准多为综合性、原则性的，缺乏具体明确的规则和环境风险评级标准，银行等金融企业也缺乏相应的内部实施细则，使得绿色金融，尤其是绿色信贷的投放对象在很大程度上是随机性。

第三，GDP 的概念和统计口径亟待修订，应该将环境成本和环境效益纳入国民经济核算体系。尽管这是一项困难的工作，因为环境成本和效益很难准确定价，但是目前国际上已经开始了这方面的尝试（如英国 Trucost 公司提出了自然资本负债概念），将大气污染排放、水污染、垃圾生成等造成的环境成本尽可能量化，评估未被当前市场价格所反映的"外部性"规模。对此，可以汲取国外有益的做法，选择一两个地区进行试点。同时要着手解决绿色投资外部性的计量问题，例如，碳排放权、排污权的产权如何有效界定，环保项目投资所产生的外部效益如何收费等。通过将绿色项目的正外部性和污染投资的负外部性显性化，增强地方政府和企业减少排放、治理污染的动力，为绿色金融发展提供足够的市场激励。

## 9.3.3　监管机构的设置

绿色金融的监管不仅需要金融业的监管部门，而且需要环保部门的配合。目前，中国金融市场的监管体系已经相对完善，基本形成了"一委一行两会"的监管体系，而绿色金融的发展对监管体系提出了新的要求和挑战。在我国，目前绿色金融业务的监管主要由中国人民银行、中国证监会、中国银保监会、环保部门、财政部门和发改委负责。这就需要良好的跨部门协调和沟通机制。但目前跨部门协作仍存在信息沟通不足、政策不协调等问题。

发展绿色金融涉及一委一行两会、发改委、财税部门、环保部门、金融机构等多方主体的职责，需要加强顶层设计，理顺跨部门行政管理体制。建议借鉴韩国的经验，成立常设的跨部门机构——国家绿色发展领导小组，由国务院总理任组长，成员包括前述部委主要负责人，并建立专门的办公室为领导小组提供日常运作支持。领导小组的主要职责之一是从事绿色发展相关的政策制定和统筹协调，包括督促建立科学合理的绿色金融产品与服务标准体系，完善绿色金融纪律约束机制等。领导小组应督促相关部门通过跨部门联席会议、完善征信系统等方式，建立信息沟通与共享平台。通过平台，环保部门可以及时向金融监管部门提供环境违法企业名单和金融机构在环保方面的表现，金融监管部门可以向环保部门反馈金融机构对企业的融资信息。监管部门负责实时将环境违法企业名单上传供金融机构查询，其既可以直接约束环境违法企业，也可以根据环保部门提供的金融机构环保表现，动态调整金融机构的环境信用评级结果，并对评级较低的金融机构实施必要的制裁。

## 9.4　中国绿色金融法律建设中政府的作用

### 9.4.1　中国绿色金融法律制度发展现状

在目前我国金融业实行分业经营、分业监管的条件下，由中央银行牵头推动与绿色金融相关的监管协调，明晰绿色金融体系的顶层设计，加强金融部门与其他有关部门的沟通协调，可避免政出多门、众说纷纭的情形，齐心协力地为绿色金融体系添砖加瓦。与此同时，这也有利于中央银行正在全力推进的、以宏观审慎管理为核心的金融监管体制改革。

我国在绿色金融发展上缺乏完善的制度和相关政策，不仅是环保政策、法律体系的不完整，在环保信息的透明化方面，也缺乏有关的发布机制和信息披露制度。应从以下四个方面进行完善。

第一，在政策支持上，我国可以借鉴国外经验，对于有利于可持续发展的项目予以税收优惠、财政补贴和信用担保，降低还贷利率，提高贷款额度。在宏观政策上，为绿色金融提供良好的外部环境，积极引导金融机构、保险公司、企业个人参与到建设中。

第二，从可持续发展的战略高度出发，完善与环境保护相关的法律法规，制定对绿色金融的监管制度，明确各部门的相关责任，保障绿色金融的有序发展。

第三，建立有效的信息披露制度，加强外部监管，金融机构和环保部门应该建立有效的沟通渠道，及时交互信息。

第四，建立健全相关准入标准。我国的绿色债券业刚刚起步，在市场扩容的同时，关于绿色债券的认证标准也需要跟上。监管部门应当加强管理，积极配合，避免恶性竞争的不合理发展。

绿色金融业务的正外部性及高风险性使得市场化的商业金融不愿意提供绿色金融服务。因此，市场失灵需要政府的介入来支持绿色金融业务的发展，即绿色金融是一种政策推动型金融。然而，我国相关的政策法规零散，政府需要采取多种多样的优惠政策激励商业金融开展绿色金融业务。除了激励商业金融开展绿色金融以外，还要采取多种政策约束商业金融对高污染、高能耗等项目和企业提供金融服务，例如，要求金融机构对污染企业的贷款申请实行额度限制并实施惩罚性高利率，而对环境友好的企业予以优惠利率贷款等。

## 9.4.2　加强政府在绿色金融法律制度中的管理和协调

（1）政策性投资。在更多领域实现强制性的绿色保险，利用保险市场机制制约污染性投资并提供环境修复资金。由国务院法制办牵头，生态环境部和中国银保监会参与，制定和出台《环境污染责任强制保险条例》，细化和出台有关财税和行政许可支持政策，建立专业风险评估机制和损失确定标准，构建环境污染责任保险与绿色信贷的联动机制。

（2）责任管理。明确银行的环境法律责任，允许污染受害者起诉向污染项目提供资金的、负有连带责任的贷款性金融机构。根据以民事责任为主，行政、刑事责任为辅的原则，修改《商业银行法》，明确银行等贷款机构对所投项目环境影响的法定审查义务，确立银行等贷款人的环境影响法律责任。

（3）信息披露。中国证监会和证券交易所应建立上市公司环保信息强制性披露机制，为上市公司环境风险评估和准确估值提供基础，引导资本市场将更多的资金配置于绿色产业。一方面，启动污染性行业的强制披露，此后逐步覆盖其他行业。制定具体的、可量化的披露标准，发挥中介机构对环境信息披露的评价、监督、引导和激励作用，强化环境信息披露的监管与执法，使市场价格充分反映企业环境行为的真实成本与价值。另一方面，会同有关政府部门全力完善包括负向限制和正向激励在内的绿色金融政策，积极参与国际规则的制定。同时，推动绿色金融法律体系的提升和完善，包括出台专门的绿色金融法律，修订商业银行法、证券法和保险法等相关金融法规以使之生态化，并嵌入审慎管理和混业。

## 9.5　加强政府在绿色金融体系建设中的作用

（1）完善绿色金融政策支持体系。由于有些环保项目和生态工程项目投资期限长、风险大，即使有激励约束，商业金融也不愿涉足，因此，实施绿色金融战略，还需要政策性金融，以弥补商业金融的不足。例如，2007 年，日本政策银行推出了环境评级贴息贷款业务。我国也需要建立和完善政策性金融体系，以促进绿色金融的发展，可以设立一个国家级的"绿色金融专项基金"，其资金来源包括污染罚款、环境税和财政收入划拨等，专门用于环境保护。绿色金融专项基金不仅可以为商业金融不愿涉足的绿色项目融资，还可以通过为优质重点绿色金融项目提供担保的方式，撬动商业金融庞大的资金为绿色金融项目融资，不仅有助于分担商业金融的风险，鼓励商业金融加大对绿色金融业务领域的支持力度，也有助于国家引导绿色金融紧密围绕优先产业而开展。

（2）政府重点培育绿色金融服务体系。虽然绿色金融的发展离不开政府的支持，但市场化的运作也是绿色金融可持续发展的关键因素，而绿色金融市场化的运作需要完善的中介服务体系的支撑。例如，绿色信贷项目常常具有技术较高、专业性较强的特点，商业银行很难全面揭示项目的风险，需要借助第三方的专业技术评估，虽然我国也成立了环境交易所、节能减排项目交易中心、环境影响评估机构等专业机构，但相比发达国家，不仅技术识别能力不高，覆盖领域狭窄，而且缺乏有效的行业监管，公信力相对较弱，不能为金融机构的绿色金融业务提供有效的支持。因此，为了促进绿色金融的发展，需要政府在发挥现有中介服务机构的作用并借鉴其经验教训的基础上，进一步培育并完善绿色金融服务体系，建立规范高效的交易市场，完善其二级流转市场。

（3）制定绿色金融的标准及实施细则。政府制定的原则性绿色金融标准使得金融机构无法制定相应的内部实施细则，因此，一套科学的标准体系是绿色金融有效实施的基础。政府可以在借鉴国际上比较成熟的绿色金融标准、准则的基础上，结合我国的国情，制定绿色信贷指南、环境风险评级标准、上市公司环境绩效评估指标等一系列的准则、标准，从而使得金融机构能够根据这些指南、标准细化绿色金融业务的程序，提升绿色金融的可操作性。

（4）政府参与建立各部门信息沟通和共享平台。信息的有效和及时沟通可以很好地支持绿色金融的发展，金融机构、企业、金融监管以及环保各部门之间可以通过联席会议、征信系统等方式，建立信息沟通和共享平台，可以由政府出面协调。通过平台，环保部门可以定期向金融监管部门提供环境违法企业名单及金融机构在环保方面的表现，相关的金融监管部门实时将环境违法企业名单转发给全国的金融机构。不仅金融机构可以参照环境违法企业名单拒绝为企业提供金融服务或实施惩罚性措施，金融监管部门也可以直接制约环境违法企业，例如，在同等条件下，中国银保监会可以优先批准环保效果好的企业上市或发行企业债券，而对环境违法企业，即使该企业财务效益较好也实行环保一票否决。金融监管部门可以根据环保部门提供的金融机构在环保方面的表现，相应调整金融机构的环境信用评级标准，并对评级较低的金融机构实施相应的制约。

（5）协助开发丰富的绿色金融产品。在国外，有清洁空气汽车贷款、低排放车型优惠贷款、绿色资产抵押支持证券、巨灾债券、天气衍生物、环境污染责任保险、节能减排保证保险等各种各样的绿色金融产品，丰富的绿色金融产品为潜在的客户提供了多种多样的选择，满足了千差万别的客户的不同需求，刺激了绿色金融的发展。当然，由于不同的绿色金融产品所需的基础和条件不尽相同，在国外得到蓬勃发展的一些绿色金融产品可能并不适合目前的我国。因此，丰富我国绿色金融产品应坚持由简单到复杂、由基础到创新的原则，逐步推动适合我国国情的绿色金融产品的丰富和蓬勃发展。在绿色金融产品的开发过程中，政府也有建议和协助的功能。

# 第10章

# 中国绿色信贷与产业结构调整

本章通过提出绿色信贷对于产业结构调整的必要性，分析了绿色信贷对于产业结构调整的作用机制，用相关数据评价了绿色信贷对于产业结构调整产生的效果，针对我国绿色信贷对产业结构调整中存在的问题，提出了相关的改革建议。

2016 年国家"十三五"规划纲要明确提出要构建我国绿色金融体系。2017 年 6 月，国家在 5 省（区）建设绿色金融改革创新试验区，绿色信贷落实到地方实践，被赋予了重要的时代意义。2017 年 6 月末，我国主要银行的节能环保项目和服务不良贷款余额为 241.7 亿元，不良率为 0.37%，不良贷款率处于较低的水平。[①] 2018 年 2 月，中国银监会集中披露了 21 家主要银行金融机构绿色信贷的整体情况。据统计信息，我国的绿色信贷规模保持稳步增长，并呈现出持续健康的发展态势，同时也带来了显著的环境效益。另外银监会还表示，为使绿色信贷更全面地发展，下一步会形成常态化的绿色信贷统计信息披露机制。国家积极鼓励建立绿色企业指标评价体系和方法，绿色企业就是指以制造和销售"无害环境"的产品（即绿色度高的产品，或符合标准和法规要求的产品）为前提，运用绿色高新技术，开发清洁的生产工艺，推出"三废"较少且通过治理的产品企业。

## 10.1 绿色信贷对产业结构调整的理论分析

### 10.1.1 绿色信贷调整产业结构的必要性

（1）绿色信贷是克服产业发展外部不经济的需要。外部不经济是指由于

---

① 孙璐璐. 银监会披露 21 家银行绿色信贷情况［N］. 证券时报，2018 年 2 月 10 日（A02）.

生产或消费给其他人造成损失而他人却不能得到补偿的情况。例如，钢铁、化工等企业排放的废水废气污染环境，危害周边居民身心健康，可是居民并不能因此得到这些企业的补偿。排污企业在为自己创造财富的同时，给周边其他企业和个人造成了损害，产生了"外部成本"，一直以来这种"外部成本"都没有计算到企业的生产成本中，而是由受害者被迫买单。

如今，我国已经跃升为世界第二大经济体，经济的迅猛发展世界有目共睹。可是随着经济的增长，环境污染、资源匮乏等问题越来越突出，而绿色信贷的实施有利于克服产业发展的外部不经济性，有利于促进经济健康发展。银行业通过实施绿色信贷，提高对高污染、高能耗产业的贷款利率、减少对排污企业的项目投资，将增加的贷款利率和融资成本看成是对这些企业造成的外部不经济的变相收费；而对落实国家环保政策、符合环保要求的企业和项目发放低利率贷款，适当给予更多政策优惠和补贴，这有利于企业履行社会责任，减少外部不经济性的影响，实现经济发展的均衡。

（2）绿色信贷是满足产业结构调整的资金需要。产业结构是一国第一产业、第二产业和第三产业的构成比例，影响一国的经济发展水平。产业结构的调整包含两方面内容：一是产业结构的合理化，二是产业结构的高级化。产业结构的合理化是指三个产业在经济运行中相互配合，能适应市场需求，及时调整各产业的比重关系，使产业结构趋于平衡合理。产业结构的高级化也称为产业结构升级，是指产业结构要遵循由低级到高级的规律，实现从第一产业到第二产业再到第三产业的转变。

产业结构调整需要资金支持，绿色信贷通过控制第二产业和第三产业的资金规模来实现产业结构的合理化和高级化调整。绿色信贷的实施提高了高污染、高能耗产业的贷款利率、减少对其发放的贷款数量，增加对节能减排、绿色项目的贷款投资，帮助企业适应市场需求，传播绿色理念，促进第二产业的合理化发展。同时，绿色信贷增加对绿色产业的投资数额，给符合国家产业政策的企业更多的资金支持，促进资金在绿色产业之间的合理配置，实现以制造业为主的第二产业向以高新服务业为主的第三产业的转变，从而达到产业结构的调整和优化。

## 10.1.2 绿色信贷对产业结构调整的作用机制

银行通过提高对高污染、高能耗产业的贷款利率、降低对环保型产业和科技创新型产业的贷款利率，影响各产业的资金需求，实现产业结构调整。绿色信贷作为金融业中全新的理念和实现绿色经济的基础，对于基于可持续发展为导向的产业结构调整起着至关重要的作用，绿色信贷主要通过以下机制影响产业结构的调整。

(1) 资金形成机制。金融机构将社会中的闲散资金以银行存款的形式集中起来，又以贷款的形式将资金配置给有需求的企业，将原来的直接融资转变为以金融机构为中介的间接融资。金融机构的存在克服了直接融资的局限，它通过运用专业化的金融手段，将具有不同要求的资金供给者和需求者联系起来，借助银行的信用，满足了直接融资难以满足的大规模资金需求，大大提高了资金的转化和利用效率。所以，我们可以充分借助金融产品与金融机构，促进储蓄向投资转化，将闲散资金集中形成产业资本后，根据国家的产业政策和环境要求，将资金配置到低能耗、低污染的行业，推动绿色产业的发展，形成绿色金融资本。

(2) 资金导向机制。产业结构调整使资本从收入弹性和生产效率均低的部门转移到收入弹性和生产效率均高的部门，资金的转入可以改善部门现有的技术。另外，资本配置比较集中的主导产业，其生产链条通常比较长，通过波及效应，不仅可以带动上下游产业的发展，而且还能改变其他产业的竞争环境，引起其他产业的调整，这实际上就是社会资源再配置的过程。因此，绿色信贷的实施不仅直接对绿色产业提供资金支持，而且会通过波及效应对与绿色产业相关和相竞争的产业产生作用。例如，银行增加对污染治理企业的资金支持，这一举动也会促进污染治理设备生产企业的生产和销售。

(3) 信用催化机制。绿色信贷的信用催化机制实质是通过货币量的扩大，即信用创造，加速资本形成，促进生产资源的节约和使用效率的提高，从而把潜在的资源现实化，推动产业结构调整与经济总量增长。陈伟光，胡当 (2011) 提出，由于信用催化机制的作用，资金的投向不再局限于具有明显高经济效益的产业和项目，而是以资金为出发点，以资金的增值为终点，选择更具有前瞻性以及有广泛扩散效益的产业或项目进行投资，催化产业结构体系的变迁，形成合理的产业结构体系，实现经济的发展。信用作用于产业结构的调整与转变，不再是仅仅被动地适应产业发展与调整的需要，更大程度上是主动渗透、参与到产业结构的转换过程之中，发挥金融资本促进产业结构调整的能动性。

## 10.2　中国绿色信贷对产业结构调整的效果评价

### 10.2.1　中国绿色信贷对产业结构调整的实际效果

#### 10.2.1.1　转变经济增长方式和优化产业结构

随着我国经济逐渐步入新常态，我国经济增长方式也出现了明显变化，从

最初的"一二三"产业结构模式到"二三一"产业结构模式，特别是 2007 年
7 月末出台了绿色信贷政策后，从 2008 年开始，我国以高耗能、高污染为主
的第二产业占比逐年减少，第三产业比重逐渐增加，截至 2018 年，我国第三
产业占比已达 GDP 一半以上，绿色信贷的实施帮助我国实现了经济增长方式
的转变以及产业结构的优化升级。近十多年我国三次产业占 GDP 的比重情况
详见表 10 - 1。

表 10 - 1　　　　　　　　近十多年我国三次产业占 GDP 的比重　　　　　　　单位:%

| 年份 | 第一产业占当年国内GDP 的比重 | 第二产业占当年国内GDP 的比重 | 第三产业占当年国内GDP 的比重 |
|------|------|------|------|
| 2005 | 12.1 | 47.4 | 40.5 |
| 2006 | 11.1 | 47.9 | 40.9 |
| 2007 | 10.8 | 47.3 | 41.9 |
| 2008 | 10.7 | 47.4 | 41.8 |
| 2009 | 10.3 | 46.2 | 43.4 |
| 2010 | 10.1 | 46.7 | 43.2 |
| 2011 | 10.0 | 46.6 | 43.4 |
| 2012 | 9.4 | 45.3 | 45.3 |
| 2013 | 9.3 | 44.0 | 46.7 |
| 2014 | 9.1 | 43.1 | 47.8 |
| 2015 | 8.8 | 40.9 | 50.2 |
| 2016 | 8.6 | 39.8 | 51.6 |
| 2017 | 7.9 | 40.5 | 51.6 |
| 2018 | 7.0 | 39.7 | 53.3 |

资料来源：根据 2005 ~ 2018 年《中国统计年鉴》整理。

自我国绿色信贷实施以来，银行业金融机构的绿色信贷额不断增加，对节
能环保项目的贷款余额也呈上涨趋势，从表 10 - 2 可以看出，近年来银行对环
保节能项目的贷款逐年上升。截至 2019 年第三季度末，国内 21 家主要银行上
半年绿色信贷余额达 10.6 万亿元，占 21 家银行各项贷款比重的 9.6%，可见
绿色金融发展取得了积极进展。

表 10 – 2　　　　　银行业金融机构绿色信贷及节能环保项目贷款统计

| 年份 | 银行业金融机构绿色信贷余额（万亿元） | 支持节能环保项目贷款余额（万亿元） | 节能环保项目贷款涉及的项目数（个） |
|---|---|---|---|
| 2011 | 6.01 | 1.27 | 9 183 |
| 2012 | 6.14 | 3.58 | 10 874 |
| 2013 | 5.20 | 1.60 | 14 403 |
| 2014 | 7.59 | 1.87 | 15 718 |
| 2015 | 8.08 | 2.32 | 23 100 |
| 2016 | 7.26 | 5.57 | — |
| 2017 | 7.22 | 6.53 | — |
| 2018 | 8.23 | — | — |
| 2019 | 10.60 | — | — |

注：2019 年数据仅为前三季度数据。

资料来源：根据 2011 ~ 2019 年《中国银行业社会责任报告》整理。

## 10.2.1.2　改善生态环境

　　绿色信贷的实施带动了我国对绿色产业和环境污染治理的投资，改善了我国的生态环境。环境污染治理投资包括老工业污染源治理、建设项目"三同时"和城市环境基础设施建设三个部分，建设项目"三同时"指的是项目的污染治理设施必须与主体工程同步设计、施工，并且污染治理设施只有经过环保部门验收后才可以和主体工程一起投入使用。由表 10 – 3 可以看出，2011 年以来我国对环境治理问题高度重视，对环境治理的投资数额庞大，2017 年我国环境污染治理投资总额高达 9 539 亿元，各项治理活动取得了不错的成果。

表 10 – 3　　　　　　2011 ~ 2017 年我国环境治理投资情况　　　　　单位：亿元

| 年份 | 环境污染治理投资总额 | 老工业污染源治理投资 | 建设项目"三同时" | 城市环境基础设施建设 |
|---|---|---|---|---|
| 2011 | 6 026.2 | 444.4 | 2 112.4 | 3 469.4 |
| 2012 | 8 253.6 | 500.5 | 2 690.4 | 5 032.7 |
| 2013 | 9 037.2 | 849.7 | 2 964.5 | 5 223.0 |
| 2014 | 9 575.5 | 997.7 | 3 113.9 | 5 463.9 |
| 2015 | 8 806.3 | 773.7 | 3 085.8 | 4 946.8 |
| 2016 | 9 219.8 | 819.0 | 2 988.8 | 5 412.0 |
| 2017 | 9 539.0 | 681.5 | 2 771.7 | 6 085.7 |

资料来源：根据 2011 ~ 2017 年《中国环境统计年报》整理。

随着环境治理投资的不断增加，绿色信贷的实施不断深入，绿色信贷对环境治理与保护的作用也愈加明显。表 10 - 4 列示了从 2011～2017 年全国废气中主要污染物的排放量。截至 2017 年，我国二氧化硫排放总量为 875.4 万吨，比 2016 年下降 20.6%，比 2011 年下降 60.5%；氮氧化合物排放总量为 1 258.8 万吨，比 2016 年下降 8.7%，比 2011 年下降 47.6%。近几年污染物的排放量均在大幅度减少，这说明绿色信贷对改善环境的效果非常明显。

**表 10 - 4**                          **我国废气中主要污染物排放量**

| 年份 | 二氧化硫排放总量（万吨） | 二氧化硫排放总量下降率（%） | 氮氧化物排放总量（万吨） | 氮氧化物排放总量下降率（%） |
|---|---|---|---|---|
| 2011 | 2 217.9 | — | 2 404.3 | — |
| 2012 | 2 117.6 | 4.5 | 2 337.8 | 2.7 |
| 2013 | 2 043.9 | 3.5 | 2 227.3 | 4.7 |
| 2014 | 1 974.4 | 3.5 | 2 078.0 | 6.7 |
| 2015 | 1 859.1 | 5.8 | 1 851.8 | 10.9 |
| 2016 | 1 102.9 | 41.7 | 1 394.3 | 24.7 |
| 2017 | 875.4 | 20.6 | 1 258.8 | 8.7 |

资料来源：根据 2011～2017 年《中国统计年鉴》整理。

同样，我国废水中主要污染物的排放量也在持续下降，从表 10 - 5 中可以看出，2016 年废水中主要污染物的排放量明显减少，其中化学需氧量的排放相比 2015 年下降 52.9%，氨氮排放相比 2015 年下降 38.3%。并且截至 2017 年，我国化学需氧量排放总量为 1 022 万吨，比 2011 年下降 59.1%；氨氮排放总量为 139.5 万吨，比 2011 年下降 46.4%。

**表 10 - 5**                          **我国废水中主要污染物排放量**

| 年份 | 化学需氧量排放总量（万吨） | 化学需氧量排放总量下降率（%） | 氨氮排放总量（万吨） | 氨氮排放总量下降率（%） |
|---|---|---|---|---|
| 2011 | 2 499.9 | — | 260.4 | — |
| 2012 | 2 423.7 | 3.1 | 253.6 | 2.6 |
| 2013 | 2 352.7 | 2.9 | 245.7 | 3.1 |
| 2014 | 2 294.6 | 2.5 | 238.5 | 2.9 |
| 2015 | 2 223.5 | 3.1 | 229.9 | 3.6 |
| 2016 | 1 046.5 | 52.9 | 141.8 | 38.3 |
| 2017 | 1 022.0 | 2.3 | 139.5 | 1.6 |

资料来源：根据 2011～2017 年《中国统计年鉴》整理。

### 10.2.1.3　传播绿色理念

　　绿色信贷的兴起，使得"绿色"概念瞬间成为热点话题，许多媒体热衷于报道银行的绿色信贷业务，以此监督银行业的绿色信贷活动。例如，2011年由《21世纪经济报道》主办的绿色信贷项目评选活动揭晓获奖名单，来自中国工商银行、北京银行、中国银行、交通银行、兴业银行等银行的十个项目获得了"十佳绿色信贷项目奖"，项目涉及水污染治理工程、可再生资源、二氧化硫治理等环保活动，这样的评选不仅能使人们更深入地了解绿色信贷，而且更能激励银行实施绿色信贷，以此提高银行的声誉和竞争力。胡静怡、陶士贵（2018）指出，2017年6月，国家在5省（区）建设绿色金融改革创新试验区，鼓励发展绿色信贷，绿色信贷将从顶层设计落实到地方实践，这赋予了绿色信贷重要的时代意义。由此可见，绿色观念已逐渐深入人心，绿色信贷不仅是国家进行产业结构的金融工具，它的开展更是给人们的生活带来巨大的变化，推动着产业结构的转变和经济的发展。

## 10.2.2　我国绿色信贷在调整产业结构中存在的问题

　　（1）过度依赖环保部门提供的信息。绿色信贷是商业银行向符合条件的绿色企业发放的贷款，而商业银行关于绿色企业的界定过度依赖环保部门的评定。环保部门虽然有责任根据各项指标对企业行为是否符合环保要求作出评定，但其提供的信息并不是银行判断是否发放绿色信贷的唯一标准。环保部门提供的信息只能表明某一时点上企业是否符合环保要求，其不可能一一列出所有企业的环境责任的相关信息，只能将一些环境污染十分严重的企业进行通报，而企业的经营与发展是不断变化的，银行仅靠环保部门的企业名单缺乏科学性。所以，银行不能过度依赖环保部门提供的信息，应在与环保部门实现资源共享的前提下具体分析每个企业、每笔贷款的特殊情况。

　　（2）绿色信贷政策缺乏弹性。银行在进行绿色信贷与绿色企业审核时，往往根据企业整个行业的风险水平和环境状况进行评价判断，行业整体状况不符合绿色信贷要求不代表该行业所有企业不符合绿色信贷要求，更不代表某一企业的某一贷款项目也不符合绿色信贷要求，例如，银行普遍把"两高一剩"行业作为绿色信贷的黑名单，但高耗能、高污染行业中的所有企业就真的都不能获得绿色信贷吗？或者说虽然是企业整体状况不符合绿色信贷要求，但其某一以节能减排为导向的特定项目就因此而不能获得绿色贷款吗？这种"一刀切"的做法使绿色信贷政策极度缺乏弹性，过于片面的评价企业信贷状况，很可能会错过许多优质的绿色贷款，在一定程度上违背了绿色信贷的初衷。

（3）绿色信贷实施环节过于集中。目前我国的绿色信贷工作一方面是减少对高污染、高能耗产业的资金投入，另一方面是增加对绿色产业的资金支持，这两项工作都属于资金链的源头，是从供给角度将资金进行重新分配。但是，资金的需求不仅只存在于产业的初期，只限制新增企业并不能彻底解决日益严重的环境污染、资源匮乏问题。因为，产业发展的不同阶段其资金需求的规模和特点都不一样，初期时资金主要用来研发新产品、工厂建设、市场开拓等，这一时期拒绝环境污染危害大的新办企业的贷款申请可以有效遏制潜在的环境污染。在产业发展的成长期和成熟期，企业需要资金进行业务和市场拓展，能够增加产能和经济效益，此时银行应适当限制资金来源，确保经济的稳定增长，同时也要增加对企业环境治理的资金支持，提高其环境治理的能力，减少发展过程中的负外部效应。同样，在产业退出阶段仍需要资金的支持，做好环境保护工作。资金链源头上的绿色信贷只是绿色信贷工作的一部分，而不是全部，不能将绿色信贷过度集中于一个环节，应该把绿色信贷融入整个经济链条之中，促进产业整体发展。

（4）政府激励机制不到位。作为营利机构的银行追求的是利润最大化，如果绿色信贷政策与银行的经营目标存在分歧，那么银行更多的还是会选择获取利润，放弃绿色信贷。银行贯彻绿色信贷政策是基于自身的社会责任，并没有法律要求银行强制执行绿色信贷政策，所以当绿色信贷与盈利动机产生冲突、而政府的激励机制又不到位时，银行出于自身利益最大化的原则往往优先考虑盈利。一般来说，绿色产业大多是新兴产业，企业处于发展初期，投资金额大、收回期限长，银行面临的贷款风险增大。虽然绿色贷款符合国家的产业政策，但由于政府激励措施不到位、非法律强制要求贷款，银行往往会惜贷，从而把款项发放给风险小、收益高的非绿色企业。

（5）专业人才缺失导致产品创新不足。目前我国的银行和其他金融机构多是出于贯彻国家产业政策和环保要求的目的，为符合要求的企业和项目提供绿色信贷，用金融手段限制不符合政策要求的企业和项目的资金需求。这使得银行和其他金融机构从根本上缺乏动力，缺少从事绿色信贷的积极性和自主性。现阶段从事金融工作的人员大多不了解国家的环保政策和法规，不能熟练地将金融知识与环保政策相结合，缺少绿色信贷方面的专业人才，导致绿色信贷产品缺乏创新，品种单一的集中于贷款产品，技术性低、专业性差，像排污权交易、碳质押这类产品还处于尝试阶段，并没有形成规模。缺乏专业人才导致产品的创新不足，在很大程度上抑制了金融对绿色产业发展的支持作用。

## 10.3　产业结构调整下加快推行绿色信贷政策的建议

### 10.3.1　国外绿色信贷调整产业结构的经验借鉴

（1）创新绿色信贷产品。随着低碳经济的逐渐兴起，各国的金融机构都积极致力于开发和创新绿色金融产品，主要有针对大型环保项目提供的绿色融资方案，针对零售业务提供的绿色信贷产品、绿色基金、绿色保险和金融衍生品等。

这些绿色金融产品出现最早、发展最成熟的就是绿色信贷产品，涉及存款、信用卡、贷款的相关业务领域。目前世界上比较优秀的绿色信贷产品主要有以下五种。

①项目融资。爱尔兰银行对绿色项目给予贷款优惠，推出了"转废为能项目"贷款，对于此类项目，只需要与政府签订废物处理合同，在合同内完成废物处理，就可以获得长达 25 年的贷款。

②运输贷款。美洲银行为货车公司的节油技术提供了无抵押贷款，并且为其附加了一定的优惠条件——帮助货车公司购买节油装置，使节油率达到 15%。

③绿色信用卡。巴克莱银行发行了绿色信用卡，该卡片对丁客户购买绿色产品和服务提供了较低的利率和较高的折扣，此过程中所产生的信用卡利润的 50%，应用于全球的碳排放项目。

④汽车贷款。作为获得世界公认的绿色贷款——澳大利亚的 Gogree 汽车贷款，它要求贷款者通过种树的方式来消耗私家车排放的二氧化碳，不仅利用金融手段净化了空气改善了生态环境，还大大增加了银行的贷款量。

⑤碳交易。1997 年《京东议定书》在日本签订，该议定书中分析了温室气体的解决途径，并提出将二氧化碳排放权作为一种商品，使其可以在供需双方间进行交易，简称碳交易，该想法的目的是通过市场机制来解决环境污染问题。

（2）注重对绿色信贷项目的严格筛选。日本瑞穗银行是亚洲第一家自愿实施赤道原则的银行，也是全球第 18 家赤道银行。瑞穗银行为了专门处理赤道原则相关的问题，特别在项目融资部门内部设立了"可持续发展部"。另外，瑞穗银行将赤道原则融入信贷部门、信息部门的业务管理流程之中，使可持续性与贷款业务相结合，主要有以下两个程序。

一是划分项目级别。可持续发展部门按照赤道原则对项目的位置、规模、预期的社会和环境影响程度等指标进行评价，填写筛选表格，即"行业环境影响筛选表"（environmental checklists by sector)，进行综合评估，划分项目的级别，完成筛选报告供信贷部门使用。

二是可持续发展部门还要对第一步中被归为 A 类、B 类的项目进行审核，全面了解项目的环境责任和社会责任的履行情况，撰写赤道原则报告，这一报告同样要提交给信贷部门。

（3）完善绿色信贷法制体系。在全球范围内，美国是比较早建立绿色信贷制度的国家之一。1936 年罗斯福执政期间颁布了《公共汽车尾气控制法》，标志着美国绿色金融制度的初步形成，首次将环境保护和经济建设结合起来。20 世纪 90 年代以前，美国的绿色信贷体系尚未形成，制度实施主体为政府部门，金融机构和各类企业的参与程度并不高，出台的相关法律主要有：1970 年出台的《环境质量改善法》《清洁空气法》；1976 年出台的《资源保护与回收法》；1980 年出台的《固体废物处置法》《酸雨法》《超级基金法》；1990 年出台的《防止污染法》《大气清洁法》。

20 世纪 90 年代后，绿色金融在美国被作为经济可持续发展的手段而受到了广泛的推广，社会各界包括政府、企业、非政府组织（NGO）、金融结构等都纷纷参与到绿色革命之中，各主体间的合作愈发频繁。由此，美国出台了新的环境法律——《能源政策法》《清洁空气法》。2007 年，继大萧条以来最严重的经济金融危机爆发，奥巴马政府为了尽快使美国经济走出谷底，采用了"绿色能源新政"，该政策通过实施绿色能源计划为美国的经济发展提供长久动力，重点是调整产业结构、寻求新能源、缓解能源压力和降低失业率，带动美国经济回归到正常的轨道。

（4）运用有力的政府激励措施。为了使绿色金融制度得以落实，美国政府运用了多种多样的激励措施——财政补贴、税收优惠、政府奖励等。通过这些激励措施，鼓励金融机构积极参与到绿色信贷的业务中来，与此同时，也采取了一些奖罚分明的措施来规范各类金融机构自身的行为，例如，对于贷款给高污染产业的金融机构予以一定的惩罚，同时要求银行承担相应的环境责任；而对于严格开展绿色信贷业务的一些金融机构采取补贴、低利率等鼓励措施，引导资金向绿色产业配置。

作为最早提出低碳经济的国家，英国在 2001 年为了应对越来越严重的气候变化，制定了差异化的税收制度——气候变化税制度（CCL），目的是要通过这种手段来督促社会上的各种企业进行低碳生产——不同的能源品种适用不同的税率。

## 10.3.2　我国利用绿色信贷进行产业结构调整的建议

（1）推进绿色信贷法律体系的建设。2012 年，我国《绿色信贷指引》正式出台，这标志着我国的绿色信贷法律体系得到完善。与绿色信贷起步较早的国家相比，我国的绿色信贷相关的法律法规还不能构成一个体系，且多属于引导性、指导性立法，对银行业和各企业也没有硬性要求。因此，我国应该结合银行等金融机构的实际发展状况，设计出实际适合企业需求的绿色信贷法律，将绿色信贷彻底的制度化、法律化，使之在银行业的贷款业务中提供有力的督促与约束。

另外，还要加强与其他部门的信息交流，进行制度层面上的合作。相关法律部门可以制定一些行业性的指导政策，矫正银行在授信过程中对于行业类别划分不规范的行为，从产业结构的角度为绿色信贷的实施助一臂之力。在银行业内部应当出台绿色信贷实施和操作的具体细则和管理办法，至少要涵盖识别和评价环境风险的方法、贷前调查要点、科学的审批程序、有效的审批文件、统一的环境风险评价标准等内容，让相关法律的规定更加细化，便于业务的开展，建立自上而下的立体的、多层次的法律法规体系，确保绿色信贷的实施能够发挥调整产业结构的作用，促进经济与环境的可持续性发展。

（2）建立差异化"两高"行业退出模式。现在我国很多银行在实施绿色信贷的过程中严格执行"一刀切"" ·票否决"的制度，这种做法虽然落实了相关部门的产业发展政策和环境政策，但会使一些原本环境类指标达标的企业也遭到隔离，无法得到资金的支持，不利于企业的良性发展。"一刀切"并不适合我国的实际国情，我国更适合建立"差异化"的产业退出模式，使"两高"产业的退出既能适应当地经济发展的承载能力，保证地方经济的稳定增长，又能满足产业政策的要求，逐步实现绿色信贷对产业结构的调整。

差异化的退出机制可以采用制定"阶段性的退出时间表"的方式，分阶段分层次地使落后产业退出。例如，对于关系民生的重要产业或企业可以要求其在 1~2 年内先淘汰其非主要经济来源的项目或周边产业，在 3~5 年内逐渐转型主要产业，同时在过渡过程中要做好环境治理工作。在这个过程中需要绿色信贷资金的支持，扩大绿色信贷的服务范围，充分发挥绿色信贷的调节作用。

（3）完善绿色信贷与产业政策的对接机制。银行业应该设立专门的部门负责随时跟进国家的产业政策，及时获得相关信息，使银行的信贷工作与产业政策相协调。在贷款实现的过程中，应该评估好整个项目的生命周期与投资收益，综合考虑企业应该承担的环境责任、社会责任和经济效益，尽量避免在放贷过程中产生所谓的短视行为，要注重长远利益，让绿色信贷的制度参与经济运转的整个过程。在产业结构整合升级的过程中，要充分利用绿色信贷的导向和杠杆作用，积极支持产业结构优化调整。对于因为市场有效需求不足的产业，可以通过给消费者提供绿色信贷产品，刺激其对新产品的需求，还可以给相关企业提供绿色优惠贷款，促成其产品升级、企业重组上市，扩大市场占有率，走出国门。而对于产能落后、污染严重的产业，要严把其贷款入口，利用绿色信贷的标准迫使其进行技术改造、环境治理，淘汰不符合产业政策和环境政策的企业，加快产业结构的调整。

（4）优化环保信息披露和共享机制。金融机构在开展绿色信贷业务的过程中要做好前期准备工作，全面了解企业的环境信息与文化理念，从而投资符合产业政策与环境政策的项目。但是，金融机构与环保部门的信息不对称性对信贷业务决策产生了严重的不良影响。因此，环保部门和银行业之间应当建立有效的沟通机制，设立专门的部门和人员进行环境数据的收集和交换，将零散的信息进行整合，及时进行公开与披露，加强企业环保信息的可用性，提高绿色信贷的可操作性。同时银行业应及时反馈信贷过程中发现的问题与变化，将环保部门和银行业获得的信息进行同步，共同为绿色信贷的实施提供信息支持。

（5）落实绿色信贷的政府激励措施。我国相关的政府机构应该结合国外的案例经验，制定出一些有效的激励措施，使银行开展绿色信贷业务时有足够的动力，例如，对实施绿色信贷、积极落实国家宏观产业调整政策的这些银行，给予财政贴息、财政补贴等经济奖励。这样做一方面会使银行业维持正常的利润率，另一方面也会使其提高落实绿色信贷工作的积极性。国外的经验证明，政府补贴、贴息、税收优惠等激励措施能够充分调动银行实施绿色信贷的积极性，促进环保产业的发展。因此，我国应该借鉴先进的经验建立适当的激励体制，细化各主体在银行提供信贷支持过程中的责任，尤其要明确银行要承担客户污染环境的修复成本，有效避免银行在绿色信贷实施过程中怠于调查、监督的问题，提高银行的环境风险意识，使其自觉履行社会责任。

此外，还可以通过舆论宣传等方式给予非经济方式的激励，对环保工作效果出众、绿色信贷规模大的银行的事迹和经验进行宣传，鼓励其他银行借鉴先进经验和促进企业加强环境保护的力度，在社会上形成保护环境的良好风气，增强绿色银行的社会认可度和竞争力，更好地推进绿色信贷的发展。

（6）培养专门人才，创新绿色信贷产品。与国外的发展形势相比，我国绿色信贷还处在正在成长的阶段，因此，我们应该加大对绿色信贷产品的研究与创新，根据客户的性质、企业的规模、资金需求的种类和行业特征等，有针对性地开发适合市场需求的绿色产品。绿色产品的创新和发展都离不开人才的支持。现在我国银行业内部缺乏既懂信贷业务又精通国家产业和环境政策，能够正确评估项目环境风险的复合型人才。银行内部绿色信贷业务培训的方式已经不能满足银行在这一方面的人才需求，制约了绿色信贷产品的创新。建立绿色信贷专业部门，培养绿色信贷业务专门人才，已经成为银行业解决绿色信贷产品创新不足的重要突破口。银行应建立专业化的绿色信贷队伍，从理论知识培训到业务实践都要进行全面的培养，熟练掌握绿色信贷业务的操作流程，把准绿色信贷业务的风险点，探索防范和补救环境风险的应急措施，加强对项目环境风险的认识和理解。另外，还可以加强与国外的合作，学习其他银行的先进经验和管理办法，使我国的绿色信贷专门人才能够与世界先进水平保持一致。

　　总体来说，只有建立了具备全球视野、高素质、业务精通的队伍，绿色信贷产品的创新和发展才能够得以实现。

# 第11章

# 中国绿色债券的发行与流通

## 11.1 研究背景与文献综述

### 11.1.1 研究背景

近年来，环境问题日益突出，发展绿色经济越来越成为全球共识。为满足绿色企业的融资需求，绿色债券应运而生。2007 年，欧洲投资银行发行了全球第一只绿色债券，开启了绿色债券的发展之路。绿色债券是绿色经济发展的重要融资方式，能满足全球绿色经济发展的需求。

随着我国绿色产业的发展和传统产业绿色改造需求的日益增长，绿色金融越来越受到国内众多金融机构的追捧，成为社会各界关注的焦点。目前国内绿色债券市场的发展尚处于起步阶段，但是经过几年的探索与发展，其增长速度极快。构建绿色金融体系，建设绿色债券市场，可以帮助我们调动更多的社会资本应对气候变化和环境污染问题，以实现中国经济的绿色转型。

早在 2015 年，中共中央和国务院就提出了生态文明国家发展战略，并先后颁布了《中共中央国务院关于加快推进生态文明建设的意见》和《生态文明体制改革总体方案》，提出构建绿色金融体系。2016 年 3 月 17 日，全国人大通过的《"十三五"规划纲要》则明确提出了"建立绿色金融体系，发展绿色信贷、绿色债券，设立绿色发展基金"，构建绿色金融体系已成为国家生态文明建设战略布局的重要组成部分。2017 年 3 月 3 日，中国证监会发布《关于支持绿色债券发展的指导意见》，鼓励各机构发行的产品投资绿色公司债券，鼓励各机构开发绿色金融产品，说明绿色债券将来会成为中长期绿色项目融资的一个重要的金融工具。2018 年 3 月 14 日，中国人民银行发布《关于加强绿色金融债券存续期监督管理有关事宜的通知》，将进一步完善绿色金融债券存续期监督管理，重点核查发行人的经营状况，募集资金投向绿色项目的真实性和进度、绿色项目的筛选和决策程序的合规性，以及环境效益的实现情况等。2019 年 5 月 13 日，中国人民银行发布《关于支持绿色金融改革创新试验区发行绿色债务融资工具的通知》，鼓励试验区内企业通过注册发行定向工具、资产支持票据等不同品种的绿色债务融资工具，增加融资额度，丰富企业融资渠道。因此，探讨绿色债券对于促进我国绿色产业发展的可行性，具有一定的现实意义。

## 11.1.2　文献综述

（1）国外文献综述。怀特（White，1996）最先提出环境金融的概念。他认为环境金融就是在金融决策的过程中加入对环境影响的考虑，主要有三步：首先，通过环保审计、生态平衡分析、技术预测等方式确定风险来源和能够创造价值的机会；其次，运用价值评估、成本—收益分析、全成本核算等方法将资源分配货币化；再次，寻求能够增加价值或者规避风险的办法；最后，基于对成本、收益、不确定性的全面分析来作出决策。大卫·伍德和卡帝·格瑞斯（David Wood and Katie Grace，2011）认为绿色债券领域的增长取决于多种因素，包括发行者承接绿色项目的能力、发行规模、利益相关者对制定衡量标准的参与程度，以及投资者对债券的金融性需求和可持续性预期。第三代环境保护主义组织（E3G）的阿铭等（Amin et al.，2014）分析了中国低碳金融的发展道路，提到绿色债券市场的建设将会对筹集气候资金产生正面影响，并且银行在绿色债券市场的建设阶段可以扮演重要角色。

早先的研究将金融决策作为关注的焦点，强调在其中加入对环境的考虑。而后来的研究则多是考察发展绿色债券市场来解决融资问题的一些具体措施和可能存在的挑战，以及构建更加完善的绿色债券市场交易机制。

（2）国内文献综述。国内关于绿色债券的研究起步相对较晚，从 2014 年开始，我国关于绿色债券的研究就兴盛起来了。肖应博（2015）指出，要加快制定绿色项目的评估认定相关标准，建立健全评级标准与方法、完备的环境效益核算体系、信息披露制度、发挥开发性金融机构的优势和完善绿色债券发行流程配套支持政策来推进国内绿色债券市场建设。万志宏，曾刚（2016）认为，要鼓励绿色投资，提高绿色债券的吸引力，培育绿色投资者；监管部门协调一致，发布绿色债券市场监管准则和措施；扩大发行主体范围，鼓励政策性银行、商业银行和地方政府试点发行绿色债券。金佳宇、韩立岩（2016）

按照国别和行业归类比较绿色债券发展趋势，比较绿色债券和公司债券，从流动性、违约性等方面总结绿色债券的风险特征，认为在推广的初期，绿色债券的风险低，投资回报适中。中央和地方政府资金应该参与发行绿色债券，降低私人资本面临的风险，为绿色项目提供一个新的融资渠道。

国内的研究大多是研究我国绿色债券市场发展的现状，国外发行绿色债券的经验借鉴，以及如何建设更加健全的绿色债券市场。

## 11.2　绿色债券的概述

### 11.2.1　绿色债券的定义与特点

（1）绿色债券的定义。绿色债券（green bond）起源于 2007 年欧洲投资银行发行的气候意识债券，但是国际上对于绿色债券的定义并没有达到一致。2007 年，世界银行（WB）最先提出了绿色债券的概念，其将绿色债券定义为向固定收益类投资者募集资金，专项用于减缓气候变化或帮助受气候变化影响的人群适应变化的项目。而根据国际资本市场协会（ICMA）的定义，绿色债券是指直接或间接为气候、环境等可持续发展项目和计划融资的债券。

目前，在我国由监管部门对绿色债券进行定义的有两个，一个是发改委在《绿色债券发行指引》中将绿色债券定义为："募集资金主要用于支持节能减排技术改造、绿色城镇化、能源清洁高效利用、新能源开发利用、循环经济发展、水资源节约和非常规水资源开发利用、污染防治、生态农林业、节能环保产业、低碳产业、生态文明先行示范实验、低碳试点示范等绿色循环低碳发展项目的企业债券。"[①] 另一个则是中国人民银行在《中国人民银行公告〔2015〕第 39 号》中对绿色金融债券的定义："绿色金融债券是指金融机构法人依法发行的、募集资金用于支持绿色产业并按约定还本付息的有价证券。"[②]

（2）绿色债券的特点。近年来，全球绿色债券发行规模和数量都呈现出高速增长的特征，绿色债券为资金需求者打开了一条全新的融资渠道。绿色债券除了具备普通债券的基本特点以外，还有以下四个特点。

第一，发行人需要说明其支持项目的绿色属性。对于绿色债券投资者而言，除了发行人的信用评级外，最关心的就是筹资者对募集资金的使用情况，

---

① 中华人民共和国国家发展和改革委员会. 绿色债券发行指引［Z］. 2018 – 01 – 08.
② 中国人民银行. 中国人民银行公告〔2015〕第 39 号［Z］. 2015 – 12 – 15.

即是否投向了符合绿色发展的项目。因此，在发行前，发行人需先制定绿色项目指引，向投资者说明资金的主要用途、绿色项目的挑选原则以及内部管控的具体流程。即使在发行后，发行人也需要以年度可持续报告等方式及时向公众披露结果。

第二，绿色债券的融资成本相对较低。在 2013 年之前，大多数绿色债券的发行人为高评级的开发性金融机构、大型跨国公司以及政府，发行人本身信用背书使绿色债券往往能够享受较低的发行成本。此外，由于传统能源行业以及高耗能、高污染的产业日益衰退或发展受到限制，绿色和低碳项目受到了资本市场更多的青睐。同时，由于绿色债券往往带有公共效益，常常能够享受政府专项支持政策，使得绿色债券的发行利率要比普通债券低。

第三，发行绿色债券能够更好地满足长期融资的需求。由于绿色项目往往周期较长，且环境和可持续效应的实现及其评估同样需要较长的周期，使得相应的绿色债券的期限普遍较长，因此，对项目资金使用情况、项目执行情况，以及相应的环境、可持续性效应的评估等也显得尤为重要。

第四，有助于优化发行机构的投资者结构。随着国际社会对全球气候、环境问题的认识不断提升，环境、社会及治理标准逐渐引起国际市场大型投资者的特别关注。这些机构具有显著的长期投资特征，因此，发行绿色债券有利于优化其投资者结构。

## 11.2.2　绿色债券的分类

绿色债券与普通债券的分类方式大致上相同，不同品种的债券，发行机构、投资主体、交易市场等都有区别，了解不同的债券品种及相关市场情况，是进一步研究绿色债券市场的基础。

（1）按发行主体分类。绿色债券发行主体具有多样化的特征，根据发行主体的不同，目前活跃在我国资本市场上的绿色债券可以分为以下四种。

第一，绿色金融债。绿色金融债是由金融机构法人依法发行、募集资金用于支持绿色产业并按约定还本付息的有价证券，由中国人民银行核准发行和监管。

第二，绿色企业债。绿色企业债是指募集资金主要用于支持节能减排技术改造、绿色城镇化、能源清洁高效利用、新能源开发利用、循环经济发展、水资源节约和非常规水资源开发利用、污染防治、生态农林业、节能环保产业、低碳产业、生态文明先行示范实验、低碳试点示范等绿色循环低碳发展项目的企业债券，由国家发展和改革委员会核准发行和存续期监管。

第三，绿色公司债。绿色公司债是指在交易所发行的，支持募集资金用于支持绿色产业的公司债券，由交易所或中国证券监督管理委员会核准发行，由中国证监会监管。

第四，非金融企业绿色债务融资工具。非金融企业绿色债务融资工具是指在银行间交易商协会注册，在全国银行间债券市场发行和流通的，支持募集资金用于绿色产业的债务融资工具。

（2）按债券结构分类。根据债券结构，国际绿色债券分为特定收益用途绿色债券、特定收益用途绿色担保债券、绿色项目债券和绿色资产支持债券四类。

第一种，特定收益用途绿色债券。特定收益用途绿色债券的投资者对发行人有完全追索权，因此，绿色债券与发行人发行的其他债券有相同的信用评级。发行人将债券收益用于支持绿色项目的子资产组合，并自行规定使用范围，设置内部机制进行跟踪和报告。大部分国际金融组织发行的绿色债券采用这种结构。

第二种，特定收益用途绿色收益担保债券。特定收益用途绿色收益担保债券的投资者对发行人没有债务追索权，发行人以项目运行获得的收费、税收等收益作为债券担保。由发行人对债券收益的使用进行跟踪和报告。大部分市政债券采用这种结构。

第三种，绿色项目债券。绿色项目债券的投资人仅限于向指定具体项目的资产进行债务追索，即投资人直接暴露于项目风险下。

第四种，绿色资产支持债券。绿色资产支持债券的投资人可以向一个或者多个组合在一起的特定项目进行债务追索，具体包括资产担保债券，资产支持型证券（ABS）和其他结构型产品，一般以项目产生的现金流作为还款支持。

（3）其他分类方式。除此之外，绿色债券也可以按照传统债券的分类标准进行分类。如根据债券计息方式，绿色债券可以分为定息债券和浮动利率债券。根据募集方式的不同，有公募绿色债券和私募绿色债券等。

## 11.2.3　绿色债券与普通债券的对比

相比于普通债券，绿色债券主要在四个方面具有特殊性：债券募集资金的用途、绿色项目的评估与选择、信息披露要求，以及募集资金的跟踪管理。

（1）债券募集资金的用途。与传统债券不同，绿色债券所募集的资金应主要投向于绿色项目，鼓励发行者设立专门的账户实现专款专用。资金的应用范围较为广泛，覆盖包括能源、建筑与工业、水、废弃物与污染治理和农林业，但主要围绕交通和能源领域。目前，清洁能源是发行绿色债券最多的领域。

（2）绿色项目的评估与选择。国内定义绿色项目通常是指有利于改善气候、空气、水质、土壤、能源消耗等环境友好型或环境修复型项目。专业的环境评估和第三方认证机构在判断项目是否符合"绿色"标准，评估该项目带来的环境效益等方面发挥着重要作用。

在绿色债券发行后，中介和组织还进一步提供对资金用途和节能减排效益的监督报告和评估，有助于市场评价发行主体和债券所投资项目的环境表现。此外，专业的债券绿色评级也在开展实践。

（3）信息披露要求。相对于普通债券，绿色债券的信息披露要求更为严格和复杂。发行人需向投资人和社会证明募集资金使用在绿色项目中并产生真实的绿色效益，因此，监管机构对于绿色债券环境信息披露有着更高的要求，并鼓励由独立的第三方专业机构在发行前进行绿色认证或评估，在存续期对环境信息披露及环境效益进行第三方鉴证。

（4）募集资金的跟踪管理。绿色债券募集的资金款项应当转入二级投资组合，或者由发行人通过其他方式作为其贷款和投资业务的一部分加以跟踪管理。一旦确定符合资格的绿色项目，立即将资金拨付到发行人的主账户，以便分配给特定项目。

当前中国人民银行、沪深交易所均要求发行人针对绿色债券筹得的资金设立专门的账户或建立台账，对其到账、拨付及资金收回的整个流程进行管理，以保证募集资金专款专用。中国人民银行还规定在募集资金闲置期间，发行人可以将募集资金投资于非金融企业发行的绿色债券，以及具有良好信用等级和市场流动性的货币市场工具。

## 11.3　中国绿色债券的发行与流通

### 11.3.1　绿色债券的发行与流通

（1）绿色债券的发行原则。项目评估与筛选流程。绿色债券的发行人要建立项目评估和筛选流程，包括但不限于：建立合格的绿色项目池，明确项目评估和筛选流程，确定环境效益目标。

募集资金的使用与管理。绿色债券所募集的资金只能投资于对环境的可持续发展具有积极影响的绿色项目，并尽量将这种影响量化评估。通过发行绿色债券所募集的资金应转入新设或指定的专项账户，并建立完善的控制制度，确保绿色债券所募集资金投向的可追踪性。

信息披露。绿色债券的发行人应至少每年披露一次绿色债券所募集资金的使用情况，以及募投项目的预期环境效益和实现情况。鼓励发行人通过定性、定量指标定期地对外披露募投绿色项目的绿色效益。

（2）绿色债券的发行程序。绿色债券的发行程序与普通债券类似，但是绿色债券的发行相较于普通债券的发行具有一些特殊之处。

在绿色属性方面，首先，发行人应根据所发债券的类型，通过查阅相应的参考文件，确认募投项目是否在官方认定的范围内，以及是否达到具体的认定标准。目前绿色产业项目范围主要参考2015年底中国金融学会绿色金融专业委员会发布的《绿色债券支持项目目录》和国家发改委发布的《绿色债券发行指引》。其次，发行人最好能提供由独立的专业评估或认证机构出具的"第二意见"，就募集资金拟投资项目是否属于绿色产业项目进行评估与认证。

在选择发债类型方面，绿色债券的发行人在确认募投项目投向绿色产业项目之后，应依据项目特征和需要去选择绿色债券发行方案。目前来看，发行人在设计发行方案、设置期限、选择权、还本付息方式等方面都有较大的发挥空间，需要综合考虑的因素包括：企业性质、资产规模、募集资金用途、募投项目建设期、项目回收期、项目预测现金流情况等。

（3）绿色债券的流通过程。

我国债券的流通市场主要分为场内市场、场外市场，以及份额很小的商业银行柜台市场。场内市场指交易所市场，包括上海证券交易所和深圳证券交易所，国债、企业债、公司债、可转债等可以在这个市场上交易，参与者为除银行以外的各类社会投资者，属于集中撮合交易的零售市场，多是零散小额投资；场外市场指银行间市场，它是债券市场的主体，是面向机构投资者的批发市场，进行的都是大宗交易；商业银行柜台市场是银行间市场的延伸，也属于零售市场，但以个人投资者为主。

### 11.3.2　绿色债券案例分析——中国工商银行"一带一路"气候债券

中国工商银行发行了其第一笔接受认证的气候债券，总规模为21.5亿美元，三只分别为11亿欧元，4.5亿美元和4亿美元，债券期限为3~5年。中国工商银行此次发行的"一带一路"气候债券也成为中国发行人发行的单笔最大欧元绿色债券。在投资者分布方面，3年期欧元及美元两个发行品种中，欧洲投资者占有率均超过了 70%，投资者包括 ESG 投资者、主权基金、保险公司和企业。债券募集资金将用于合格绿色项目，包括可再生能源、低碳和低排放运输、能源效率、水的可持续等。这也是中国第一只针对国内外绿色标准而同时接受外部核查和气候债券认证的气候债券。我国获绿色债券认证的绿色债券详见表 11 - 1。

表 11 - 1　　　　　　　　　　获绿色债券认证的中国绿色债券

| 发行人 | 金额 | 币种 | 发行日 | 到期日 | 核查机构 | 市场 |
|---|---|---|---|---|---|---|
| 中国长江三峡集团 | 6.5 亿 | 欧元 | 2017 年 6 月 21 日 | 2024 年 6 月 21 日 | 安永 | 都柏林交易所 |
| 中国工商银行 | 4.5 亿 | 美元 | 2017 年 10 月 12 日 | 2020 年 10 月 12 日 | CICERO/中财绿融 | 卢森堡交易所 |
|  | 4 亿 | 美元 | 2017 年 10 月 12 日 | 2022 年 10 月 12 日 |  |  |
|  | 11 亿 | 欧元 | 2017 年 10 月 12 日 | 2020 年 10 月 12 日 |  |  |
| 国家开发银行 | 10 亿 | 欧元 | 2017 年 11 月 16 日 | 2021 年 11 月 16 日 | 安永 | 中欧国际交所香港联交所 |
|  | 5 亿 | 美元 | 2017 年 11 月 16 日 | 2022 年 11 月 16 日 |  |  |
| 中国银行 | 5 亿 | 美元 | 2017 年 11 月 22 日 | 2022 年 11 月 22 日 | 安永 | 泛欧交易所 -巴黎 |
|  | 10 亿 | 人民币 | 2017 年 11 月 22 日 | 2020 年 11 月 22 日 |  |  |
|  | 7 亿 | 欧元 | 2017 年 11 月 22 日 | 2020 年 11 月 22 日 |  |  |
| 中国工商银行 | 5 亿 | 美元 | 2018 年 6 月 11 日 | 2021 年 6 月 11 日 | CICERO/中财绿融 | 伦敦证券交易所 |
|  | 5 亿 | 美元 | 2018 年 6 月 11 日 | 2023 年 6 月 11 日 |  |  |
|  | 5 亿 | 欧元 | 2018 年 6 月 11 日 | 2021 年 6 月 11 日 |  |  |

资料来源：中国金融信息网绿色债券数据库。

## 11.4　中国绿色债券发展现状及问题分析

### 11.4.1　中国绿色债券市场的发展现状

与国外近 10 年的绿色债券发展历程相比，中国绿色债券市场起步较晚，但发展势头强劲。虽然我国在 2014 年就开始了绿色债券的尝试，但是直至 2015 年 12 月，中国人民银行发布《关于发行绿色金融债券有关事宜的公告》，才标志着我国绿色债券市场正式启动。自 2016 年中国绿色债券市场启动以来，截至 2018 年末，中国境内和境外累计发行绿色债券 326 只，发行总量达到 7 454.797 亿元。其中，境内发行 294 只，发行总量达到 6 297.637 亿元。

（1）发行规模。据统计，2018 年全年中国在境内和境外累计发行绿色债券（包括绿色债券与绿色资产支持证券）142 只，规模达 2 655.69 亿元，约占同期全球绿色债券发行规模的 24.01%。气候债券倡议组织（CBI）数据显示，2018 年中国绿色债券发行规模位居全球第二位，美国、中国和法国的绿色债券发行规模占据全球总量的 47.34%（如图 11 - 1 所示）。

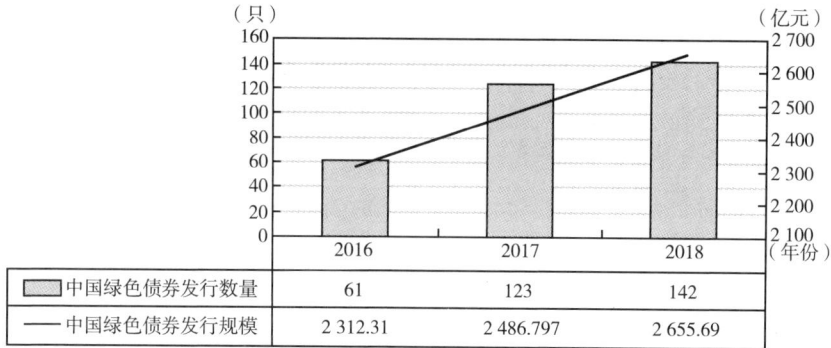

| （只） | | | （亿元） |
|---|---|---|---|
| 中国绿色债券发行数量 | 61 | 123 | 142 |
| 中国绿色债券发行规模 | 2 312.31 | 2 486.797 | 2 655.69 |

**图 11 - 1　2016 ~ 2018 年中国绿色债券发行情况**

资料来源：中国金融信息网绿色债券数据库。

（2）发行主体。从发行主体来看，商业银行在 2018 年绿色债券发行中仍占据主导地位，绿色债券发行规模占本年绿色债券总发行规模的 66.5%。随着大型商业银行成为常规发行人，更多的地方性和区域性商业银行也加入绿色债券发行的行列，如北京银行、东莞银行和烟台银行等。2016 ~ 2018 年中国绿色债券发行主体情况详见表 11 - 2。

**表 11 - 2　　　　　2016 ~ 2018 年中国绿色债券发行主体情况**　　　　　单位：%

| 年份 | 资产支持债券 | 商业银行和其他金融机构 | 企业 | 政府支持机构 | 政策银行 |
|---|---|---|---|---|---|
| 2016 | 2 | 73 | 20 | 1 | 4 |
| 2017 | 6 | 47 | 22 | 10 | 15 |
| 2018 | 6 | 66.5 | 21 | 2.5 | 4 |

资料来源：中国金融信息网绿色债券数据库。

（3）期限。无论是从发行金额还是从发行数量来看，目前我国发行的绿色债券的期限主要为 3 年和 5 年。2018 年，境内绿色债券（不包括绿色资产支持证券）的发行期限覆盖 2 年到 15 年期。其中，3 年期和 5 年期发行数量最大，占比分别为 44% 和 20%。相比 2017 年，新增 4 年期绿色债券发行期限，同时长期债券发行有所下降，2015 年期仅 3 只，规模 65 亿元（如图 11 - 2 所示）。

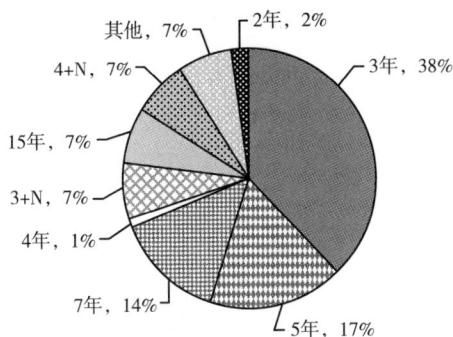

**图 11 - 2　2018 年绿色债券占比（数量）**

资料来源：中国金融信息网绿色债券数据库。

（4）信用级别。从绿色债券的信用级别来看，目前我国发行的绿色债券以 AA + 及以上的高评级为主。相比于 2017 年的发行情况，2018 年境内所发行的绿色债券（不包括绿色资产支持证券）信用层级更为丰富。其中，AAA 级绿色债券发行数量仍占比最大，为 58.76%。此外，2018 年首次出现债项级别为 A + 的绿色债券（如图 11 - 3 所示）。

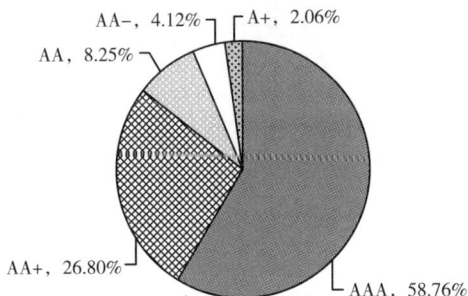

**图 11 - 3　2018 年绿色债券评级占比（数量）**

资料来源：中国金融信息网绿色债券数据库。

（5）发行市场。从绿色债券的发行市场来看，银行间债券市场是我国绿色债券目前的主要发行场所。从发行金额来看，2018 年银行间债券市场的发行金额占比达 58.52%；从发行数量来看，银行间债券市场的发行数量占比为 53.17%。银行间债券市场上主要的发行金额和发行数量来自绿色金融债（如图 11 - 4 所示）。

（6）募集资金用途。从整体上看，2018 年绿色债券募集资金投向清洁能源领域的金额最高。根据中国人民银行发布的《绿色债券支持项目目录》中的领域进行划分，2018 年在中国发行的所有的绿色债券中，清洁能源是中国

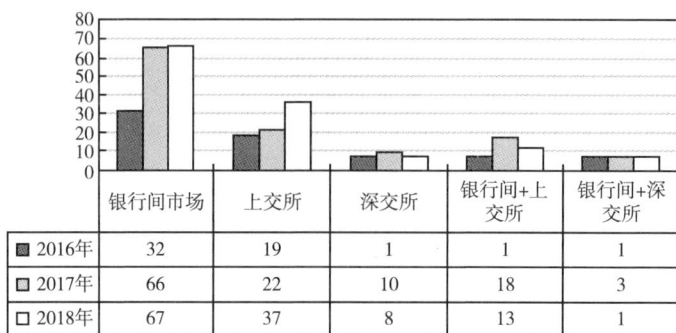

| | 银行间市场 | 上交所 | 深交所 | 银行间+上交所 | 银行间+深交所 |
|---|---|---|---|---|---|
| ■ 2016年 | 32 | 19 | 1 | 1 | 1 |
| ▨ 2017年 | 66 | 22 | 10 | 18 | 3 |
| □ 2018年 | 67 | 37 | 8 | 13 | 1 |

**图 11 - 4　2016 ~ 2018 年各场所绿色债券的发行数量**

资料来源：中国金融信息网绿色债券数据库。

绿色债券募集资金应用最多的领域，约占总应用领域的 34% ；其次是清洁交通，所占比例为 19% ；再次是资源节约与循环利用，占总应用领域的 10% ；另外，污染防治占比 9% ；节能占比 5% ；应用最少的领域为生态保护和适应气候变化与补充营运资金，所占比例均为 2% （如图 11 - 5 所示）。

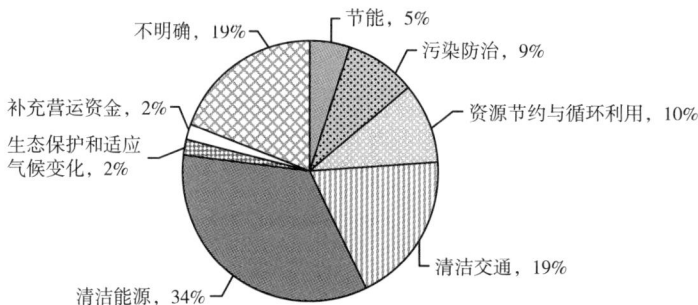

**图 11 - 5　2018 年绿色债券募集资金用途**

资料来源：中国金融信息网绿色债券数据库。

## 11.4.2　中国绿色债券的创新——2018 年的多个"第一"

（1）第一只来自轨道交通企业的绿色债券。2018 年 4 月，天津轨道交通集团在卢森堡证券交易所发行了 4 亿欧元的绿色债券，是天津辖内企业在境外发行的第一单欧元债券、第一单绿色债券、中资地方国企首单欧元绿色债券和中资交通运输行业首单境外绿色债券。募集资金用于低碳运输、污染防治、能源效率和可再生能源方面的合格绿色项目。合格的低碳运输项目包括铁路建设和维护、电网线路升级、信号系统升级以提高容量和可靠性、采用增加空气流通和空气过滤的技术、设置隔音屏障，以及提高铁路道岔的效率。

（2）第一只由可再生能源电价附加补助作为基础资产的绿色 ABS。国家电力投资集团有限公司是中国五大发电公司之一，于 2018 年 11 月发行了 18 亿人民币的绿色 ABS。这是中国首个以可再生能源的电价附加补助作为基础资产的绿色 ABS。创建与可再生能源收入流完全相关的抵押品池是一个积极的市场发展。

### 11.4.3　中国绿色债券市场面临的问题及原因

目前我国绿色债券市场的发展整体向好，绿色债券的发展适应了当前经济转型期的绿色发展要求，正逐渐受到社会各界的关注。绿色债券作为债券的一种，可以参照传统债券市场的架构，因此，其发展具有一定的基础；但作为一种新的投融资工具，绿色债券在我国起步较晚，相对还不够成熟，因此，仍存在一些问题。

（1）政策规章之间协调性不足。我国债券市场实行分部门多头监管、界定标准不一，导致了各监管机构在绿色债券的定义上的不一致，以及部分绿色项目的标准与国际标准不协调。

中国人民银行发布的《关于发行绿色金融债券有关事宜的公告》与上海证券交易所均采用中国绿色金融专业委员会关于绿色的定义，但是发改委发布的《绿色债券发行指引》关于绿色的定义与其有所不同，这导致了我国绿色债券判定标准的不同。不同监管主体在绿色定义方面的差异会增加发行主体、投资者和监管机构的交易成本，从而阻碍我国绿色债券的规模化发展。

另外，我国绿色项目标准与国际标准也存在不一致的现象，一方面，这可能会降低国际投资机构的投资意愿；另一方面，为确保我国绿色债券符合国际绿色项目标准，可能会需要发债主体提供相关证明，从而增加交易成本并降低对国际资本吸引力。

（2）对绿色债券的绿色认证不够成熟。绿色认证是绿色债券发行过程中的关键步骤，虽然我国已有本土的绿色债券的第三方认证机构，但我国绿色债券认证还存在一定的问题。

首先，不同认证机构采用的绿色债券评估体系不同，有的侧重于由国际资本市场协会（ICMA）联合 130 多家金融机构共同出台的《绿色债券原则》的四项核心要求，有的侧重于对环境效益的量化以及对绿色程度的评估，这导致认证结果的偏差。

其次，不同认证机构采用的评估方法也存在差异，有的采用国际认证业务的标准方法 ISAE3000，有的却采用材料审读、对比以及对管理人员进行访谈等方式，绿色认证评估报告的质量难以保证。

最后，不同认证机构依据的评估标准也有所不同，有的只依据于《绿色债券原则》，有的则更注重政策性文件，这导致投资者难以依据一个确定的标准对不同认证机构出具的评估报告进行横向对比。

（3）绿色债券市场的参与度较低。与国际绿色债券市场相比，目前我国的"绿色主体"结构单一、参与度低，具体表现在以下四个方面：一是我国绿色债券的发行主体大多局限于获得银行间债券市场准入资格的企业与机构，发行资格受限；二是绿色债券品种相对比较单一；三是绿色债券的投资者局限于获得可参与银行间债券市场准入资格的投资机构，投资者结构受限，对社会资本吸引力下降；四是由于目前绿色投资理念滞后，市场对带有社会责任特征的绿色金融产品的投资热情低于追求资产价值最大化的传统类金融产品，进而导致绿色投资主体结构单一、积极性不高、投资总量不足等问题，对政府特设基金的依赖制约了我国绿色债券的规模化与可持续性发展。

## 11.5　中国绿色债券的发展前景

（1）实现中国绿色债券指引与国际实践的统一。国内市场现有的绿色债券标准主要包括中国人民银行发布的《关于发行绿色金融债券有关事宜的公告》，以及国家发改委发布的《绿色债券发行指引》。2016 年 3 月上海证券交易所发布的《关于开展绿色公司债券试点的通知》从债券挂牌交易实务的角度，对前述两项标准进行了补充。实现中国绿色债券指引、实践与国际实践、指引和标准机制之间的协调统一，有利于国际投资者投资我国绿色债券。

（2）扩大绿色债券的发行主体范围。借鉴国际经验，从管理层面出台相应政策，扩大绿色债券的发行主体范围，积极推动地方政府、政策性银行发行绿色债券，同时，鼓励发展绿色资产证券化产品和绿色项目收益债券等，发行主体的范围将不断扩大。此外，结合人民币国际化进程和"一带一路"等有利时机，境内机构可以到境外发行绿色债券，推动绿色债券的跨国或国际发行。

（3）政策扶持，从而提高绿色债券吸引力。一是对部分投资者实行最低额度管理，主管部门可以将商业银行投资绿色债券的规模和比例纳入考核范围，对公募基金、社保基金投资绿色债券设定比例下限；二是对绿色债券投资者实行税费减免；三是提高绿色债券的流动性，允许绿色债券用于质押，同时降低其纳入质押库的评级门槛和提高其标准券折算率；四是扩大绿色债券的流通交易场所，允许其在银行间债券市场、交易所市场、商业银行柜台市场等自由交易流通，同时可以进行质押回购；五是降低商业银行投资绿色债券的风险权重，缓解商业银行的资本压力，释放更多的绿色债券投资空间。

（4）丰富绿色债券品种，促进绿色债券市场多元化发展。根据现阶段我国绿色债券市场的发展程度，适度引进国际绿色债券品种，并进行有针对性的绿色债券产品创新，吸引社会资本参与。针对国际资本市场设计绿色债券品种，吸引国际资本。针对较为成熟的国外绿色债券市场，发行人民币计价绿色债券（熊猫绿色债券），募集海外资金支持国内绿色经济发展。

（5）规范绿色债券第三方认证管理体系。绿色认证是国际上发行绿色债券的普遍做法，其目的在于详细阐述募集资金的投向和使用，从而提高债券的信息透明度，吸引更多投资者。针对我国目前绿色认证不够成熟这一问题，可以借鉴国际做法，规范绿色认证。相关主管部门可以牵头制定适合我国国情的"绿色债券认定规则"，明确绿色认证机构的准入门槛、行为准则，规范绿色认证机构的行为。

# 第12章

# 中国绿色金融基金与信托发展

## 12.1  绿色信托的相关概念

### 12.1.1  绿色信托的概念与优势

绿色信托作为绿色金融体系的重要组成部分，主要是指信托公司运用贷款、股权投资、债券、资产证券化等多种金融工具，通过信托型政府和社会资本合作产业基金、可交易绿色权益融资、公益信托等方式为绿色产业、绿色公益发展提供的信托产品与服务。信托为绿色企业提供的金融服务不只限于资金融资，还包括财产权信托、资产证券化等服务。

以信托形式为绿色企业提供融资服务，可确保资金的稳定性。由于信托财产所有权和受益权相分离，使得信托财产免于委托人或受托人的债权人追索，具有很好的风险隔离功能，因此，以信托形式发放贷款可保证资金的稳定性和安全性。

此外，信托还具有很强的灵活性，凡是具有一定价值的资产都可以作为信托财产设立信托。在为企业提供融资服务时，信托业可以充分发挥其灵活的制度优势，在有效控制投资风险的前提下，突破传统金融机构对绿色企业的融资束缚，广泛开展产业基金、股权投资、可转债融资等金融创新；同时信托公司部门设置呈现扁平特征，决策效率较传统金融机构高，融资限制条件少，项目审批时间短，可为绿色企业提供更加便捷的融资通道。

信托涉足绿色产业还可以拓宽客户资产配置渠道，提高投资分散性。近年来，政府持续加大绿色产业支持力度，加快绿色金融体系建设，拓宽绿色企业融资渠道，使得绿色项目投资风险较小，非常适合信托融资。另外，在宏观经济增速放缓、下行压力不断增大的背景下，信托面临传统业务萎缩、监管政策趋严、市场风险积聚等挑战，业务创新压力增加，为了摆脱经营困境，信托公司迫切需要挖掘市场需求，而具有政府支持的绿色产业无疑将成为信托首选的投资领域。

## 12.1.2　我国绿色信托的发展现状

目前，我国信托业不断探索支持节能减排、环境保护、清洁能源等绿色产业新模式、新业务，将"绿色信托"作为行业创新转型的重要方向。2016 年8 月 31 日，中国人民银行联合 7 部委下发了《关于构建绿色金融体系的指导意见》，这是我国首次正式建立绿色金融的政策框架体系。截至 2016 年末，信托公司存续绿色信托项目 284 个，存续资金规模 1 021.9 亿元，绿色信托规模占信托资产总规模的 0.76%，信托已经成为绿色金融体系中的重要组成部分。

根据中国信托业协会《中国信托业社会责任报告 2018~2019》披露的相关数据，截至 2018 年，绿色信托资产管理规模为 1 326.23 亿元，绿色信托项目数量为 413 个。这些进一步表明，我国信托业积极贯彻落实党的十九大关于"加快生态文明体制改革，建设美丽中国"的战略部署，引导信托资金投入绿色发展项目，不断创新绿色信托模式。同时，信托业还积极开展绿色信托研究，积极参加绿色环保活动，以实际行动支持绿色发展。2018 年，信托公司积极开展绿色植树活动、地球一小时、低碳出行等环保活动，共计 69 次，活动参与人数达 5 179 人次。

绿色信托已成为支持国家绿色产业发展的重要力量，绿色信托所涉足的产业类型主要包括风电、光伏发电、水电、生物能源、节能改造、污水处理、环保基础设施建设、碳金融等。除了具体项目的信托融资外，也有信托公司与集团企业开展战略合作，例如，构建专业的能源产业投资平台、设立各类环保产业基金等，以产融结合的方式开展全产业链业务。越来越多的信托公司走向绿色发展之路，一方面体现在日常经营活动中；另一方面发挥金融调节和引领作用，引导信托资金投向绿色环保产业。五矿信托募集资金 5 亿元，以股权投资方式投资于新型煤化工企业，为煤化工产业链上企业的技术革新、产品升级和发展循环经济提供了强大的金融支持；中信信托将慈善与绿色叠加，通过设立慈善信托助力绿色经济，该公司设立的"阿拉善 SEE 环保慈善信托"，资助致力于荒漠化防治、绿色供应链与污染防治、生态保护与自然教育、环保公益行业发展等领域的初创期中国民间环保组织，支持了更多民间环保公益组织投身于环境保护（见表 12-1）。

表 12 – 1　　　　　　　　2008～2017 年信托在环保领域的应用情况

| 时间 | 受托人 | 融资方 | 规模（元） | 期限（月） | 资金投向 |
|---|---|---|---|---|---|
| 2008 年 8 月 | 中铁信托 | 西部水务集团有限公司 | 2 000 万 | 24 | 污水处理和自来水项目建设 |
| 2009 年 5 月 | 华宸信托 | 奈曼旗污水处理厂 | 3 500 万 | 36 | 配套管网及污水再生利用 |
| 2009 年 5 月 | | 通辽市木里图污水处理厂 | 4 000 万 | 36 | 5 万吨污水项目建设 |
| 2010 年 7 月 | | | 5 000 万 | 24 | 5 万立方米/日中水回用项目 |
| 2013 年 7 月 | | | 7 970 万 | 36 | 污水处理厂扩建工程 |
| 2013 年 12 月 | 山东信托 | 山东国环产业投资有限公司 | 5 000 万 | 24 | 污水处理二期项目及收购项目 |
| 2014 年 8 月 | 天津信托 | 天津宁河万泰现代产业建设投资有限公司 | 2 亿 | 24 | 污水处理厂项目建设 |
| 2014 年 12 月 | 中江信托 | 南县污水处理公司 | 1 亿 | 24 | 污水处理厂及配套管网 |
| 2014 年 12 月 | 华宸信托 | 阿拉善右清源给排水有限公司 | 4 000 万 | 40 | 污水处理工程项目建设 |
| 2015 年 5 月 | 中泰信托 | 江城水务有限公司 | 3.3 亿 | 24 | 污水处理厂建设及城乡水厂的经营管理等 |
| 2015 年 8 月 | 中江信托 | 遵义水务投资有限公司 | 2 亿 | 24 | 遵义苟江经济开发区污水处理工程项目建设 |
| 2015 年 11 月 | 北方信托 | 国中（天津）水务有限公司 | 5 000 万 | 12 | 太原污水处理项目 |
| 2016 年 1 月 | 中航信托股份有限公司 | 北京蓝景圣诺尔公司 | 2.7 亿 | — | 京津冀地区煤改电项目、燃煤锅炉改造、地区供暖项目 |
| 2016 年 8 月 | 农银汇理基金管理有限公司 | 新疆金风科技股份有限公司 | 12.75 亿 | 60 | 运营特定风电场并向电力公司提供上网电力项目 |
| 2017 年 4 月 | 金谷信托 | 北控水务集团 | 21 亿 | — | 发行国内首支绿色资产支持票据（ABN） |

　　资料来源：根据 2017 年公开资料整理。

　　2018 年，信托业在社会责任相关的业务领域投入继续扩大，在公益慈善、社会基础设施建设、新兴产业支持、绿色环保、医疗教育养老等方面都有更大的贡献。2018 年，信托业在《"十三五"国家战略性新兴产业发展规划》的指引下，不断创新投融资机制，通过产业基金、并购基金、股权投资等多种形式和新兴产业实现有效对接，向战略性新兴产业提供资金支持 2 382 亿元，有效地促进了相关产业的持续健康发展，增加了我国经济发展的后劲和活力。在绿色经济方面，据可估算环境效益的绿色信托项目统计，绿色信托项目累计节约标准煤 75.99 万吨，减少排放 180.52 万吨二氧化碳当量。胡萍（2018）指出，发展绿色信托可以引导社会资金向低能耗、低排放和低污染产业流动，加快社会经济资源配置向绿色领域集聚。未来绿色信托的发展应从注重规模转向对绿色信托社会效益的量化。

## 12.2　绿色信托的主要模式

绿色信托产品主要包括融资类绿色信托业务和绿色信托基金。

### 12.2.1　融资类绿色信托

融资是信托公司的传统业务领域，除操作绿色信贷业务外，还可发挥特定资产或其收益权投资的业务特色，针对绿色产业轻资产、传统抵押担保品不足的特点，创新抵押担保方式，在融资领域与银行业务形成互补。特定资产（或其收益权）投资信托是指信托资金用于受让融资人持有的特定资产（应收债权、股权、不动产使用权、所有权等具有财产价值的权利）或其对应收益权，到期一般由融资人进行溢价回购。特定资产（或其收益权）适用于水、电、气、热、污水处理、固废处理等环保领域，且投资模式灵活。此外，还可以创新运用于未来将形成的、可能带来稳定现金流的财产权利，大大丰富了绿色企业的融资手段，使信托公司在绿色项目建设、运营的不同阶段均可满足其资金需求。

### 12.2.2　绿色信托基金

绿色基金类信托业务主要包括绿色产业基金、PPP 绿色产业基金、绿色产业并购基金、绿色慈善公益信托基金等业务类型。

绿色产业基金以股权（含设立子基金）、债权或股债结合的夹层融资等形式向融资人提供资金支持，投向环保、生态相关基础设施的投资、建设或运营。融资人或第三方向产业基金分红、溢价受让股权或偿债。绿色产业基金可使融资企业通过撬动资金杠杆来满足绿色基础设施建设的资金需求，缓解阶段性出资压力，推动项目快速启动，并且灵活采用委托贷款、股权投资、股债组合等信托业务模式，来满足融资人不同阶段的融资需求。

PPP 绿色产业基金是指以 PPP 模式设立的信托投资基金，旨在推进绿色环保领域的项目建设。在具体实施过程中，通常由社会资本承担设计、建设、运营维护基础设施的大部分工作，并通过"使用者付费"及必要的"政府付费"来获得合理的投资回报。信托计划可通过财产权投资、资产（或其收益权）投资、设立有限合伙企业、组建产业基金等方式，为政府认可的绿色 PPP 项目实施主体或投资主体、融资人提供资金支持，以满足 PPP 项目在设计、建设、运营或管理阶段的资金需求。

绿色产业并购基金可以通过放大杠杆的方式在短期内募集大量资金投入绿色项目并购，促进环保产业链的整合优化，弥补银行并购贷款存在的不足，对于有投资、并购绿色产业需求的上市公司而言，绿色产业并购基金也是一种体外培育并购标的的理想方式。

绿色慈善公益信托基金以"发展环境保护事业，维护生态环境"为目的，由信托公司为受托人对信托财产进行管理运作，通过信托监察人及严格的信息披露保障信托目的的实现。2014 年已经有自然保护公益信托成立，项目聘请了社会组织担任该公益信托的咨询顾问，会计师事务所担任信托监察人，律师事务所担任法律顾问。绿色公益信托是信托公司普及绿色发展理念，汇集社会资源，推动公益信托升级的重要途径。

## 12.3　PPP 绿色产业基金

### 12.3.1　PPP 绿色产业基金的内涵

PPP 环保产业基金是 PPP 模式与环保产业基金的结合，是 PPP 模式应用的一种创新形式，是绿色金融产品的创新。环保产业有利于我国推行绿色经济实现可持续发展，具有正的外部性，但处于发展初期，目前面临公共财政资金投入吃紧、社会资本进入渠道不通等问题。PPP 环保产业基金既吸取了传统产业基金股权融资的优势，又考虑了环保产业的特殊性，引入 PPP 模式，使得政府财政资金和社会资本融合，政府监管和私人运营结合，解决了环保产业发展中的资金、技术投入等关键问题。我国设有的绿色基金，是针对节能减排、低碳发展、环境优化改造项目而建立的专项投资基金。例如,广东绿色产业投资基金,由广东省科技厅、深圳市国融信合投资股份有限公司、香港建基国际集团有限公司合作设立,是国内较典型的环保产业投资基金,而该基金的设计考虑了公私合作,初步具有 PPP 环保产业基金的设计理念。

### 12.3.2  PPP 绿色产业基金的运作模式

(1) PPP 运作模式。PPP 模式的典型结构是政府部门通过招投标方式确定合作的私人部门,政府部门与中标部门签订特许经营协议,公私双方共同出资组建项目公司,由项目公司按照约定进行筹资、项目建设及后期运营。双方的经营行为、权责分配等均受特许经营协议约束。项目公司在直接协议的前提下,与银行等金融机构签订贷款合同,取得项目建设经营所需资金。项目公司与私人部门通过协议约定实现风险共担与收益共享。PPP 项目公司根据项目需要选择设计方、承包方、材料供应商以及项目运营公司等。PPP 运作模式如图 12-1 所示。

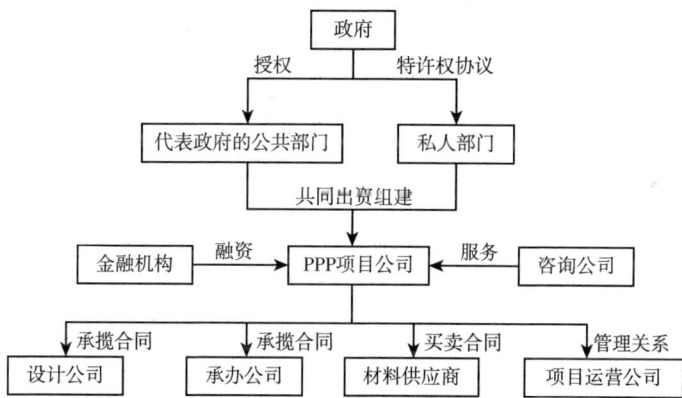

**图 12-1  PPP 运作模式**

(2) PPP 绿色产业基金运作模式。PPP 绿色产业基金模式的运作流程一般可以分为准备阶段、招投标阶段、合同谈判及签订阶段、项目建设运营阶段以及项目移交阶段。流程如图 12-2 所示。

第一,前期准备阶段。环保产业 PPP 项目在前期准备阶段包括两个方面的工作:一是可研工作,二是项目准备工作。政府部门应首先对项目的性质、盈利模式进行适用性分析,在此基础上确定是否采用 PPP 模式。在确定采用 PPP 模式后,即可开始进行相关的项目准备工作,完成项目立项、招投标准备等相关工作。前期阶段的准备工作交由有资质的咨询公司完成。

第二，招投标阶段。环保项目 PPP 模式运作中的招投标阶段的工作与其他 PPP 项目并无大的差异，政府组织相关部门和专家对投标方案进行投标人资质和技术水平两方面的评审，确定中标资格候选人。

第三，合同谈判及签订阶段。环保产业 PPP 项目具有规模大、建设周期长的特点。作为一个新兴的产业，其盈利模式和市场前景的不确定性较大，需要对项目后期可能遇到的多种情况做好提前预测，就项目的投资方式、双方的权责分配、合同期限、风险分担等进行详细磋商，合同将成为项目工作开展的依据。

第四，项目建设运营阶段。合同签订后，由专门成立的项目公司开始项目的融资安排，并与相关单位签订有关协议，进入项目的建设运营阶段。项目公司按照合同约定项目建设，政府部门进行必要监督，建设完成后由项目公司在特许期内进行运营，并以此收回投资并获取一定回报。

第五，项目移交阶段。特许经营期结束之后，项目移交给政府部门，为了确保项目的顺利运营，私人必须将有关技术进行完整转让，同时，政府部门可以选择由政府部门的相关机构接管项目，也可以委托私人部门继续进行运营。根据特许权协议，移交可以是无偿的，也可以是有偿的，在我国目前的实践经验中以无偿为主。

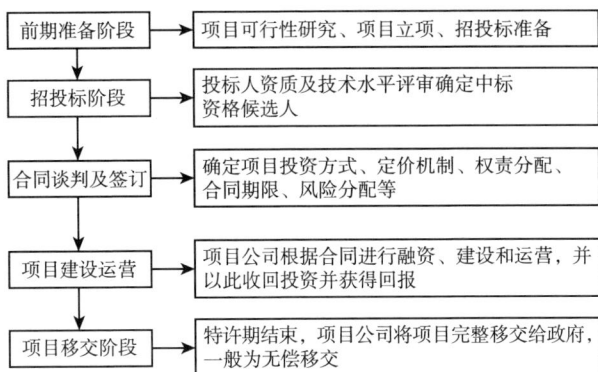

**图 12 - 2　PPP 绿色产业基金运作模式**

自 2002 年建设部提出建立政府特许经营制度以来，PPP 投融资模式在各个地区、各个领域已得到广泛运用，多元化的投资结构已经初步形成。而绿色产业基金拥有资金来源广、投资期限长、无须抵押担保等优势，私有资本进入环保产业对缓解目前环保产业发展困境的现状具有一定作用，并通过引入竞争机制，提升了环保产业资金利用效率。同时，平衡好公私双方的利益关系也是采用 PPP 模式的核心问题。

### 12.3.3　PPP 绿色产业基金运作的成功案例

#### 案例 1：广安市洁净水行动综合治理

本项目包括 97 个污水处理站建设、西溪河水环境综合整治、污泥处理和资源化利用等工程，总投资 29 亿。项目采用 BOT（build-operate-transfer，即"建设-运营-移交"模式）运作方式，以污水处理、污泥处置设施特许经营权作价覆盖总投资约 4.55 亿元。社会资本方为中信水务产业基金管理有限公司。项目公司资本金 9 亿元，剩余 16 亿元资金缺口由项目公司通过银行融资解决。合同期限 30 年。

#### 案例 2：如皋市同源污水处理厂一、二期提标改造和三期扩建项目

本项目包含对现有污水处理厂进行提标改造及三期扩建，相当于 PPP 投资模式的 ROT（rehabilitate-operate-transfer，即"改建-运营-移交"模式）形式，总投资 3.85 亿元，其中征地拆迁、管网配套费用 2.35 亿元由政府配套支持，社会资本方如皋市同源污水处理公司（同时也是项目公司）出资 1.5 亿元，用于厂区范围内的投资建设。本项目合同期限为 30 年，回报机制为政府付费。

#### 案例 3：北京高安屯垃圾发电项目

北京高安屯垃圾焚烧发电厂项目采用 BOO（build-owen-operate，即"建设-拥有-运营"模式）形式的 PPP 投资模式建设，是北京市环境保护基础设施的重点工程，也是北京 2008 年奥运工程的重点项目。由金州环境集团负责投资、建设和运营，特许经营期为 30 年。该项目位于朝阳区楼梓庄乡高安屯无害垃圾处理中心第一、第三堆肥区内，占地面积 70 亩。投资方为美国金州集团有限公司、北京金州工程技术有限公司、北京国朝国有资产运营有限公司、北京华联达环保能源技术开发有限公司。

#### 案例 4：重庆市合川区钱塘镇污水处理厂项目

为从机制上解决乡镇污水处理厂存在的人才、经费、管网、监管上的问题，重庆市引导专业化的环保公司参与环境治理，环投公司负责搭建招投标平台和监督实施；重庆市财政给予专项补贴、区县政府出资购买服务，保障乡镇污水处理经费。2015 年 11 月，重庆德和环境工程有限公司通过招投标成为重庆市合川区钱塘镇污水处理厂的运营方（属于 PPP 投资模式的"管理合同"MC 运作形式）。该环投公司取得重庆 36 个区县乡镇污水处理设施的特许经营权，接收 756 座已建成的乡镇污水处理设施，其余正在接收中；120 多家专业

化的环保公司采用 PPP 投资模式参与建设、运营，能运行的污水处理厂新增 124 座，在建和新建项目顺利推进。

**案例 5：南京市城市建设投资控股集团污水处理 PPP 项目**

2014 年 11 月，南京市城市建设投资控股集团的城东污水处理厂和仙林污水处理厂经过资产整合重组，引入社会投资人北控水务（中国）投资有限公司和北京碧水源科技股份有限公司，实现了国有财政投资的市政污水处理行业项目进行 PPP 投资模式的转换，完成了 TOT（transfer-operate-transfer，即 "转让 – 运营 – 移交" 模式）项目投资形式的实施。北控水务（中国）投资有限公司和北京碧水源科技股份有限公司通过将这部分投资的资产注入上市公司，实现资产证券化（ABS）。

# 12.4　中国绿色信托的成功案例

中国信托业协会披露的数据显示，国内信托公司在 "绿色信托" 方面已经与环保企业开始了初步的合作，其中较具代表性的应属云南宜良污水处理厂的信托筹资计划——云南水务集合资金信托项目。宜良素有 "滇中粮仓" 之称，随着宜良城市化的加速，城市人口的增加导致流域水环境逐年恶化。宜良政府决定新建宜良县污水处理厂，解决城区污水收集、输送、处理、排放问题，消除水体污染，改善宜良自然生态环境。项目预计总投资 2 000 万元。信托项目受托人为中铁信托有限责任公司，筹资企业是西部水务集团（贵州）有限公司。双方共同出资组建贵州西部城投投资有限公司，负责项目的建设管理。

污水处理厂建设资金采用信托的方式融资，由中铁信托面向社会筹资，委托人资金门槛设为 30 万元，期限 2 年，共筹资 2 235 万元。为降低风险，该信托计划采取了担保及抵押手段，将贵州西部城投投资有限公司对项目公司的股权质押给受托人；同时，西部水务集团（贵州）有限公司为项目公司的贷款向受托人提供不可撤销连带责任担保。

中铁信托将信托资金采用股权加债权的方式用于云南宜良污水处理项目建设：一部分信托资金采用股权投资方式与西部水务集团（贵州）有限公司共同组建贵州西部城投投资有限公司，用于云南师宗县、禄丰县、沾益区的污水处理和自来水项目建设；一部分信托资金采用债权方式贷给贵州西部城投下属的项目公司，信托期限为 2 年，到期后由项目公司归还贷款，贵州西部城投投资有限公司回购股权并退出。

# 12.5　绿色信托基金的国际借鉴

## 12.5.1　国外绿色基金的起源

在 20 世纪 60 ~ 70 年代环保运动的影响下，世界上第一只将环境指标纳入考核标准的绿色基金——卡尔弗特平衡投资组合基金（calvert balanced portfolio A）于 1982 年在美国面世。它采用积极筛选的投资策略对环境保护较好的企业进行投资，资金总额目前已超过 8.69 亿美元。英国于 1988 年推出了第一只绿色基金——梅林生态基金（merlin ecology fund，后更名为 jupiter ecology fund），成为欧洲最早发行绿色基金的国家之一。

之后，荷兰、比利时也相继发行了本国第一只绿色基金。在日本，绿色基金虽然起步较晚，但自日兴资产管理有限公司（Nikko）资产管理公司于 1999年发行第一只绿色基金——日兴生态基金（Nikko eco-fund）以来，绿色基金已经发展成为日本 SRI 的主体；2000 年中国台湾发行了瑞银生态绩效基金（UBS eco performance fund），这也是大中华区第一只绿色基金，这极大地改变了亚太地区 SRI 落后的局面。

## 12.5.2　国外绿色基金的发展现状

在美国、日本、西欧等地，绿色基金得到了很大的发展。不同国家由于市场发育程度的差异，其绿色基金表现出不同的形式。在美国和西欧，绿色基金的发行主体主要为非政府组织和机构投资者；在日本，则以企业为主。

（1）美国绿色基金的发展现状。美国最初没有专门设立绿色基金，只在 SRI 基金内纳入生态投资。自美国诞生第一只绿色基金以来，例如绿色世纪权益基金（green century equity fund，GCEF）等更多绿色基金在市场相继推出，带来了良好经济生态效益，这也促使更多 SRI 将生态环境纳入筛选范围，并以股东对话的形式增加对企业环境议案的讨论次数，从而构成了美国初期的绿色基金。

1996 年美国成立了社会投资论坛（U. S. SIF），它为生态投资提供了广阔的交流平台，同时也标志着美国包括绿色基金在内的 SRI 进入高速发展阶段。1997 年美国绿色基金资金总额为 195.73 亿美元（见表 12 - 2），仅占 SRI 总额的 1.5%；而后两年增长了 5 倍，于 1999 年达到 1 182.63 亿美元；之后虽有波动，但总体呈现上升趋势，到 2005 年绿色基金资金总额高达 1 500 亿美元，在 SRI 的份额上升到 6.55%。

随着 SRI 在美国的普及，截至 2010 年，美国对包括环境在内的环境、社会和治理投资（即 environment，social，governance，ESG）总额高达 2.51 万亿美元，ESG 基金数量由 1995 年的 55 个上升到目前的 493 个。可见，绿色基金在美国的发展已进入相对成熟阶段。

表 12 - 2　　　　　　　　　　美国绿色基金发展情况

| 年份 | 绿色基金金额<br>（亿美元） | 纳入 SRI 筛选比例<br>（%） | 以股东对话讨论环境议案<br>（个） |
|---|---|---|---|
| 1997 | 195.73 | 37 | — |
| 1999 | 1 182.63 | 79 | 54 |
| 2000 | — | — | 49 |
| 2001 | >1 015.00 | >50 | 64 |
| 2002 | — | — | 77 |
| 2003 | 1 605.50 | — | 80 |
| 2004 | — | — | 85 |
| 2005 | 1 500.00 | — | 91 |

资料来源：根据社会投资论坛发表的《美国 1997 ~ 2005 年的社会责任投资趋势报告》的数据进行整理。

（2）日本绿色基金的发展现状。第二次世界大战后，日本奉行"经济第一主义"，以牺牲环境为代价的粗放型经济增长模式给生态环境和国民健康造成了严重的危害，被公认为"世界公害大国"。20 世纪 70 ~ 80 年代，许多污染型企业在环境诉讼中败诉，给企业形象和声誉造成了很大的影响，这使企业逐步认识到环境绩效的改善能节约成本，提高公司的诚信和可靠度，增加企业利润，从而极大地促进了绿色投资在日本的发展。

自 1999 年发行第一只绿色基金（Nikko eco-fund）之后，日本推出了 8 只绿色基金，例如"global environment""environmental protection"等。在 1999 ~ 2001 年间，《日经新闻》发表了 234 篇关于绿色基金的文章。从绿色基金数量来看，1999 ~ 2001 年共发行 12 只绿色基金，资产总额达 867.82 亿日元。之后的几年，绿色基金的发行几乎处于停滞状态，总量不足 4 只，但 2007 年单年发行绿色基金数 20 只，发展势头强劲。2008 年以来，由于受到国际金融危机的影响，日本绿色基金的发行量呈逐年下降的趋势，但 2009 年日本市场绿色基金总量共 42 只，资产总额高达 2 403 亿日元，总体仍维持在较高水平。1999 ~ 2009 年日本绿色基金单年新发行数量如图 12 - 3 所示。

（只）

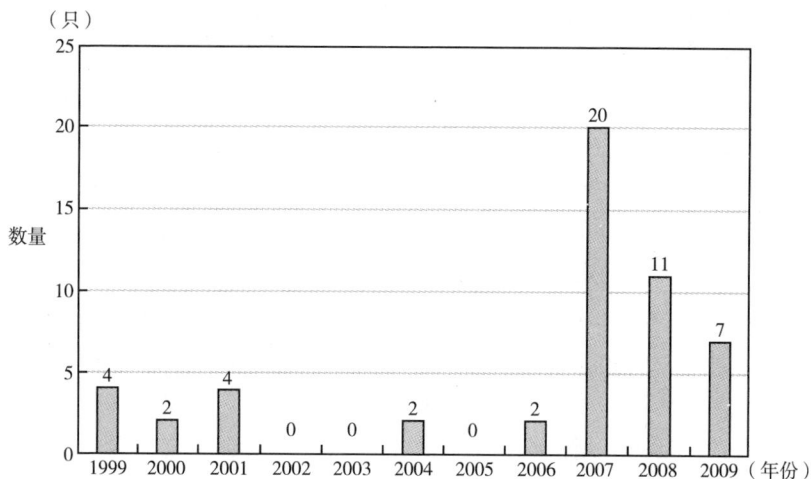

**图 12 - 3　1999 ~ 2009 年日本绿色基金单年新发行数量**

资料来源：日本责任投资论坛（SIF-Japan）。

随着日本环境披露制度和相关法律法规的不断完善，日本绿色基金的市场运作更加规范化和制度化；另外，环境保护意识和绿色投资理念在日本企业和民众中得到强化，使得绿色投资在日本取得长足进步，既取得了良好的经济效益，又推动了生态环境的改善。

（3）其他地区绿色基金的发展现状。在西欧地区，绿色基金是社会责任投资的第三代金融产品。相比前两代，第三代金融产品更加专注于某一个具体的领域（例如环境），绿色基金就是在此背景下发展起来的。与美国一样，早期西欧国家的绿色基金占整个 SRI 的份额较小。1989 年以前，西欧绿色基金仅 18 只，其中英国有 13 只，资产总额不到 10 亿欧元，占 SRI 的比例不到 1%。但到 2010 年，包括绿色基金在内的绿色、社会、道德基金达到 879 只，资金总额高达 752.65 亿欧元。同时，西欧绿色基金的发展具有明显的地域差异：早期英国绿色基金发展一枝独秀，但后来被法国、瑞士等赶上；2010 年法国、英国、瑞士和比利时四国的绿色、社会、道德基金资产总额就占到整个西欧 SRI 资产总额的 76%，而在德国、西班牙等国家绿色基金发展相对缓慢。

在拉丁美洲和非洲，由于资本市场发育程度较低，绿色基金还没有得到投资者的认可和重视，总体发展滞后。

## 12.5.3　国外绿色基金的发展对我国的启示

为了促进中国绿色信托基金的发展，本书认为，应综合市场调节、政府调控和民间推动等力量，在绿色投资绩效评价体系的构建、企业决策和投资理念转变等方面开展工作。

（1）完善绿色投资绩效评价体系。第一，健全筛选制度。国内企业和绿色基金应积极参考较为成熟的筛选指标体系以及全球报告倡议组织（globe report initiative，GRI）发布的"环境保护和可持续发展"指标体系，并结合国内企业的实际，构建适合我国绿色投资资金的筛选指标体系。第二，建立绿色基金指数。目前国内的泰达环保指数选取的 40 只样本股主要涉及在机械设备、公用事业和能源中从事环保产业的企业，还未将环境绩效好的企业纳入其中，这难以起到促进一般企业自觉改善其环境绩效的作用。因此，应将环境绩效好的企业纳入评价体系，建立覆盖范围更广的基金指数，为绿色基金投资者提供更充足的信息。第三，增加绿色基金产品。目前国内金融市场绿色基金产品十分缺乏，导致有生态环境投资倾向的投资者缺少投资渠道。因此，应通过市场调节，积极鼓励社会养老基金进行生态投资，并以共同基金、私募基金等方式进行融资，建立绿色基金，这样既可以分担风险，又可以活跃市场，为广大投资者提供绿色投资渠道。

（2）强化企业责任，引导绿色投资。首先，建立企业"环境信息披露"制度，增加企业的环境信息透明度。世界上很多国家都通过立法要求企业编制环境报告书，并对外发布，例如，英国 2000 年修订的养老金法案，要求上市企业发布环境信息。而在我国，自愿进行环境信息披露的企业还很少，政府也未出台相关法律法规强制要求企业进行环境信息披露。因此，政府应颁布行业自愿环境信息披露条例，建立环境报告制度，这不仅可以迫使企业改善自身环境绩效，而且可以为绿色基金的发展提供制度保障。其次，政府应通过经济杠杆的调控，降低绿色投资风险。由于市场和投资者投资技能的影响，绿色基金的业绩在短期可能表现不佳，需要政府通过税收、入股等经济手段进行调节，降低绿色投资的税率，增加股金，以便在短期内引导投资者走出低谷，起到市场"守夜人"的作用。

（3）发挥非政府组织的作用。非政府组织对欧美绿色基金的发展起到了关键性作用。例如，1996 年英国建立的世界上第一个社会投资论坛（UK social investment forum，UKSIF）对包括绿色投资在内的 SRI 具有里程碑意义，它为 ESG 投资搭建了良好平台；2001 年成立的亚洲可持续发展投资协会（ASrIA）也通过培养 SRI 产品、提供研讨会、专题学术会议等，推动了亚太地区企业责任与可持续金融实务。我国也应积极成立类似的组织，推动绿色基金的发展。

# 12.6　绿色信托对经济发展的作用

## 12.6.1　绿色信托的战略意义

绿色信托包含四个层面的战略意义：第一，在国家层面，开展绿色信托符合国家构建绿色金融体系的发展格局；第二，在公司治理层面，开展绿色信托符合公司坚持可持续发展的价值理念；第三，在业务类型层面，开展绿色信托符合向绿色产业倾斜的发展趋势；第四，在员工行为层面，开展绿色信托符合倡导健康生活的个人追求。以此为蓝图，可以从战略、组织、文化、活动四个维度构建绿色信托生态圈，形成公司与客户及合作伙伴共识共赢的可持续发展模式。

目前中国人民银行等七部委联合印发了《关于构建绿色金融体系的指导意见》（以下简称《指导意见》），从金融机构、金融市场、国内外金融领域多角度阐述支持发展绿色金融的举措和任务，是贯彻中央坚持创新、协调、绿色、开放、共享发展理念，建构绿色金融体系的顶层设计。《指导意见》为信托行业的绿色发展转型提供了良好的政策环境和方向指引。在绿色信贷资产证券化、资本市场绿色投融资、绿色发展基金、绿色金融衍生品等多个角度，信托公司均可以寻找新的发展机会和空间。信托业主动回应国家绿色金融发展的战略诉求是顺势转型发展的行业责任，有助于信托行业融入国家绿色金融体系的总体格局。

建构绿色信托的概念可以从社会责任与社会价值两个角度展开。按照社会责任国际标准，以遵守行业及业务发展的法律法规为底线，考虑相关利益方期望，坚持可持续发展以增加社会成员的福祉，落实于具体措施并切实执行是企业社会责任的基本内涵。同时，信托行业应发挥信托制度优势和金融机构优势创造更多的社会价值，将超越利润价值的社会价值纳入信托公司的行为模式和业务创新。这种社会价值要求信托公司以企业公民的身份，在为受益人谋求信托利益和为股东创造利润的基础上，融入环境、资源、生态等多种考量，通过提升公司声誉价值和道德价值将财富价值的创造引入更为广泛的社会价值范畴，从而实现绿色信托的更高层次追求。由此，绿色信托应以履行社会责任为基础，通过信托制度优势不断发挥以及金融活动可持续开展，不断创造社会价值，进而实现优化资源配置、服务实体经济、促进生态文明。

## 12.6.2　绿色信托的社会价值创造

绿色信托的绿色金融概念的运用，将激励社会资本提高项目实施效率、改进管理和提高绩效水平，从而降低公共服务成本，提高公共服务质量。而政府对于企业的环保性的监管机制与监管需求也进一步要求企业加强项目履约，负担起更为重要的社会责任。

信托行业已经开始探索绿色信托的发展方向。部分信托公司将绿色信托和可持续发展作为公司中长期战略发展规划，为信托公司和信托行业的转型发展提供长远视野。在制度创新方面，随着我国《慈善法》的颁布实施，八家信托公司作为慈善信托的受托人成功发行了近十个慈善信托产品，以实际行动推动着社会财富的合理导向，实现财富创造的社会效益，通过业务模式创新增加社会价值。在绿色发展基金方面，信托公司通过深入开展政府与社会资本合作的 PPP 模式，积极将社会资本引入国家绿色产业发展战略，采取符合市场机制的市场手段，有机结合代表公共利益的政府诉求与代表社会资本的创富主体诉求，实现社会价值的平衡与增益。在保障民生方面，无论是支持城镇化建设，还是创新土地流转信托，抑或开展农业产业基金，信托公司在支持"三农"建设的可持续发展方面，均积极提升改善民生的社会价值。

## 12.7　绿色信托实践的障碍及建议

### 12.7.1　绿色信托实践的障碍

（1）相对绿色信贷而言，信托行业贷款成本相对过高。从盈利特点上看，绿色环保行业存在着短期盈利不足的缺陷，企业年收益率一般在 3% ~ 10% 之间，但信托方式的投资资金要求的回报率在 10% 左右，虽然最近有下降趋势，但是仍远高于企业盈利水平。

（2）信托投资绿色环保行业回报周期长。不管是从前端技术革新带来长期收益，还是从后端环境治理带来环境正外部性，其体现收益的周期都很长，对于资金的要求就相对较高，同时资金要求的回报也就高。

（3）信托投资绿色环保行业规模小。我国的绿色环保行业发展并没有得到充分的社会资源的支持，且起步较晚，相关环保意识也薄弱。因此，企业自身实力较弱小，规模整体偏小；并且环保市场需求不足，市场总体份额小。

（4）绿色信托展业风险较高，政策体系有待完善。与传统信托业务相比，绿色信托业务具有一定的公共产品和服务特征，普遍存在前期投入大、投资周期长、收益不确定等特点，信托公司面临较多的展业风险。在这种情况下，需要在政府、社会资本之间合理界定各方权利义务，充分发挥财政资金的引导作用，使绿色信托业务的风险可控，投资回报率达到合理水平。

（5）基础设施不完善，市场配套机制尚待建立。目前，国内统一的可交易绿色权益流通市场尚未建立。以碳排放为例，目前尚未建立全国性的碳排放交易所，碳排放定价机制也尚未形成，交易流转主要采用协议转让的方式。此外，绿色项目专业服务市场亟待发展。绿色项目通常较为复杂，专业性强，为准确地揭示风险，需要包括信用评级、资产评估、数据服务、律师事务所、会计师事务所等在内的专业机构提供服务。

（6）产品模式单一，缺乏专业运作团队。目前信托公司成立单独的团队专业化运作绿色信托的数量较少，相关领域的展业经验不足。纵观市场，绿色信托产品以向绿色企业发放信托贷款的模式为主，股权、债权、资产证券化、PPP 等方式较少被采用。绿色信托规模占信托资产余额的比例尚不足 1%。

## 12.7.2　绿色信托实践的建议

（1）宏观方面。

第一，健全信托法制体系和环境保护法制体系。万事法为先。在我国，推动任何方针、政策都必须依靠法律这一强大的武器。因此，构建绿色金融法律框架，结合环境保护法与金融法，妥善琢磨规则制度的细则，并且配套相关的支持政策成为亟待解决的问题之一。只有建设了健全的法制体系，才能够确保社会资源流向环境友好型的企业，实现可持续发展。

第二，完善绿色信托监管机制和评价体系。评价体系的建立是宏观层面监控绿色金融实施的必由之路，也是绿色信托能够发展的前提。这要求我们必须做到信息体系的有效构建，对市场上各个交易对手的真实情况有足够的了解，这实际上也就是监管机制的建立。有效的监管才能准确把握企业的真实信息，才能准确评价绿色金融的实践情况，才能够依照法律法规，对号入座、各司其职。

（2）微观方面。

第一，大力发展绿色金融信托模式。如前面所述，绿色金融的发展在我国现有的模式中必须要打破陈规，勇于创新。大力发展绿色金融在信托行业的业务，通过集合信托方式，开拓创新，寻找满足市场的新结构，通过合理、专业的风险控制实现资金的融通，对我国现阶段优化产业结构，加快经济发展方式转型具有重要意义。

与此同时，对于信托行业本身的特点而言，在国内的大环境下，单一信托蜕变为通道业务，必须要警惕投机企业通过单一信托方式以绿色信托之名，行偷取政策红利之实。在我国，集合资金信托模式下的绿色信托具有避开这种缺陷的优势，因此，大力发展集合资金信托结构下的绿色金融实践，才能够完整地发挥绿色信托的优势。

第二，创新绿色信托产品，降低融资成本。前面提到，成本高是绿色信托最大的障碍之一。在我国，绿色金融的实践尚处于初级阶段。"赤道原则"的执行也只有兴业银行一家稍有建树。就兴业银行而言，其绿色金融的实践事实上也是由政策推动型为主，并未将绿色金融的概念深入到企业，没有彻底贯彻绿色金融的理念到信贷审核、公司战略中。

因此，不能只是单一的依赖既有的业务模式，更不能依赖政策的红利。在开展绿色信托的时候，结合市场需求，及时有效地开发出能够满足各交易方利益的新结构、新产品，才是绿色信托的生命力之所在。

第三，建立激励机制，提高效率。从信托公司和贷款企业整体来看，大的政策环境对绿色金融的扶持政策会使得履行坏境义务的企业，包括信托公司，获得更多的政策优惠，得到更多的好处。这从外部直接激励着企业整体进行绿色金融活动。在前面的阐述中这一点体现在绿色信贷、"赤道原则"等诸多方面。然而仅从外部对企业进行激励是不够的。必须建立企业内部自身的激励机制，内外结合，外部激励所期待达到的效果才能够具体实现。

因此，信托公司和企业应该建立内部激励机制，宣传环境保护意识，推广绿色金融理念。从绿色经营、绿色办公等小事做起，将绿色金融理念深入到工作中；培养企业人员对于环境保护的责任感，确保企业员工能够从环境保护中得到属于自己的利益；将外部激励细化到内部激励中去，用每一个员工的积极主动来推动整体的绿色金融发展。

第四，把握绿色环保产业重点项目。我国发展绿色金融离不开国家政策的支持，当地政府的重点环境保护项目是绿色信托的必争之地。重点环境保护项目不仅有政策红利的优势，更具有规模大、安全性高、风险小等特点，且由于有政府政策的支持，其收益也相对有保障。因此，发展绿色信托必须抓住绿色环保产业重点项目，作为突破口，紧跟政府政策导向，赢得市场，树立口碑，专业发展，实现良性循环。

但是，在选择重点项目的同时也需要结合当地政府的实力、国家政策的导向等，对项目本身作综合评估，防止因政府换届而导致项目搁浅，或是因国家政策导向发生转变而丧失政策红利，不能盲目追随重点项目。

# 第13章

# 中国碳金融及其衍生品发展

碳金融市场，是温室气体排放权交易以及与其有关的金融活动和交易的总称。随着经济的国际化程度日趋提高，碳交易市场也不断活跃起来，引起人们广泛的关注。各国政府和机构都采取了相应的措施来发展碳经济，由此形成了多层次的碳金融体系。自从 2005 年的《京都协定书》通过实施后，以减排为核心目标的绿色发展模式成为经济转型升级的战略方向。碳金融市场迅速发展起来，交易规模数倍增长，对环境的保护起了积极的作用。我国在碳金融市场中也发挥着重要的作用，虽然目前还处于发展的起步阶段，但是发展潜力巨大。

## 13.1 碳金融市场体系

### 13.1.1 碳金融市场的产生

随着各国工业的不断发展，温室气体的排放量日趋增多，并且无法有效控制。1992 年 6 月，《联合国气候变化框架公约》正式出台，简称《框架公约》。该公约是由全球 150 多个国家共同制定，其作用是为了减缓全球气候变暖。该公约的目标是于 2050 年，全球温室气体排放量降低 50%。1997 年，在日本东京，《框架公约》的成员发表通过了《京都协定书》，用来补充和完善《框架公红》的内容，成为其具体的实施纲领。由于发达国家的工业是温室气体产生的主要原因，针对这一状况，《京都协定书》设定了在既定时期（2008~2012 年）温室气体排放量的目标，规定了各国所需要达到的具体目标，要求各国在 2012 年相对比 1990 年的排放量整体减少 5.2 个百分点，欧盟减少 8 个百分点，美国减少 7 个百分点，日本和加拿大减少 6 个百分点。该目标取得了成功。

为了减少各国的减排项目成本，《京都协定书》增加了一些补充性的市场机制。联合实施机制：该机制是《框架公约》附录 1 中出现的国家之间能够自由转换和交易减排单位的交易。清洁发展机制：该交易机制是附录 1 名单中的国家和发展中国家（即非附录 1 名单的国家）之间的交易。发达国家如果要减少单位排放量，可以通过对发展中国家投资或是直接购买的产品的方式来达到目的。国际排放权交易：该交易机制是附录 1 名单中的国家为了控制各自排放量之间的交易。每个成员国可以按照国际合约分配得到既定的碳排放指标，并且根据实际的经济情况买卖该指标，从而达到排放的标准。

《京都协定书》通过这三种补充机制，把温室气体排放变成了可以自由交易的无形商品，这样既能够达到减排的效果，还能够为碳金融提供发展动力的源泉。各成员国可以按照自己发展的实际情况来调整排放约束，如果约定的排放额度影响到了本国经济发展，那么，该国可以通过买入排放权或是向发展中国家买入排放产品来解决这种约束，或是研发新技术来降低排放成本。

### 13.1.2　碳金融市场的交易工具

（1）碳现货交易品种。碳的排放权是基础交易产品，也是原生产品。碳现货交易品种主要分为配额市场的碳排放配额和项目市场的碳核证减排量。碳排放配额主要有 EUA 和 AAU，碳核证减排量主要有 CER、ERU 等。

（2）碳金融衍生产品。原生的基础产品产生后，随着金融机构的不断增多，一系列的相关金融衍生产品也迅速发展。碳排放配额及核证减排量为碳金融衍生品提供基本框架，形成碳远期、期货、期权、掉期等衍生品，具备价值发现、套期保值、降低成本等功能。交易方式可分为交易所市场和交易所外市场（OTC），前者交易的是标准化的碳期货或期权合约，后者是买卖双方针对碳产品的价格、时间、地点等经过谈判达成协议，例如掉期（SWAP）等衍生品。

碳远期交易双方约定在将来某个确定的时间以某个确定的价格购买或者出售一定数量的碳额度或碳单位，是为规避现货交易风险的需要而产生的。清洁发展机制（CDM）项目产生的核证减排量通常采用碳远期的形式进行交易。项目启动之前，交易双方签订合约，规定碳额度或碳单位的未来交易价格、交易数量以及交易时间。其为非标准化合约，一般不在交易所中进行，通过场外交易市场对产品的价格、时间以及地点进行商讨，但由于监管结构较为松散，容易面临项目违约的风险。

碳期货属于标准化交易工具，交易原理在于套期保值。购买者通过在碳期货市场进行与碳现货市场相反的买卖操作来达到套期保值的目的，锁定碳融资收益。交易双方事先将未来交易的时间、资产、数量、价格都确定下来，其具备风险规避和碳价格发现的双重功能。目前碳配额排放单位 EUAs 通常采用这种方式进行交易。碳期货交易一般在交易所中进行，也有少数参与场外交易市场交易。

现存的碳期权实际是碳期货期权，即在碳期货基础上产生的一种碳金融衍生品。碳期权的价格依赖于碳期货价格，而碳期货价格又与基础碳资产的价格密切相关。目前国际上比较著名的碳期权有欧洲气候交易所（ECX）2005 年推出的欧盟配额（EUA）期权。全球金融市场的动荡所带来的避险需求，吸引工业企业、能源交易公司以及基金等经济实体参与，碳期权产品及市场功能愈加多元化、复杂化。

碳排放权互换是指交易双方通过合约达成协议，在未来一定时期内交换约定数量，不同内容或不同性质的碳排放权客体或债务。投资者利用不同市场或者不同类别的碳资产价格差别买卖，从而获取价差收益。

随着全球气候治理行动的推进，碳配额及排污权、水权等环境产权，以及天然气、电力等清洁能源的大宗交易的发展步伐势必加快。世界银行在其《2010 年碳市场现状和趋势》报告中估计，碳市场在 2030 年有望超过石油，成为全球最大的大宗商品市场。而我国作为能源消费与碳排放的大国，在面临巨大减排压力的同时，也孕育了碳金融市场巨大的发展空间，使之成为大宗商品市场未来最具潜力的领域之一[①]。

## 13.1.3　碳金融市场的交易机制

《京都协定书》实施以后，许多国家和企业以及组织都在为此计划做准备，其中有加拿大的气体排放计划、澳大利亚的新南威尔士交易所、芝加哥气候交易所以及许多企业的一些内部交易。这些组织体系的成立，促进了国际间碳经济的最初发展。在 2005 年《京都协定书》正式生效后，各国政府越来越关注碳金融的发展。大国间市场交易体系的建立，推动了碳金融市场体系的发展（见表 13 - 1）。

---

① 中国碳排放交易网：http://www.tanpaifang.com/tanjinrong/2017/0411/59000.html.

表 13 - 1　　　　　　　　　　　　　国外碳金融交易所概况

| 交易所 | 欧洲气候交易所 | 芝加哥期货气候交易所 |
|---|---|---|
| 成立时间 | 2004 年 | 2005 年 |
| 交易制度 | 会员制 | 会员制 |
| 交易形式 | 货币、股权、债权、非现金 | 货币、股权、债权 |
| 交易产品 | 主要是 EUA 类产品和 CER 类产品（现货、远期、期权、期货和互换等） | 经认证的减排期货和期权、碳金融工具（CEI）期货等 |

资料来源：根据各国气候交易所官方网站整理。

（1）欧盟交易机制。欧盟于 2005 年 1 月率先建立了欧盟排放交易体系，该体系中规定了欧盟成员国的排放配额。这些受到管制的国家的企业可以分配到相应的排放配额，并且按照企业实际的发展状况进行配额买卖。如果企业的真正排放数量低于该企业所分配的排放量，那么该企业可以将未排放的排放权放到排放市场上出售，获取利润；反之，必须到碳交易市场上购买相应的排放量。否则，将得到欧盟委员会的惩罚。欧盟委员会规定，企业只要每超过 1 吨二氧化碳的排放量，就将被罚款 40 欧元。该制度目前还处于发展初期，为了有效控制碳排放量，欧盟会员会还将进一步加大惩罚力度，把罚款额度提高至每顿 200 欧元，并且把超额的排放量从次年的企业排放许可量中扣除。由此可见，欧盟排放交易体系奖惩的目的是为了有效地控制碳排放量，对排放少的企业给予较高的利润，使其以在保护环境的同时获取较高利润的经营方式进行减排工作。

由于欧盟是多个国家形成的共同体，所以欧盟的交易体系采取相对自由、灵活的分权化治理模式。该体系下的成员国有着高度的自主决策权，这是欧盟排放交易体系与其他排放体系的最大不同之处。目前，参加欧盟交易体系的国家数量高达 28 个。这些国家的国情不尽相同，具体表现为经济水平、国家制度、企业生产技术、管理结构的不同，成功地使用分权化治理模式，欧盟既可以完成减排工作来实现环境的保护，还考虑到了各个成员国的情况不同，有效地平衡了各个国家之间的利益关系，达到了环境与权益的双赢效果。

欧盟交易体系分权化治理主要是为了解决排放总量的分配、设置、排放权交易的登记等方面出现的问题。例如，该体系在制定各国的排放数量方面，欧盟是先由成员国按照自身的实际情况决定自己国家的排放量，然后相加汇总形成欧盟的总体排放量。但是各个成员国提出的碳排放量必须合理，符合欧盟碳排放交易的各项指标，此后各国确定的排放量交由欧盟委员会进行审批，审核通过以后才可以发布该排放量。发布的排放量必须严格遵循《京都协定书》中的指标。各国有着相同的体系与原则，所以各国的排放权一旦发布就不得改变，但是各国可以根据本国的实际情况，把排放权按照自主决定的比例投放到不同的产业中去。此外，排放流程的监督、排放权的交易和实际排放量的确认等都是硬性指标，每个成员国都必须遵守指标。因此，欧盟排放交易体系是这些国家共同遵循碳排放交易标准的独立体系的联合体。

（2）美国交易机制。由于美国能源企业在政界巨大的政治影响力，布什政府反对设置全国性碳排放总量并退出《京都协定书》主要是被这些能源巨头所影响。美国每个州的情况都有所不同，各州的政治决策之所以有所差异，在很大程度上是被利益集团所控制。所以每个州温室气体减排的参与度也被各种利益集团所影响。在美国区域排放交易体系中，除了加州，基本没有能源大州的参与。因为加州政府的环保意识较强，环保团体具有先进的环保政策和高效的行动力。

（3）日本交易机制。在 2009 年哥本哈根会议上鸠山由纪夫曾做出承诺，以 1990 年为基数，到 2020 年，日本将削 25% 的温室气体排放。但是，鸠山由纪夫下台后，日本政府改弦易张，从各个方面否定《京都协定书》。日本宣称没有中国和美国参与，《京都协定书》是没有意义的，而美国也在 2011 年德班会议前宣称，如果中国没有承担具有法律约束力的责任，美国就拒绝参加《京都协定书》，日本和美国以此来逼中国就范。

日本和加拿大在国际气候会议上的态度转变很大，但是日本在国内的态度很明朗，积极保护环境，在 2013 年 4 月启动强制性碳排放交易机制，与在筹划的韩国碳金融市场实现对接。日本环境省的一名官员表示，希望通过做好国内的准备工作，提供对国际气候谈判的帮助。彭博咨询公司东京碳市场分析师中村勇吾表示，碳交易需要总量限制机制在日本的工业界并不受欢迎，而且日本的气候立法也会受到国会的阻碍。

## 13.2　中国碳金融市场的发展现状

### 13.2.1　碳金融市场发展的国际背景

（1）国际碳金融市场蓬勃发展。2005 年国际碳金融体系还处于萌芽时期，其交易总额度为 100 亿美元左右；由于多个国家随后的参与，到 2008 年，交易数量已经飙升了 1 260 亿美元，其中，基于配额交易占据市场的主导地位。2008 年，基于配额的交易金额为 920 亿美元，占据碳金融交易市场的 74%；基于项目的交易金额为 72 亿美元。此外，以 CMD 为基础的碳金融交易的相关现货、远期、期货市场后来居上，2008 年的市场交易金额为 260 亿美元，是

2007 年的 5 倍，占据碳金融交易市场的 21%。2005 年全球交易的碳信用为 8 亿吨 $CO_2$ 当量，交易总额达到了 9.5 亿欧元。2006 年全球交易的碳信用飙升至 16 亿吨 $CO_2$ 当量。由于二级市场的价格上涨，交易额更是增加到了 22.5 亿欧元，增长的猛势一直持续到了 2008 年，共有 50 亿吨。到 2009 年，在金融危机的影响下，欧美的经济衰退严重，使得碳排放减少，最终导致碳信用的需求减少。

（2）减排情况有所改善。减排政策的实施得到了全球各地一呼百应。在碳金融的发展初期，全世界众多工业国家（澳大利亚、美国等）出于经济影响因素方面的考虑，并没有做出积极的回应，不过在之后的几年里这些国家改变了态度，澳大利亚于 2007 年 12 月正式签订并通过了《京都协定书》。美国方面，尽管美国政府拒绝签署该协议，但是一些州政府在 2008 年自愿成立了 RGGI 交易体系，来尝试新的碳金融市场的发展。奥巴马政府也希望加入一体化的碳金融市场中，积极坚持减排，并创立了相关法律。在法律议案中美国政府规定了一系列排放目标，以此作为基础排放量。截至 2009 年 2 月，共有 182 个国家通过了《京都协定书》（超过全球排放量的 61%）。

（3）行业领域不断扩展。在欧洲区域，欧盟继续延续着其在减排问题上的积极态度，正在进一步强化排放交易的体系，承诺到 2020 年将温室气体排放量在 1990 年的基础上至少减少 20%，并且扩展了更多需要减排的行业，例如新增的航空业。此外欧盟还在创新交易体系，在配额分配中引入拍卖机制，提高交易的效率。

（4）国际合作进一步加强。除了减排的立场趋向于一致外，各国也在不断加强有关领域的国际合作。2007 年 12 月，联合国气候变化大会产生了"巴厘岛路线图"，其作用就是为应对气候变化谈判的关键议题确立了明确议程。2008 年 7 月，八国集团首脑会议就温室气体长期减排目标达成一致。2009 年 12 月，在哥本哈根召开了联合国气候大会，并且谈论了后《京都协定书》时代国际合作的框架与具体细节①。

减排工作的共识与全球碳经济的一致发展都为全球碳金融交易体系发展添砖加瓦，在经济全球化的推动下，不断突破碳金融市场的局限性。各国强化合作、技术交流，都使得碳金融处于良性发展阶段。但是除了环保意识的一致之外，各国参与其中会产生利益矛盾，如何平衡利益关系也将成为碳经济发展的重要问题。然而，碳金融的发展如潮而至，这些矛盾根本无法改变国际碳金融交易往更高水平发展的趋势。

---

① 曾刚，万志宏. 国际碳交易市场：机制、现状与前景［J］. 中国金融，2009（24）：48 – 50.

## 13.2.2　中国碳金融发展现状

（1）我国碳金融交易市场发展状况。为了加快环境问题的改善，北京、上海、天津、重庆、广东、湖北、深圳7省市的碳排放权交易试点工作如火如荼，截至2017年末，以上7个试点合计成交量超过2亿吨，累计成交金额约48亿元；据预测，至2030年，我国碳交易现货市场空间有望达到万亿人民币。而随着2016年建立全国统一碳交易市场的预期逐步明晰，围绕碳交易的衍生金融产品呼声也越来越高。此外，我国在全国各省市还建立了排污权交易平台，其最主要的交易物是二氧化硫等温室氧化物。排污权交易体制目前也日趋完善，中国许多省市都开始建立环交所，例如北京、天津、武汉、上海等地。其主要业务是排污权的交易以及节能环保技术的交易。目前，中国是碳排放权供应大国之一，但是也是温室气体排放大国之一，所以我们的减排工作尚未达到要求，还需创新工业技术。

（2）基于CDM项目的碳金融在我国的发展。在中国，依靠清洁发展机制（CDM）低碳金融才得以稳定地发展。根据《京都协定书》规定下的CDM，美国等发达国家可以通过提供技术和资金等方式，在排放量和排放成本比较低的发展中国家进行减排项目的合作，这就产生了"核证减排量"来抵扣本国约定发布的温室气体排放量。对于发达国家而言，清洁发展机制帮助其抵扣超额部分的排放量；而对于发展中国家来说，项目的实施能够从发达国家获取一些先进的科学技术及资金援助，这就使双方达到了双赢的效果。

中国经济正在飞速增长，可持续发展战略是我国考虑经济发展的首要目标。中国地大物博，工业、制造业水平也较为发达，所以中国是温室气体减排潜力比较大的发展中国家，在中国开展CDM项目有着良好的前景，这被众多发达国家普遍看好。如果CDM能在中国广泛且有效地运用，则有可能拓宽外来的高技术项目投资渠道，推动中国的技术改进，实现可持续发展。因此，我国应顺应目前的碳金融形势，更好地利用CDM所带来的挑战与商机，通过全球经济一体化合作来争取推动我国发展经济所需要的技术与资金，以实现我国环境与经济的双赢发展。

（3）开发银行发放绿色信贷。在银行支持信贷的过程中，我国主张中国银行保险监督管理委员会以政策的形式，要求国内的银行及其他的金融机构发放投资性贷款时遵循赤道原则来实施信贷业务的开展，增加项目环保以及评估的要求。为了打开中国的节能减排市场，兴业银行在低碳金融领域进行了大胆的尝试。

　　为了满足节能减排项目的资金需求，兴业银行于 2006 年 1 月正式与国际金融公司合作，在中国首创减排贷款产品项目——绿色信贷，该项目通过对企业发放巨额贷款来促使企业绿色经营。这不仅对环境保护起到辅助效果，而且突破了商业银行的业务范围，承担了环保的重要责任。

　　（4）我国成立的碳基金的发展现状。

　　一是中国清洁发展机制基金。中国清洁发展机制基金是由中国政府设立的基金，于 2007 年 3 月正式运营。该基金设立的目的是为了使我国能够顺应国际清洁发展机制，同时该基金的设立也符合我国的经济国情，促进了经济的可持续发展。中国清洁发展机制基金所关注的是与一些可再生能源有关的项目，注重社会效益和可持续发展。

　　二是中国绿色碳基金。中国绿色碳基金不同于清洁发展机制基金，该基金于 2007 年 7 月 20 日宣布成立。这是一只支持中国应对温室气体变化和促进经济社会可持续发展的专项造林减排基金。基金早期是由中国石油天然气集团公司集资注册，注册资本高达 3 亿人民币，用于发展植树造林、能源基地建设和森林保护等项目，以更好地吸收二氧化碳等温室气体。

　　尽管我国碳金融发展较为滞后，但是通过积极地金融创新，我们的碳经济在不断地发展与转型，政府及企业都在不断宣传碳金融知识，这使得越来越多的人开始了解碳金融，使碳金融正在往好的方向发展。

　　（5）中国核征自愿减排量（CCER）"钱"景广阔。中国核证自愿减排量，也称 CCER。CCER 可作为清缴配额用于履约，抵消企业部分实际排放量，因而具有市场交易价值。

　　国内首例林业碳汇项目是广州长隆集团的碳汇造林项目，项目就产生在广东。2011 年，广州长隆集团在广东梅州市、河源市实施碳汇造林项目，造林规模为 1.3 万亩。2014 年 3 月 30 日，长隆碳汇造林项目通过了国家发改委备案的自愿减排交易项目审定，以及第三方核证机构中环联合（北京）认证中心有限公司（CEC）负责的独立审定，按项目申请，可计算的 CCER 预计年减排量（净碳汇量）为 17365 吨二氧化碳当量。当年 7 月 21 日，广东长隆碳汇造林项目通过国家发改委的审核，成功获得备案，是全国第一个可进入碳交易市场交易的 CCER。

　　而在广碳所上线成交的国内首例 CCER，则是龙源电力股份集团有限公司所属甘肃新安风电项目（以下简称"新安风电"）。2015 年 3 月 9 日，由上海宝碳新能源环保科技有限公司向新安风电分 2 次购买 CCER 共 20 万吨。

　　目前我国 CCER 的发展仍受到一定程度的约束，各个碳交易试点都从项目时间、来源地、类型和类别等对 CCER 准入设置了较高的门槛。例如，广东省规定，控排企业只能使用占配额不高于 10% 的 CCER 用于履约，并且所使用的 CCER 其中 70% 必须为广东所产生。对于 CCER 使用的约束，在国内其他试点城市也是如此，其准入门槛均较高。

在全国范围内，截至 2015 年 4 月 12 日，中国自愿减排交易信息平台累计公示 CCER 审定项目 601 个，已获批备案项目总数达到 164 个，已签发项目总数为 26 个。如今，碳交易市场中主要还是配额交易，CCER 交易还处于起步阶段。但是为了贯彻国务院 "放管服" 相关要求，组织对温室气体自愿减排交易机制进行改革，CCER 积极参与试点碳市场履约抵消。截至 2019 年 8 月，各试点碳市场累计使用约 1 800 万吨二氧化碳的 CCER 用于配额履约抵消，约占备案签发 CCER 总量的 22%。2019 年 6 月发布《大型活动碳中和实施指南（试行）》，规范了大型活动实施碳中和的基本原则、评价方式、相关要求和程序等，为促进 CCER 用于大型活动 "碳中和" 与生态扶贫奠定了基础。

### 13.2.3　中国碳金融交易发展的困境

尽管低碳金融业务在我国有着广阔的发展潜力以及较大的获利空间，但从目前的状况来看，我国金融机构介入地并不深，还没有建立一套较好的监控体系。中国的碳金融较其他发达国家起步晚，正处在萌芽阶段，还远远没有达到理想的运行状况，其主要存在以下问题。

（1）碳交易市场的复杂性。碳交易市场具有很强的蝴蝶效应，是一个牵一发而动全局的事情。首先，设置配额总量，因为企业的生产活动受市场和经济形势的影响很大，而碳交易实际上是事前设置一个配额，这就容易造成配额过松或过紧；其次，摸准排放数据，企业排放数据就是碳交易市场大厦的一砖一瓦，如果最基本的构建有问题，那么整个大厦设计得再好也没有用；最后，协调平衡好不同行业的利益，电力、钢铁、水泥、化工这四个高耗能行业占了整个社会碳排放的 95%，中国作为一个制造大国，目前还很难控制好这四个行业的碳排放量。

（2）CDM 合作项目的减排类型比较单一。其参与涉及的企业类型太过于集中。相对 CDM 签发数来说，我国 CDM 项目涉及的领域较少，主要集中在新能源、可再生能源以及与其相关的领域，占据了我国所有减排项目的八成以上。排在其次的是节能和提高效能项目，这只占不到 10%，相差非常悬殊。我国国内碳排放交易价格一般徘徊在 8～12 欧元，而相比欧洲市场，其价格为 15～20 欧元，最高可高达 25 欧元，巨大的交易价格差反映了我国 CDM 交易的议价能力还较差，有待提高。

（3）我国碳基金的发展和国际碳基金的差距较大。我国碳基金目前仍处于引进萌芽阶段。我国碳基金的建立，大多是基于国际金融机构参与建立，同时，本土建立的碳基金也大多是政府属性，面对我国碳金融发展滞后的现状，我国金融机构应当加快进行碳金融基金领域尝试创新的步伐，否则，中国碳金融在国际市场缺乏强大的竞争力，从而会失去较多的获利机会，使得中国碳金融发展始终处于萌芽阶段。

（4）碳金融交易平台需要完善。发达国家成立了一系列关于碳金融交易的交易所。相比之下，我国碳金融交易所成立时间晚而且数量少。所以，要想将我国打造成为亚洲碳金融市场交易中心，各地应该在借鉴国外发展比较成熟的碳金融交易所的基础上结合国内交易所发展特征，尽快建立属于自己的碳交易所，并与国内其他碳交易所合作，构建中国碳金融交易体系（见表13-2）。

表 13-2　　　　　　　　　　主要国家碳金融交易所

| 国家 | 交易所名称 |
| --- | --- |
| 欧盟 | 欧洲气候交易所、欧洲能源交易所、欧洲环境交易所（BlueNext） |
| 美国 | 芝加哥气候交易所、芝加哥气候期货交易所、绿色交易所等 |
| 中国 | 北京环境交易所、上海环境能源交易所、天津排放权交易所等 |

资料来源：根据官方网站资料整理。

## 13.3　中国碳金融市场发展的对策

作为发展中国家，低碳金融的发展是我国占据新的金融格局的良好契机。如何通过发展低碳金融来推动和加快低碳经济的发展，以此来推动我国经济增长方式的转变，我们可以通过以下方法来实现。

### 13.3.1　建立适合国情的碳交易市场的基本框架

中国目前的政策环境尚不适合"激进式"的改革模式。根据中国碳交易发展的经验，"渐进式"改革模式更适用于中国碳排放权交易市场的建立与发展。作为发展中国家，中国在其还未承担国际社会法定温室气体排放量限制的时期，可以建立初级阶段的碳排放交易市场作为过渡，并在适当的时间再建立可以与欧盟碳交易体系相抗衡的完善的碳交易市场。在中国还未具备利用强制法规或协议限定企业进行碳排放约束时，可以考虑先建立自愿性碳交易市场。

没有国家强制减排的要求，企业基于社会责任，基于增强品牌建设，或者基于其自身的长远发展，主动采取碳排放权交易行为以实现减排。具体应遵循以下步骤。

（1）参与主体来源的确定性分析。未来经济发展趋势将是低碳经济，无论是宏观国家经济，还是微观企业经济。谁先顺应历史发展趋势，谁就将获得市场的认可以及资金的追捧，引领世界经济。进行减排的企业可以通过碳交易市场获得相应的经济补偿；而购买指标的企业由于有压力而进行技术改造和升级进行减排，也会"被动"地提高能源资源利用率和能效水平。相比于其他企业，从事这样主动减排行为的企业就有可能具备技术领先优势，当强制减排成为普遍政策时，其就具备了明显的减排优势，有利于企业长远的发展。反之，落后企业如果对减排继续保持排斥心理，从长远角度看，不利于企业的自身发展。

（2）完善现有的国内各大碳交易平台。中国目前已经建立了数家碳交易市场，虽然大多只是节能减排和环保技术以及资产类的交易，但是有了这样的初级平台就意味着可以发展成为较为完善的交易平台。发挥现有的 CDM 技术服务中心以及排放权交易所机构的信息与交易平台的作用，同时，还要鼓励全国各个地区积极构建碳交易区域市场，尤其是长江三角洲和珠江三角洲区域。众多的区域市场是建立统一的国内市场的基础。

（3）建立全国统一标准的碳交易市场体系，有效降低减排成本并优化资源配置。在完善现有的国内各大碳交易市场的基础上，建立全国统一标准的碳交易市场体系。为买卖双方提供准确、完整、详细的碳交易细节，在信息对称的基础上，保证碳交易顺利开展。

（4）统一全国碳交易平台，建立规范碳交易体系，并与国际碳交易市场建立联动。构建一整套与发展全国统一碳市场相关的法律法规体系，由碳排放权的稀缺性来设立强制性企业排放上限，政府根据总排放量向各企业分发统一标准的二氧化碳排放权，建立类似欧盟碳排放交易体系的规范碳交易市场。此外，充分收集信息将直接影响交易成本和交易成功率，全国统一的碳交易平台将为交易双方进行排污权交易提供其需要的大量的有关价格、需求量和供给量、需求单位和供给单位等市场信息。

（5）制定排放权法规并强化政府对于碳交易市场的监察能力。规范性的碳交易市场能否顺利建立，关键在于政府能否建立完善的法制与监控系统。科斯定理说明，明晰的产权归属能有效划分责任，从而有益于排放权交易的进行。我国的排放权交易道路需要完善的法律提供保障。目前我国已制定的一些地方性政策法规仍不够完备细致，因此，需要结合我国国情和其他国家的实践进一步地改进。

### 13.3.2  引导和鼓励有利于可持续发展的 CDM 项目

随着我国碳金融市场的发展，相关碳金融产品和服务种类将日益丰富，其中 CDM 项目也将得到快速发展。但这种快速发展需要相关配套措施的调整与完善，亟待各级政府或主管部门理顺相关政策和机制，为逐步建立和发展适合中国国情的 CDM 市场创造更为有利的环境和条件。根据近几年的实践，以下四个方面的相关政策和机制有待重点调整和完善。

（1）加强研究环境金融的理论和政策。环境金融的实践性和操作性很强，既涉及金融领域，又涉及经济学领域、环境领域、管理学领域和法律领域。作为温室气体排放大国的中国，尤其应该对自身参与 CDM 项目的潜力及规模进行认真研究。目前我国环境金融尚处于萌芽状态，而碳金融则是低碳经济发展模式中环境金融独树一帜的发展分支，所以，加强研究环境金融的理论和政策，将为碳金融未来的发展提供有力的理论支持和政策指导。

（2）建立碳交易市场。温室气体排放权既是有限的环境资源，同时也是国家和经济发展的战略资源。我国应借鉴国际碳交易市场发展机制，研究和探索碳排放权或排放配额制度以及相关碳交易市场运行机制，利用碳交易市场发现排放权价格，积极促进企业与金融机构进入 CDM 市场，有效配置经济主体间利益，鼓励和引导优化升级产业结构和转变经济发展方式，落实节能减排和环境保护。

（3）积极推广宣传。推广宣传 CDM 项目，使企业充分认识 CDM 项目运行机制，同时意识到参与开发 CDM 项目、进行节能减排所蕴含的巨大价值，促进 CDM 项目业主及相关开发商根据行业与自身发展情况制订计划，并推动其扩大国际间合作，力争企业利益和国家环境资源利益最大化。

（4）建立并完善中介机构。中介市场是开发 CDM 项目的关键，应制定支持政策，鼓励金融机构与民间机构参与进入。在我国，金融机构参与促进CDM 项目发展的潜力巨大，其作为项目交易中介和资金中介的作用尤其重要。因此，应鼓励金融机构作为中介购买 CDM 项目成果或直接与项目业主联合开发 CDM 项目。

### 13.3.3  加大碳基金的发展力度

（1）建立跨国金融战略联盟，积极开展国内碳基金培育工作。碳基金等风险投资队伍正随着国际碳交易数量的增加而不断扩大，碳排放权交易作为一种金融产品日益受到金融机构与专业人士的青睐。国内碳基金认识碳交易相关投资产品相对较晚，起步较国际投行也慢，因此，有效参与该市场的竞争和经营需要与富有经验的国际投行或公司建立战略合作和联盟关系，目的是在保住国内市场的同时发展自身的国际市场，进入碳金融市场。

（2）培养具备 CDM 项目投融资和流通领域的管理与交易能力的碳基金运作团队。碳基金业务的全过程涉及碳专业技术内容及全球碳交易市场、国内金融，其中国际金融一般涉及风险投资业务，还涉及投资银行业务。而投资银行业务不仅要求国内金融产品服务，还要求国际金融产品服务；不仅需要为其提供原生产品服务，还要为其配备衍生产品配套措施。这时，只有一支具备全面素质的金融员工队伍，才可以做到碳金融服务的尽善尽美，同时控制自身风险并更好地实施跨国金融战略。

（3）引导碳基金积极参与碳汇项目。全国森林资源统计显示，目前我国尚有的宜林荒山荒地以及人工造林保存面积占我国森林总面积的近 4 成，居世界首位。所以，在我国建立绿色碳基金，积极参与国际林业碳汇项目，吸收发达国家技术和资金的同时，一方面要引导碳基金参与碳汇项目，有效促进我国碳基金的发展，另一方面要促进我国林业可持续发展并产生巨大的生态效益。

## 13.4　天津碳金融市场体系的发展

### 13.4.1　天津碳金融交易市场基本情况

（1）天津市低碳经济工作及成就概述。天津作为碳金融发展位居国内前列的城市，近几年来碳金融市场体系的建设取得了相当多的成绩，其中尤其滨海新区的发展最为突出。天津市于 2008 年 9 月撤销天津市节能减排工作领导小组，并成立天津市应对气候变化及节能减排工作领导小组。

2010 年，天津加快编制低碳发展规划，积极倡导低碳绿色生活方式和消费模式，制定支持低碳经济发展的配套政策，努力打造以低碳排放为特征的产业体系，加快建立温室气体排放数据的统计和管理体系，先后制订和公布了一系列有利于低碳经济发展的政策方案。例如，2010 年 3 月公布了《天津市应对气候变化方案》，7 月公布了《天津市 2010 年节能降耗预警调控方案》，8 月成为国家首批低碳省区和低碳城市试点。由于天津市政府对低碳经济和碳金融产业发展的大力支持，天津在"十一五"时期万元 GDP 能耗比"十五"末下降21%，超额完成国家下达的节能降耗任务，成为国务院通报表扬的"十一五"节能减排工作成绩突出的省级人民政府。此外，天津全市二氧化硫排放量下降11.26%，化学需氧量（COD）排放量下降9.61%。

到目前为止，天津已经启动了区域性碳市场自愿碳市场交易，在能效市场和主要污染物市场建设方面也取得了一定成就。在能效市场方面，天津排放权交易所参加了天津市政府组织的建筑能效交易产品的研发工作。其中，交易所侧重于能效产品设计和交易组织，并参与制订《天津市民用能效交易实施方案》《天津市民用建筑能效方法学（住宅建筑供热系统)》，形成建筑能效交易监管模式。其后，天津排放权交易所作为建筑能效交易市场载体，于2010年2月9日完成了居住建筑计量供热等试点项目的首笔交易。在主要污染物市场方面，交易所按照市政府、市发改委等主管部门要求，建立起二氧化硫排放权登记系统、交易系统和清算结算系统；2008年我国首笔基于互联网的主要污染物二氧化硫排放权交易就是由天津排放权交易所组织完成的。

（2）天津市碳交易市场的建立过程简介。按照《国务院关于天津滨海新区综合配套改革试验总体方案的批复》中关于在天津滨海新区建立清洁发展机制和排放权交易市场的要求，在2008年9月25日，由中油资产管理有限公司、天津产权交易中心和芝加哥气候交易所三方共同出资的天津排放权交易所挂牌成立。这是中国首家综合性环境能源交易机构，是利用市场化手段和金融创新方式促进节能减排的国际化交易平台。

2011年10月29日，国家发改委宣布同意北京市、天津市、上海市、重庆市、深圳市、广东省和湖北省七个省市的碳排放交易试点工作，逐步建立国内碳排放交易市场。2012年3月19日，天津市人民政府印发国家发展改革委于2011年12月31日批准的《天津市低碳城市试点工作实施方案》，方案中明确提出"开展碳排放权交易试点，制订试点实施方案，建立自愿碳减排交易体系，形成符合天津实际的碳交易市场体系"。

2013年2月5日，天津市人民政府印发《天津市碳排放权交易试点工作实施方案》，详细阐述了目标、任务和保障措施。2013年12月20日，天津印发《天津市碳排放权交易管理暂行办法》。同年12月26日，天津碳交易试点启动，成为继深圳、上海、北京、广东之后第五家正式启动的碳排放交易试点。启动仪式上，8家企业签订碳配额交易协议，以每吨28元价格出售碳配额指标。当天，天津市碳排放权交易市场共完成协议交易5笔，成交量4.5万吨，交易额125万元。此外，网络现货交易总成交量为4 040吨，成交金额为120 295.2元，平均价为29.78元/吨。也就是说，上市首日，天津碳排放权交易总成交量为4.904万吨，总成交金额为137万元。从2013年12月26日天交所正式启动的碳排放交易试点到 2014 年 4 月 30 日止，共运行了 126 天，其中有 83 天有线上交易产生。截至 2014 年 4 月 30 日，线上交易成交量累计达 98 960 吨，交易额共计 2 876 828 元；而截止在 2014 年 3 月 31 日，协议交易成交量共 4.5 万吨，成交额共计 125 万元。

## 13.4.2　天津碳金融交易市场基本制度

一个排放权交易市场涵盖诸多要素，主要有覆盖范围监测、报告、核查（MRV）制度；交易制度；柔性措施；鼓励与惩罚等。

（1）覆盖范围。天津市是我国北方重要的重化工基地，此次强制减排将覆盖钢铁、化工、电力、热力、石化、油气开采等重点排放行业和民用建筑领域，纳入试点初期市场范围则是上述行业中 2009 年以来排放二氧化碳 2 万吨以上的企业或单位（以下称纳入企业），之后还会根据全国碳排放权交易市场建设进展及天津市碳排放权交易能力建设情况开展研究，逐步扩大市场范围。

（2）监测、报告、核查（MRV）制度。在监测方面，纳入企业每年 11 月 30 日前将该企业下年度碳排放监测计划上报天津市发改委，并根据监测计划实施监测。在碳排放报告方面，天津市要求二氧化碳重点排放源进行报告，即年度碳排放达到一定规模的企业（以下称"报告企业"）应于每年第一季度编制本企业上年度的碳排放报告。在碳排放核查方面，实行第三方核查制度，对纳入企业的年度排放情况进行核查并出具核查报告，最后纳入企业须在每年 4 月 30 日前将碳排放报告连同核查报告，以书面形式一并提交市发展改革委，天津市发改委根据提交上来两份报告，审定纳入企业的年度碳排放量，并将审定结果认定为纳入企业年度碳排放量的终结论。

（3）交易制度。第一，建立二氧化碳排放配额登记注册制度，即对配额的发放、持有、转让、注销、结转等进行统一管理，依照用户类别为市场参与主体提供相关服务。第二，天津市发改委通过配额登记注册系统，向纳入企业发放配额。第三，履约制度。纳入企业应于每年 5 月 31 日前，通过其在登记注册系统所开设的账户，注销至少与其上年度碳排放量等量的配额，履行遵约义务。当账户上的配额不足以抵扣其实际排放量之时，需要购买配额或者接受惩罚。第四，可参与碳排放权交易的市场主体是：纳入企业及国内外机构、企业、社会团体、其他组织和个人。第五，交易品种和场所。天津市配额和核证自愿减排量等碳排放权交易品种应在市人民政府指定的交易机构——天津排放权交易所。第六，调控机制。交易价格出现重大波动时，发改委可通过向市场投放或回购配额等方式，稳定交易价格，维护市场正常运行。第七，天津排放权交易所制定交易规则、信息披露制度等，接受市发展改革委和相关部门的监管。

（4）柔性措施。第一，配额结转。纳入企业未注销的配额可结转至下年度继续使用，直至 2016 年 5 月 31 日。2016 年 5 月 31 日后，配额的有效期根据国家相关规定确定。第二，碳抵消。纳入企业可使用依据国家发改委规定取得的核证自愿减排量抵消其碳排放量。抵消量不得超出其当年实际碳排放量的 10%。

（5）鼓励与惩罚。第一，建立纳入企业和第三方核查机构信用档案，委托第三方机构定期进行信用评级，将评定结果向财政、税务、金融、质监等有关部门通报，并向社会公布。第二，鼓励银行及其他金融机构在同等条件下优先为信用评级较高的纳入企业提供融资服务，并适时推出以配额作为质押标的的融资方式。第三，同等条件下支持信用评级较高的纳入企业优先申报国家循环经济、节能减排相关扶持政策和预算内投资所支持的项目。第四，纳入企业未按规定履行碳排放监测、报告、核查及遵约义务的，由市发改委责令限期改正，并在 3 年内不可享受优惠政策。

# 第 14 章

# 中国绿色保险发展现状

我国是世界上受污染严重的国家之一，环境污染已经直接影响到广大人民的生命健康，绿色保险通过解决环境纠纷、分散风险、为环境侵权人提供风险监控等为环境保护提供服务。因此，研究我国绿色保险的发展现状及问题，探讨如何完善我国绿色保险体系，对绿色金融的发展具有重要意义。

## 14.1 文献综述

随着党的十九大报告中对绿色金融的高度重视，社会各界对绿色保险的关注程度也不断增加。虽然发展绿色保险的呼声越来越高，但是绿色保险发展得比较晚。在保险业的研究领域中，绿色保险还是新生事物，因此，对绿色保险的研究相对来说比较少，本书现将国内外学者对绿色保险的研究文献进行综述。

（1）国外研究。莫格吉（Mogg J.，2004）对美国的绿色保险制度进行了较详细的介绍，从美国绿色保险发展的背景和影响因素出发，介绍了绿色保险的承保风险、承保机构及承保范围等。阿尔伯托·蒙蒂（Alberto Monti，2008）对绿色保险在世界范围内的实施进行了介绍，认为强制责任保险制度比任意责任保险制度具有更大的优势。亚当·惠特摩尔（Adam Whitmore，2000）介绍了强制责任保险模式，详细阐述了在经济发达的国家如美国和日本绿色保险的模式。乔塔·舒托库（Jota Shohtoku，2009）介绍了美国、英国、欧盟的绿色保险业务，指出应以市场需求为导向，根据市场的需求有针对性地开发出不同种类的险种，为企业提供多种选择。

（2）国内研究。陈立琴（2003）认为，我国环境污染责任保险的问题主要是保险赔付率低和保险费率高。他建议我国选择强制保险的模式，同时应加强环境法律和金融保险相关法律的制度建设。毕思勇、张龙军（2009）提出，我国在绿色保险试点地区不成功的原因在于，其经营模式是以任意模式为主，同时保险赔付率低、承保范围窄。田辉（2013）指出，中国绿色保险的发展还存在很多问题，在未来的发展方向上，一方面要健全法律体系，另一方面要拓展绿色保险的内涵。胡鹏（2018）指出，虽然目前我国绿色保险实施的相关制度均已建立，但各个要素间散乱无序、互不协调，导致实践中"叫好不叫座"。为化解这一困局，需要通过对构成绿色保险法律制度的各个要素进行改进和优化，以促进绿色保险法律制度的自我实施。张瑞纲、倪兴芸（2019）对环责险制度的构建问题进行了分析，认为国家应当对商业化运作给予更多政策支持，保险机构应当完善责任挂钩制度，投保企业应强化与保险机构之间的风险管理协作。

## 14.2　绿色保险概述

（1）绿色保险的定义。绿色保险的实质是把保险作为一种可持续发展的工具来应对包括气候变化、环境污染和环境破坏等与环境有关的一些问题。在中国，绿色保险的概念比较狭窄，通常特指环境污染责任保险。环境污染责任保险，是以企业发生污染事故对第三者造成的损害依法应承担的赔偿责任为标的的保险。

（2）绿色保险的特点。纵观多年来我国在绿色保险发展中的实践探索，可以发现绿色保险的发展主要存在下的特点。

低效性。近年来，我国在多个省市积极开展了环责险的试点工作，并取得了一定的成效，但总体而言，绿色保险在我国的实施效果仍然不太理想。

不确定性。绿色保险的收益极其复杂，它不像传统的财产险和寿险那样容易预测风险和收益的大小。究其原因，是因为投保企业在经营中面临的风险较大，常常面临突发性的环境污染事件。

非普适性。由于生产企业的类型千差万别，各类企业对环境进行污染时污染对象不同，污染的程度也随着企业污染性质的不同而有所区别，因此，保单对于企业的污染责任是不一致的，从这一层面来说，绿色保险对不同的环境风险是不具有普适性的。

（3）主要投保企业种类。除了重金属企业，例如，重有色金属矿采选业、重有色金属冶炼业、铅蓄电池制造业、皮革及其制品业、化学原料及化学制品制造业以外，国务院还鼓励下列高环境风险企业投保环境污染责任保险：石油天然气开采、石化、化工等行业企业；生产、储存、使用、经营和运输危险化学品的企业；产生、收集、驻村、运输、利用和处置危险废物的企业，以及存在较大环境风险的二氧化碳排放企业。

（4）环境污染责任保险理赔流程。当投保企业发生保险事故时，可以向保险公司申请理赔。具体理赔流程如图 14 - 1 所示。

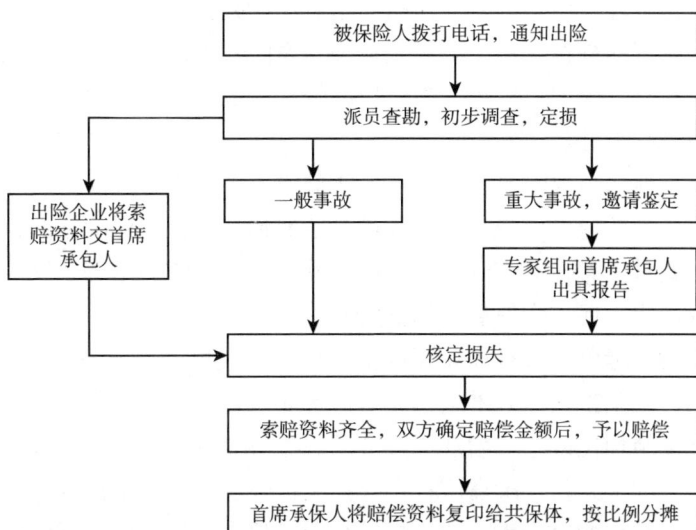

**图 14 - 1　环境污染责任保险理赔流程**

资料来源：中国环境污染责任保险网。

（5）我国发展绿色保险的必要性。

首先，发展绿色保险是改善环境、完善环境风险管理体系的迫切需要。近几年，我国在环境保护方面取得的进展有目共睹，生态文明建设也有了长足的进步。但随着经济的发展，我国的环境形势整体来看仍然很严峻，这也对环境风险管理提出了新的要求。2008～2017 年环保治理投入情况如图 14 - 2 所示。

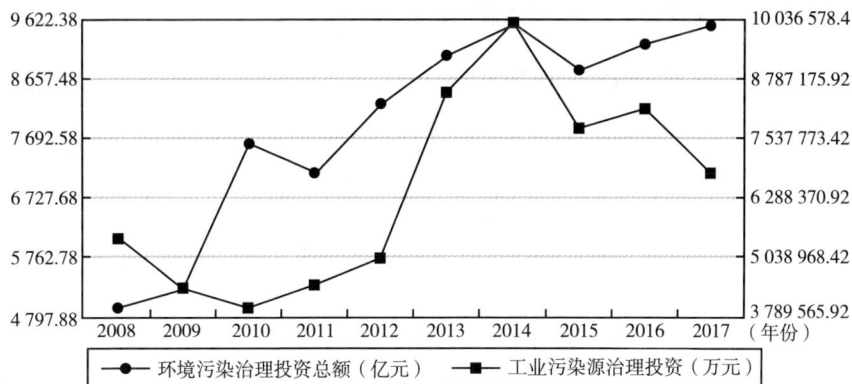

**图 14 - 2　2008～2017 年环保治理投入情况**

资料来源：中国环境污染责任保险网。

　　绿色保险制度在建立现代环境风险管理体系中扮演着重要的角色。第一，由于保险具有损失补偿的功能，可以及时对由于环境污染遭受损失的企业进行补偿，还能化解环境污染的矛盾纠纷，这有利于社会的稳定。第二，绿色保险能发挥保险费率的杠杆作用，提高企业环境风险管理的水平，减少和避免对环境的污染及损害。第三，绿色保险可以减轻政府的负担，保险公司将与政府共同处理环境突发事件。

　　其次，发展绿色保险是促进生态经济健康发展的重要推动力。绿色保险以被保险人因污染环境而应当承担的环境赔偿或治理责任为保险标的，通过责任社会化的方式对生态权益受到的损害给予补偿，从而维护生态系统的平衡和资源的可持续利用，促进生态经济的健康发展。

　　最后，发展绿色保险是深化保险业供给侧结构性改革的重要一环。当前，供给侧结构性改革正在深入推进。这对保险业来说，包含两层含义：一是服务国家的供给侧结构性改革，增加保险产品服务有效供给，满足经济社会和人民群众日益增长的多元化保险需求；二是推进保险业供给侧结构性改革，加快发展方式转变和结构调整步伐，全面提升行业竞争力。从这两个层面来看，大力发展绿色保险至关重要。

## 14.3　中国绿色保险的发展现状及存在问题

　　现阶段我国的绿色保险主要是指环境污染责任保险，它是由银保监会、环境保护部等部门推动实施的，其运营模式随地区的差异而存在显著的差别，从整体来看绿色保险目前的发展并不理想。

### 14.3.1　绿色保险在我国的发展

　　（1）法规政策的发展。2006年以来，国务院多次出台包括《关于保险业改革发展的若干意见》等相关文件，明确要求建立环境污染责任保险制度并推行试点。2007年，国家环保总局会同保监会联合发布了《关于环境污染责任保险工作的指导意见》，启动试点工作。2013年，环境保护部和保临会两部委发布了《关于开展环境污染强制责任保险试点工作的指导意见》，要求涉及重金属企业强制投保环境污染责任保险，2014年8月，国务院印发的《关于加快发展现代保险服务业的若干意见》明确了试点推行的重点与模式。

经过保监会、环境保护部等多方的努力，2015 年 1 月 1 日起施行的新的《中华人民共和国环境保护法》在第五十二条写到，"国家鼓励投保环境污染责任保险"。根据这一部署，2016 年 5 月，环境保护部和保监会共同下发了《环境污染强制责任保险制度方案（征求意见稿）》，法律法规的修订提上日程。为贯彻落实前述工作部署，2017 年 6 月 7 日，环境保护部和保监会共同研究制定了《环境污染强制责任保险管理办法（征求意见稿）》。2018 年 5 月 7 日，生态环境部审议并原则通过了《环境污染强制责任保险管理办法（草案）》，对建立健全我国绿色金融体系极具意义。2019 年 1 月 23 日，习近平总书记主持召开中央全面深改委会议并审议通过了《关于构建市场导向的绿色技术创新体系的指导意见》，指出应加强绿色技术创新的金融支持，鼓励保险公司开发支持绿色技术创新和绿色产品应用的保险产品。

（2）投保情况的发展。2007 年 12 月 4 日，环境保护部和保监会共同启动环境污染责任保险政策试点，2008 年确定了首批参与试点的 8 个省市（江苏、湖南、湖北、河南、重庆、深圳、宁波和沈阳）；2009 年增加到了 1 700 家，保费收入从 2008 年的 1 200 多万元增加到 2009 年的 4 300 多万元。

2012 年底，全国约有十多个省（自治区、直辖市）开展了相关试点，承保金额近 200 亿元。但是环境污染责任保险业务的开展并不乐观，总体保费在当年保险产品中的份额很小，环境污染责任保险业务的增长与中国保险业整体的增长仍然有很人的差距。

2015 年 11 月，环境保护部向媒体公布了 2015 年全国投保环境污染责任保险企业名单。全国 17 个省（区、市）的近 4 000 家企业参加了环境污染责任保险，包括重金属、石化、危险化学品、危险废物处置、电力、医药、印染等行业。

截至 2016 年底，环境污染责任保险保费收入 2.8 亿元，承保金额 263.7 亿元。我国已经有 30 个省（区、市）在开展环境污染责任保险试点，涉及重工业、重金属、印染、化工等。截至 2017 年底，环境污染责任保险为 1.6 万余家企业提供风险保障 306 亿元。至 2019 年中，环境污染强制责任险的试点范围已推广至危险化学品、危险废物处置等行业，保险公司已为企业提供逾 1 600 亿元的风险保障。

## 14.3.2　我国绿色保险典型案例

（1）深圳市首单环境污染责任保险理赔成功。深圳市盈利达五金制品有限公司在 2015 年 4 月 26 日晚发生严重火灾，造成生产场所大面积烧毁。该公司是有污染物排放的企业，由于该公司购买了环境污染责任保险，这次火灾引发环境污染问题而造成的费用，均由保险公司环境污染责任险支付。2015 年 6 月，平安产险深圳分公司副总经理范杰民将 20 万元支票递交至深圳市盈利达五金制品有限公司代表手中，深圳市自 2008 年推行环境污染责任险以来第一笔赔款宣告完成支付。盈利达五金制品公司虽未发生环境污染事故，但因其投保了环境污染责任保险并附加自有场地应急处置清污费责任，所以他们在控制和清理污染方面发生的费用都由保险企业来买单。

（2）2016 年浙江首笔环境污染责任保险赔款兑付。2015 年 9 月 2 日，浙江金华市一家企业在生产作业过程中突发意外，导致氟利昂少量泄漏。事故发生后，在环保部门迅速应对和妥善处置下，现场得到了及时有效的控制，经理赔人员核定此次事故直接经济损失近 2 万元，该企业在 2014 年 5 月投保了累计 350 万元的环境污染责任保险，负责赔偿的责任范围包括第三者责任、清污费用与法律费用等。根据其投保的环境污染责任保险范围和条款，保险公司在与其沟通协商后，最终确定给予 1.77 万元的赔付款。

（3）2019 年福建三明市首例环境污染责任保险理赔完成。2019 年 3 月，当地土层遭受数天大雨冲刷后松动塌陷，三元区黄砂新材料循环经济产业园污水处理厂的污水输送管道发生断裂并经抢修得以修复，修复款 9 325 元。承保公司检查核定后，确认该费用属于预防污染继续扩大而产生的合理施救费用并全额赔付，三明市首例环境污染责任保险至此理赔完成，同时也成为当前工业园区环保责任险理赔的典型案例之一。

### 14.3.3　我国绿色保险存在的问题

（1）各界对绿色保险的认识不足。现阶段社会各界越来越重视绿色金融的发展，但是社会各界关注较多的是绿色信贷和绿色债券，很少关注绿色保险。一方面，目前绿色保险产品和服务体系不够完善，绿色保险主要集中在环境污染责任保险这一领域，对其他领域涉足较少；另一方面，由于宣传不足，我国的绿色保险实施范围仍然比较小，基本都依赖政府部门对环境污染责任保险的宣传，因此，很多人对绿色保险的了解甚微。

（2）赔偿责任机制不完善。我国对于企业污染环境的赔偿机制仍然存在很多问题，现有的法律仅说明了企业对环境进行破坏时应当承担的侵权责任，而未说明该如何承担相应的赔偿责任。这将会导致企业未完全对自己的行为履行责任，间接地将责任转移给外界，形成对环境的压力。

（3）产品类型单一。目前我国的绿色保险产品主要是环境污染责任保险，保险公司所开发的环境污染责任保险险种主要是针对石油钻井、船舶和天然气勘探开发造成的污染，尚未针对其他高污染行业进行相应的绿色保险产品研发和市场投放。

（4）企业的环保意识薄弱。当前很多企业的环保意识较为薄弱，尤其是那些从事危险化学产品、石油化工产品、钢铁产品等易发生污染的企业，而这些企业又大多是国有企业。根据以往的经验，这些企业在发生污染事故时，只会想到让政府解决，而不会通过自身技术的改进和风险规避的处理来减少对环境的破坏。

（5）实施范围狭隘。与其他的保险产品比较而言，现阶段的绿色保险实施范围仍然比较小，一般只有污染系数比较高的企业才会选择参保，而其他的企业往往不会考虑参保。有些企业尽管其生产经营过程中会对环境造成破坏，却抱着侥幸的态度不选择投保。

（6）绿色保险的实施推广缺乏法律制度的保障。绿色保险在我国现阶段中缺乏法律制度的保障，其在初级阶段的开展并不顺利，绿色保险开展过程中存在着诸多问题，最大难题就是法律保障的缺位。从我国目前的法律体系来说，绿色保险的有关规定在国家法律法规中未得到体现，其内容仅在一些地方性的指导意见或试行方案中有所涵盖。

## 14.4　国外环境污染责任保险的发展经验

我国绿色保险起步较晚，主要以环境污染责任保险为主，本节将会介绍世界上一些先进国家在环境责任保险上的具体做法，可吸取其中的先进经验，为我国的环境责任险的发展以及绿色保险整体体系的建立提供良好的借鉴。

### 14.4.1　强制环境污染责任保险模式

环境污染强制责任保险制度是指以国家法律手段强制实行的环境污染责任保险的责任制度，其中主要代表国家有美国、瑞典、德国。

（1）美国。在美国，环境污染责任保险被称为污染法律责任保险。自20世纪70年代，美国制定一系列法律法规，通过强制的法律手段推行实施环境污染责任保险。例如，1970年颁发的《清洁水法》，其中就规定所有进入美国水域的船泊都必须投保责任保险。而20世纪80年代初，又颁布了《综合性环境响应、赔偿和责任法》，涉及危险物质运载工具的经营或所有者，要求其以保险的方式承担环境责任。"日不落条款"是美国污染责任保险在保险时效上常用的条款，30 年是缓冲期最长时限，追溯到 70 年代中后期，《资源保全与恢复法》授权国家环保署署长对毒性废弃物的处理、储存或处置制定管制标准，环保署署长在其依法发布的行政命令中，要求业主就日后对第三人的损害赔偿责任（包括对人身和财产的损害）、关闭估算费用以及关闭后 30 年内所可能引发的监测与维护费用必须进行投保。

（2）瑞典。瑞典的环境管理控制十分严格，环境保护意识在全国范围内非常强烈，在环境保护与治理领域上，瑞典在国际上长期处于领先地位。在 20 世纪 90 年代中期，瑞典修订了国内的《环境保护法》，对环境污染责任保险的管理机构、业务人和监督机构的权责进行了明确的规定。同时若被侵权人在前期的侵权诉讼中没有得到相应的赔偿，被侵权人可以通过保险理赔，获得理赔金以弥补相应的损失。环境损害赔偿法及保险制度规定获得环境损害赔偿不受环境损害规模大小、性质优劣、影响广窄、受害人数多少而制约，所有受到环境损害的受害方均可获得赔偿。

（3）德国。德国的环境法制体系已经成为世界上最完善的环境法律体系，德国的环境标准严格程度上最高，使得国际上很多国家将德国的环境法称作"绿色的环境法"。在环境污染责任保险方面，德国最早的法律可以追溯到 1991 年实行的环境污染强制责任保险，其规定全部的企业都要投保。《德国环境责任法》充分考虑了在环境污染事故后对受害人损失进行补偿的问题，设置了诸多预防性措施以保证环境污染侵权人能够履行其赔偿义务。

## 14.4.2　任意环境污染责任保险模式

任意环境污染责任保险模式不再主要依托法律的强制力，其主要核心是以自愿投保为主，法律法规的规定为辅，其中主要代表国家有法国和英国。

（1）法国。在法国，除了法国规定的某些企业必须根据法律进行投保以外，一般情况下企业拥有是否投保环境责任保险的选择权利。早在 20 世纪 60 年代，法国就出现了以一般责任保险单为表现形式的环境污染责任保险，但此时一般环境污染所造成的损失并不计入承保范围。至 70 年代末，开始制定污染特别保险单，承保范围由偶然性和突发性进一步向继续性和反复性扩大。法国的环境损害责任保险以自愿投保为主、强制保险为辅，一般情况下，企业具有参与环境污染责任投保的自主权，相关法律有特殊规定的除外。如果法律规定企业必须参保，企业就必须要参保，例如，法国环境法规定油污损害必须采用强制保险。

（2）英国。英国在法律渊源上遵从判例法，是一个注重法典延续性的国家。这决定了英国法律体系不同于其他国家，在环境立法方面比较分散。英国的环境责任保险是在大量的自主选择种类上，辅之以特定领域上的强制保险。例如，核事故以及油污染责任保险，在 20 世纪 60 年代中期，英国就颁布了《核装置法》，规定核装置所有者必须缴纳不低于 500 万英镑的保金，用于噪声污染等赔偿责任。到了 20 世纪 70 年代中期，国内的保险市场首次对单独、反复性或继续性环境责任进行了承保。

### 14.4.3　国外环境污染责任保险发展经验总结

总结前面内容，国际上各国政府环境保险制度的建立及发展模式有以下五点特征。

第一，环境污染责任保险应该选择强制为主。实施强制保险的模式是国际发展的主流，许多西方国家在该险种建立之初都是采取强制保险模式，有效推动了该险种的发展。

第二，所保范围不断扩大。随着经济技术的发展，法律制度的不断发展完善，有关环境责任保险的风险评估以及专业技术的不断改进，传统环境污染责任保险单一匮乏的承保范围和承保责任已无法满足生产经营企业转嫁自身环境责任风险的需求，因此，环境污染责任保险的保障范围和承保责任需要扩大。

第三，保险费率的差异化和最高赔付限额制度。因为不同地区和不同行业的被保险人对于风险规避有不同的要求，所以在制定保险产品和提供保险服务时要量身定做，符合需要，根据被保险人的实际情况，制定差异化的保险费率，满足不同需要并降低风险。

第四，环境污染责任保险的索赔时效长。与一般的财产保险和人身保险产品相比，环境污染风险处理更加复杂，损失后果更为严重，对于受害人的损失补偿具有不确定性，这种不确定性要求环境污染责任保险的索赔时效要比前两者更长，以美国为例，其保险时效长达 30 年之久。

第五，保险范围集中在重大环境风险。从国外的环境污染责任保险发展历程来看，无论是西方经济发达国家还是发展中国家，环境污染责任保险在实施中首先针对的都是高风险的环境污染事件，这类事件一旦发生，造成的损失与后果极其严重，因此，大部分国家都会首先界定环境污染责任保险的适用范围，对这类风险事件实施强制保险。

## 14.5　促进中国绿色保险发展的对策与建议

（1）借鉴发达国家经验，提高绿色保险发展水平。环境责任保险的发源地点在西方社会的国家，发展过程中逐渐发生分化，产生以美国、德国、瑞典为代表的完全强制责任保险模式和以英国、法国为代表的自愿责任保险模式，这两种模式综合来看，都具有很好的借鉴意义。

第一，要通过利用立法的手段进行保障措施。我国应在新的《中华人民共和国环境保护法》鼓励投保环境污染责任保险的新形势下，加快制定相关行政法规和地方性法规，加强发挥立法的强制作用。第二，建立严格的环境损害赔偿制度，对企业破坏环境的责任要求明确且完整，倒逼企业通过投保环境污染保险的方式进行分散环境破坏风险。第三，依靠政府的引导和支持，例如，成立专门的保险公司等。我国在发展环境污染责任保险方面，一方面要发挥好市场的决定性作用，另一方面要兼顾政府的指导与监督作用。

（2）从供给侧发力，构建全方位的绿色保险供给体系。针对在支持绿色保险有效供给和解决生态环境领域上的突出问题上，在增强保险供给对于需求变化的适应性和灵活性下，要加快环境污染责任保险的供给量。首先，研发和开拓绿色保险产品与服务，大力发展绿色险种，更好地满足绿色产业的发展需要。其次，要积极引导保险资金发展绿色产业，推动保险资金通过股权、债权等多种形式，为绿色产业以及环境基础设施建设和国家生态工业示范园区建设提供资金支持。最后，推动鼓励保险行业深度参与开发环境风险管理，加强与保险经纪公司、第三方评估机构合作，提高环境风险评估、环境风险防范等专业化能力，更多地参与到绿色保险的运营和制定中。

（3）全面深化改革，形成绿色保险发展方式。第一，要推进保险行业的创新，实施创新驱动的发展战略，加速保险行业的体制机制等创新；充分利用当下环境的移动互联网等技术来提高经营管理的水平，顺应时代要求，发展"互联网＋"保险，提高发展水平。第二，转变保险经营方式，注重高质量的业务发展，推动精细化集约化的发展方式。第三，建立健全保险行业信用体系，尝试形成与人民银行征信平台对接的信用管理体系，形成有效的守信激励和失信惩戒机制，努力创造优良的信用环境。

（4）树立绿色保险理念，积极培育公众绿色保险意识。理念是行动作为的先驱，文化是形成的不具体的约束。树立绿色环境理念的关键是注重社会和环境的价值。保险业一方面应加强对从业人员关于绿色保险的理念性教育，使其准确把握保险业、环境保护和可持续发展的关系；另一方面要加强绿色保险的宣传教育工作，提高公众与企业的绿色保险意识，增强投保人的投保及承担环保责任的意愿。

（5）建立再保险制度，确保稳健经营。在绿色保险的实践中，再保险制度已经被利用，并取得了很好的效果。例如，法国组织的再保险联盟。再保险联盟在分散危险、减轻责任以扩大承保能力上发挥了极大的作用，该制度一方面通过"分保"保证原保险人经营能力，另一方面为扩大保险人的承保能力提供了条件，确保了环境保险业的稳健经营。在我国绿色保险的发展初期，实行再保险制度能够为保险公司承保环境责任风险提供有力支持，从而保证承保机构积极参与。与此同时，保险公司承保能力的提升，也会对投保者的投保信心产生积极影响，从而调动环境保险业蓬勃发展。

# 第15章

# 国外绿色金融业务发展经验

目前，国际上的发达国家已经建立起比较完善的绿色金融制度体系，本章将介绍美国，欧洲及日本三个发达国家的绿色金融发展经验。

## 15.1 美国的绿色金融发展经验

美国是最先制定绿色金融体系的众多国家中的一个，缓解了经济进步与生态保护间的不和谐问题，做到了经济进步的长期持久性。美国将政府的宏观调控看作指导与基础，深入研究经济市场与整体经济间的推动关系，把公司的环保生产和社会大众的绿色购物放在整个经济市场大环境下，帮助金融机构走环保经营的道路。

### 15.1.1 美国政府对绿色金融的促进

（1）美国联邦政府对绿色金融的促进。19世纪中后期，格兰特总统发表了《黄石国家公园法》，这预示着美国联邦生态法制开始建立，但实际上美国的环保金融体系最早建立于20世纪。20世纪30年代后期，美国颁布了《公共汽车尾气控制法》，这是美国环保金融体系的最早形式。

1969年，美国制定了《国家环境政策法》，它是美国整合性生态法制的先河，显示出美国的环保金融体系观念。面对日益严重的生态污染状况，美国于20世纪70年代颁布《清洁空气法》《清洁水法》，详细地介绍了针对公共废物、石油污染物等对于空气与水质的破坏，明文规定了相关的惩治手段与解决方法。

20世纪80年代，《超级基金法》成为美国环保金融体系建立的起点。《超级基金法》采用规范资金流向、排放污染物的职责分区、赔付、整理等措施，把政府中的绿色单位、污染物排放源、个体都放到生态保护之中，规范了环保金融进步的执行原则。其中最主要的就是针对金融机构环境保护的行为原则，主要表现在下面三个部分。一是联邦政府在致力污染方面利用了政府的宏观调控与财政支持，采取构建"反应基金"的手段，力图达到帮助受害人获得应有补助的目的。二是采用金融惩治的手段明确规范排放污染物的责任人范畴以及各自必须担负的职责。三是突出表现金融机构的环境职能，提供借贷的金融机构为了确保自身在公司里的投入，积极加入公司运营的监督与裁决当中。

　　2008 年全球遭遇了资源与经济危机，直接造成了 2009 年全球人均工资水平降低、全球交易额减少、全世界范围内的失业人员剧增的局面。针对这类状况，联合国表示必须要执行全世界范围内的绿色新政。美国是这次重大经济威胁的初始地，美国国内受到了严重的影响。为了帮助美国经济走出低潮期，当时的总统奥巴马颁布绿色政策转变，通过规范环保资源来帮助美国经济恢复。

　　2009 年 3 月，美国国会通过了《2009 年美国清洁能源与安全法》的申请，这部法律涵盖了环保资源、资源利用率、全球变暖破坏率、低碳经济四个方面。其目标在于通过提供更多的职位来促进就业，从而进一步促进美国金融复苏，降低对国外石油资源的依赖程度，并且减缓全球变暖的速度。

　　虽然奥巴马时期的环保政策并未发挥出预想的成效，但赋予了美国的环保金融发展新的定义。第一，在环保转变中，美国社会各界、各阶层的民众都积极地帮助环保金融规划的开展。第二，为广人民众提供了很多的职位选择，有效地缓解了美国的失业问题。第三，在监督各区域、各公司的温室气体排放状况上发挥了很大的作用，有利于减少温室气体的排放量。第四，政府实施的财务税收激发策略，也帮助了美国低碳经济的发展与进步。

　　（2）美国州政府对绿色金融的促进。由于生态问题的烦琐性与监管程度的区别性，美国各州在参照国家法制规范的基础上，结合各自的实际生态状况颁布了很多州级生态法制规范。

　　第一，加利福尼亚州绿色金融体系的建立与执行。

　　加州很关注空气污染的监管，特别是交通工具排放的监管。20 世纪 60 年代，州政府建立加利福尼亚空气资源局这一机构，专门进行汽车排放指标的管理与监督。1961 年，这一机构制定了全球首个汽车排放法律规范——强制装置法，规定加州的一切新生产的汽车都一定要安装曲轴箱强制通风装置，这一装置被称为是全球首个汽车净化装置。关于城市建设与房屋构建方面，加州尤其关注节能减排与经济发展的一致性，在 21 世纪初期就开始按照城市建设法来开展工作。

关于排放污染物的水平监督与碳排放的贸易方面，加州处于美国的前列。2006 年颁布的《加利福尼亚州全球变暖解决方案法》使加州成为美国首个能够从法治规范的角度来监督环境问题的州。这部法律明确指出，力争在 21 世纪 20 年代前把温室气体的排放量降低到 20 世纪 90 年代的标准上。

第二，宾夕法尼亚州在执行绿色金融体系方面的投资。

近年来，宾夕法尼亚州环保工作进展飞速，加快健全环保金融的发展和环保经济体系。20 世纪 50 年代，在美国宾夕法尼亚州出现的多若拉烟雾事件，让全球日益关注大气污染。该地政府提出了推动减少污染的电车与替换性的资源利用策略，致力于利用清洁型电车来改善空气污染问题。为此，宾夕法尼亚州颁布了很多方针策略，其中涵盖了：减少或取消消费电车所需缴纳的费用；州环境保护署给予电车充电支持并提供打折活动。

此外，宾夕法尼亚州的洪水监督投入是进行环保金融建设的有效手段，其环保资金的基本设备投入主要在洪水抵抗设备的相关构造上。2009 年，联邦政府提供了 4 460 万美元的鼓励资金来帮助建设宾夕法尼亚州的水资源管理系统。这一资金投入被称作是"环保"投入，主要涵盖了下面四个部分：一是致力于洪水整治、计划、规划和资金单位间形成一种和谐长久的联系，借此来实现环保治理的效果，保证环保形式能够被很好地运用；二是呼吁资金的注入，来帮助建立针对洪水监督环保形式的规范，进而帮助资金的投入者与融资者选用最佳的手段；三是采取多方面、多样化的财务来源，帮助宾夕法尼亚州建立良好的水资源设备，力争改变早期低效的环保形式；四是规范服务范畴，让实施洪水监督形式的监督者了解怎样开展监督以及通过怎样的渠道获取财务支持，以此来进行长久、环保的监督形式。

宾夕法尼亚州的环保经济体制还涵盖了城市的生活垃圾利用与能源化治理，有助于州废物回收再利用产业的进步，为社会工作者给予了八百多万的职位。2002 年费城构建了一个废物再循环金融机构，得到了非常不错的成效。

## 15.1.2　美国金融部门对绿色金融的推动

1980 年，美国"超级基金法案"引发了银行在其放贷、资产管理和投资方面进行环境因素评价。同时，保险机构在接受企业保单时也非常关注受保企业在经营中的潜在环境风险，规避不必要的企业环境风险。另外，1993 年，美国证券管理委员会（SEC）要求上市公司从环境会计角度对自身环境表现进行实质性报告。为此，美国金融机构在经济发展中推出各种绿色产品。

（1）美国各大银行在绿色金融制度规范下实施绿色经营。各银行通过发放贷款、利率调控以及融资等项目，一方面，将其绿色金融产品渗透到个人、家庭、中小企业的零售产品和服务中；另一方面，对全球型的大企业、机构、政府和其他公共机构进行投资（包括项目融资、证券化、私募股权）。通过这些项目的投资，银行将国家绿色金融政策与经济发展相结合，引导资金向绿色行业、项目中流入。主要有以下两个层面。

第一，美国各大银行在零售产品和服务中推出的金融措施。美国各银行在零售产品与服务上的投资主要是通过创新来刺激公司客户积极购买可持续性环保产品，提升其能源利用率。首先，在其"绿色"商业建筑项目上，美国富国银行已提供 7.2 亿美元的捐赠。2006 年，银行已完成了第 12 个 LEED 认证的建筑融资项目。其次，在绿色能源房屋建设项目上，2006 年，新能源银行（NRB）推出"一站式融资"项目，与高能效太阳能技术供应商太阳能公司（SunPower）展开合作，为美国客户住宅太阳能安装提供融资帮助。再次，在节约技术推广项目上，美洲银行、美国环境保护署（EPA）与 11 家美国运输部门进行合作，为美国运输公司采购、推广节油技术提供前期投资资金。最后，在绿色环保存款项目上，岸边银行作为北美第一家致力于经济可持续发展的监管机构，为客户提供生态储蓄（ecodeposits），储蓄资金主要用于本地节能公司借贷，以减少废弃物污染。

第二，美国各大银行在大企业、政府机关和其他公共机构中的绿色投资。银行在此类投资中的项目具体包括抑制碳排放投资项目、风电资产组合融资、替代性燃料融资和可再生能源项目融资计划等。首先，在碳排放投资项目上，美国一些银行投身于开发温室气体排放额度交易平台，主要包括：2007 年 7 月，美国银行在成为芝加哥气候交易所会员时承诺会提高现有温室气体减排目标，3 年内将从芝加哥气候交易所购买 50 万吨二氧化碳当量的温室气体排放权；国摩根大通通过将排放的财务成本进行量化，致力于投资温室气体排放控制；美洲银行为电力部门利益相关者提供融资（包括股权持有），促使电力部门 2008 年的二氧化碳排放量减少了 7%。其次，在风电资产组合融资上，摩根大通作为美国风电能的主要投资者，在 2006 年为风电能市场融资 15 亿美元（为股权持有形式），其中有近 6.5 亿美元投资在该行参与的产品组合开发项目中。目前，该开发项目资金达到 10 亿美元，涉及 26 个风电场的投资。最后，在替代性燃料融资上，西德意志银行曾融资超过 15 亿美元，用于美国各类乙醇工厂的建设与开发，极大地支持了生物燃料领域的发展。在可再生能源项目融资上，2005 年，德克夏银行与美国清洁能源公司（Invenergy）签订的采购协议项目，是首个将风能与风电场开发建设风险相结合的项目，也是全球首个为风能项目提供的全面绿地建设融资项目。

（2）美国绿色保险在绿色金融制度实施中创新发展。在美国，环境保险又称为污染法律责任保险，是以被保险人因污染水、土地或空气而依法应承担的环境赔偿或以治理责任为标的的责任保险，主要分为环境损害责任保险和自有场地治理责任保险。美国早期的环境保险产品包括第一方（财产）保险与第三方（责任）保险，其中第一方财产保险规定的保险产品包括环境恢复保单和恢复费用止损保单。这两项保单内容凸显出绿色金融制度的本质。

（3）发行绿色证券是发展绿色金融的重要环节。随着绿色经济发展模式在全球的推广，世界各国都在加大绿色投资，绿色证券的发行解决了绿色项目发展中资金不足的问题。据联合国环境署统计，2016 年世界上 60 多个国家用于发展绿色金融体系措施的数量已经翻了一倍，达到 200 多项，发行额达到 810 亿美元，也比 2015 年翻了一倍。实践证明，有绿色认证或绿色经营信誉好的企业发行的企业股票和证券更能获得投资者的认购。

## 15.2　欧洲的绿色金融发展经验

### 15.2.1　欧洲政府对绿色金融的推动

"绿色金融"的含义最初来源于生态银行，于 1988 年春在德意志联邦共和国金融中心法兰克福成立，这是全球首家以保护生态为目的银行。因该银行主要经营自然和环境保护信贷业务，并以促进生物和生态事业发展为目的而经营信贷业务，故又称为"绿色银行"。

此后，波兰和英国也相应建立绿色银行。继世界环境与发展委员会《我们共同的未来》中提出"可持续发展"的概念之后，1992 年，联合国环境与发展大会颁布了《里约环境与发展宣言》和《21 世纪议程》等文件，是人类对当今社会可持续发展观念取得初步共识的结晶，使可持续发展和环境保护的理念在国际中得以传播。

绿色金融旨在通过利用最优金融工程解决全球环境污染和温室效应的问题，它注重人类社会生存环境的利益，将对环境的保护、资源的有效利用程度作为计量其活动成效的标准。

### 15.2.2　欧洲机构对绿色金融的推动

（1）英国的绿色金融项目。伴随着英国社会各界环保呼声的高涨，"绿色金融项目"成为近年来英国金融机构产品开发的重点之一。2017 年 7 月英国宣布将于 2040 年起全面禁售柴油汽车，届时市场上只允许新能源环保车辆的销售。

在房屋抵押贷款领域，长颈鹿货币公司于 2007 年推出了"二氧化碳抵押贷款"项目，以贷款房屋前 5 年所排放的二氧化碳总量为基数，从市场上购进等量的二氧化碳排放"配额"，减少了市场上可买卖的"配额"总数，迫使企业设法减少排放。而贷款者则可在一定时间内享受约 2% 的贷款利率折扣。此贷款项目既为房屋贷款者省钱，又有利于全球的气候环境，因而，是一个"双赢"的金融项目。

在银行业务方面，汇丰银行在客户日常服务中设置了"绿色选择"账户。拥有"绿色选择"账户的顾客，其账单将不再通过纸张，而是通过网络银行以电子邮件的形式直接寄出。在必要时，银行与顾客联系的方式为电话和网络，取代了信件邮寄。顾客也不会收到用于营销目的的邮寄品，以及支票本和账单支付本。汇丰银行许诺，在每一"绿色选择"账户开通后，将在一定时间内，向世界自然基金会、地球观察组织以及气候集团捐款 5 英镑。

（2）欧洲投资银行的绿色金融业务。欧洲投资银行（european investment bank，EIB）是欧盟各国政府间的一个金融机构，该行宗旨是利用国际资本市场和欧盟内部资金，促进欧盟内部的平衡和稳定发展。其主要贷款对象是成员国不发达地区的经济开发项目，包括两种形式：普通贷款和特别贷款。为对抗气候变迁，欧盟制定了 2020 年达到温室气体减排 20%、再生能源发电占比 20% 以及提高能源效率 20% 的目标。目前，欧洲投资银行已成为全球最大的气候金融融资机构。以 2011 年为例，气候融资规模已达到 180 亿欧元，约占 EIB 年度总融资金额的 1/3，其中风力发电融资总金额达到 17 亿欧元。风力和太阳能发电已达到 40 亿瓦，相当于 200 万个家庭一年的电力供应量。

EIB 的主要业务包括：融资减排业务、碳基金业务以及资本和借贷业务。

首先，融资减排业务。EIB 直接贷款给再生能源和改善能源效率、促进全球温室气体减排的投资项目。为达到欧盟在 2020 年的减排目标，EIB 估算未来需要再融资 4 500 亿欧元用于再生能源的投资项目。

在再生能源融资方面，EIB 是目前全球最大的风力发电融资机构。例如，自 2006 年以来，EIB 共为西班牙太阳能光热电站（Ge-masolar）（世界上第一家商业太阳能发电厂）融资 26 亿欧元，支持其成为目前全球最顶尖的太阳能电厂。2017 年 12 月 28 日，EIB 和印度的私营部门融资机构印度第四大私营银行（Yes Bank）为印度可再生能源项目提供 4 亿美元的共同融资计划。

EIB 对能源效率项目的融资，自 2008 年以来已大幅调高 70%，至 13 亿欧元。EIB 的主要融资项目，包括供应端的气电共生及区域供热等，以及需求端的公共与私人建筑供暖等。其中，建筑供暖投资主要是旧建筑的能源效率提升投资，约占 EIB 在能源效率融资总额的 50%。

EIB 非常重视清洁运输融资，通过便利的公共运输系统，减轻私人交通对环境造成的负荷。EIB 清洁运输计划项目相当广泛，从公共交通基础设施（如铁路、轻轨、地铁、电车轨道系统）的新建、扩建或重建，到自行车、行人网络以及电动汽车的推广等。

其次，碳基金业务。EIB 也参与碳基金的投资，目的在于扩大 EIB 对全球再生能源和能源效率融资的影响力。比较常见的基金有以下几种。

欧洲能源效率基金。2011 年，EIB 与欧洲委员会及德意志银行等机构，共同推出全新的欧洲能源效率基金（EEEF）。EEEF 设立的宗旨，主要是提供具有商业可行性的再生能源项目的市场化融资。

新月清洁能源基金（CCEF）是针对在土耳其及其周边国家的再生能源行业而成立的一个新的投资基金，该基金于 2011 年由 EIB 以 2 500 万欧元捐款成立，目的是获得商业回馈，同时增加来自再生能源电力供应份额。

欧洲地方能源援助基金（ELENA）由 EIB 和欧洲委员会合资成立，主要目的是帮助地方当局发展能源效率及再生能源项目，改善计划以吸引外部资金。

EIB 在六大欧洲金融机构的支持下，于 2011 年建立玛格丽特基金（MF），目标规模为 15 亿欧元。该基金专门用来作为实施气候变化、能源安全和跨欧洲网络基础设施等欧盟主要政策的投资催化剂，例如，比利时的风力发电项目和法国的太阳能厂等。此外，为支持欧盟以外国家的气候友善项目，该基金提供了 45 亿欧元为能源安全与可持续能源项目融资。

最后，资本和借贷业务。EIB 是世界上最大的跨国借款机构。它在财务上是自主的，其资本部分由欧盟会员国所认购，根据各国在加入欧盟时的经济体量来决定每个国家的份额。EIB 的资本充足率远高于巴塞尔委员会设定的 8% 的最低要求。

EIB 的自有资金及在国际资本市场上的借款是其放贷的主要资金来源。EIB 拥有雄厚的资本基础、优良的资产质量、稳健的风险管理和健全的资金策略等优势条件，连续被三大评级机构评定为 AAA 等级，有能力在市场上以低成本获得资金。

## 15.3  日本的绿色金融发展经验

1950～1970 年，日本金融业发展迅速，但日本的领土不大，能源相对匮乏，遭遇的最大问题就是能源生态问题。1990 年，日本非常关注环保经济的开展，采用环保生态政策，聚焦国内先进科技与财务能力以构建一个和谐的低碳环境，并逐渐着手生态交流，为环保金融与社会的长久发展提供有效的帮助。

## 15.3.1　日本政府对绿色金融的促进

为了保证环保经济活动的有效开展，日本主要采用下面两类手段来加以完成绿色行业与经济市场的沟通：首先是要把资金用于环保产业的发展，主要有开发新资源、保护环境等部分；其次是评估将绿色环保认知放到企业做法的经济主体，进行环境评价等级集资与社会义务投资，给予低碳公司良好的集资环境，促进绿色产业的发展与进步。

日本政府倡导生产者们生产绿色环保物品，推动产销之间的平衡，力争为经济参与绿色环保事业提供优质便利的条件。日本环境省在 2003 年颁布了《环境报告书指导方针》，特别提到了公司的绿色环保职责，要求营业者公开自己企业的环保状况。

2007 年，环境省建立了包括经济单位在内的生态类集资借贷贴息机构，从国家的角度出发开展环保信誉贷款服务。2007 年 11 月，财政部附属的日本金融公库明确推出生态与资源政策资金，为中小型公司给予低利息借贷服务，推动中小型公司在绿色减排范围内的机械改造。

为了有效解决日本环境机构与金融机构之间的连接问题，环境省在 2010 年颁布了《环境与金融：金融部门在建设低碳社会中的新作用》，规定了生态经济行为准则，倡导环保经济的大范围、大面积使用。2010 年 10 月，日本颁布了《21 世纪金融行动原则》，明确指出经济产业要帮助日本向可持续社会转变，并规定了七条主要的实施做法，这充分显示出日本经济产业在绿色生态上的自觉性。

2013 年 6 月，公益财团法人日本环境协会建立了生态化集资利息补助资金体系。目标是帮助推动经济组织对生态化公司的集资。日本政府向积极应对全球变暖的企业提供有效的补贴，但借贷公司一定要保证能够在三年里降低三个百分点的二氧化碳排放量，针对那些没有完成规定的企业实施收回利息补贴的政策。同时，经济组织设置了绿色生态化集资体系，来规范基金法人的应用领域。日本政府还执行环保汽车减免税收体制、太阳能发电剩余电力收购体系、环保建筑返点体系、环保汽车消费补贴体系等。

### 15.3.2　日本银行体系对绿色金融的促进

（1）日本政策投资银行（DBJ），是一类不过分看重经济效益、不参加市场经济竞争的国家性经济组织，目标是给予各类发展项目持久稳定的财政支持。2004 年，DBJ 第一次开展了"环境评级贷款项目"（environmentally rated），把生态等级评价纳入集资环节，这是全世界范围内首个建立在绿色等级评价基础上的集资服务体系。其中，最重要的内容是借贷公司要开展绿色等级评定，依照评定结果来确定借贷利率的择选体制（如图 15 – 1 所示）。

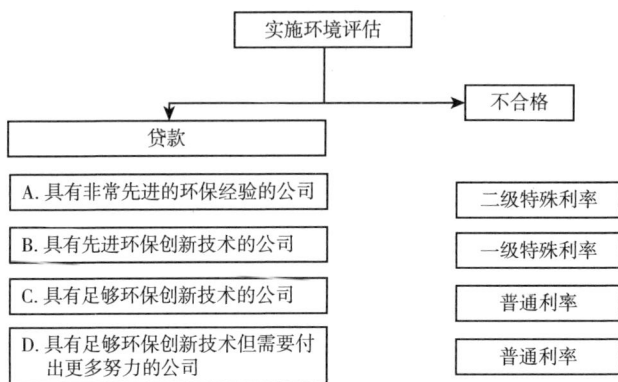

**图 15 – 1　DJB 环境评级贷款项目环保评级与利率种类划分**

资料来源：日本政策投资银行。

这一项目的特征：第一，依照生态等级评定的结果来决定折扣利率；第二，参考全世界绿色生态指标开展公正、体系化的评定；第三，采用与客户直接交谈的形式，获得最直观、真实的评定结论；第四，把等级评定的结论普遍应用于实践；第五，适合应用于在规模上存在差异的公司。

在 DBJ 的评级系统中，针对借贷环节中关于生态状况的评定可以划分为以下三种：首次评定、实地考察、二次评定。首次评定是针对公司的生态环保方面的数据开展探究；实地考察是为了获得没有公开的数据；二次评定是所有工作组成员一起对其开展公正的审查监督，最终获取生态评定的结论。DBJ 和金融机构进行以环保评价等级为主要内容的环境联结集资事务，目标在于推动公司高效履行社会职责，大致涵盖了项目数据的共用"债券发行"借贷投入，以及等级评定结论等方面的合作。

（2）国际协力银行（JBIC），是针对那些绿色生态的项目，通过集资、担保以及出资的方法来大力提供资金帮助。2006 年，JBIC 专门设置了经济生态工程部门，用来辅助绿色生态项目。这一部门与借贷部门之间的合作要通过经济转变，为公司给予针对性、职业化的服务，借此来提高企业项目的经济效益，减少集资的资金投入。JBIC 利用日本企业具备的生态技能，并使用日本温室气体节能资金大力参加全球合作，进一步协助其他国家进行绿色生态项目。

JBIC 在评定项目是不是绿色化的时候，要依据下面的环节与步骤来开展。第一，参考项目对自然、生态的影响程度大小来开展"过滤监督"工作；第二，实施"生态评定"，分析项目的进行是不是能够帮助生态的改善；第三，确认监督测查的结论，以分析是不是要进行资金投入以及借贷之后会可能会存在的影响。

（3）2003 年 10 月，日本瑞穗实业银行（MHTB）明确表示此后遵循赤道原则，这是亚洲首个赤道金融机构。瑞穗金融集团 2003 年制定的《行为准则》，明确把生态因素划归到了商业裁决的考虑范围中。MHTB 另外还专门成立了可持续发展机构，专门负责赤道原则的执行，严格按照赤道原则实施相关环节与步骤，以及标准化体制，逐渐优化内部监督体系。MHTB 在评价估量事务威胁的时候一般是通过矩阵式监督的方式，把生态与社会影响划为 ABC 三个种类，然后再把三个种类分别又划为高、中、低三种程度的威胁，最后得到九种差异化的行为监督规划。

（4）三菱东京银行（UFJ）也遵循赤道原则，针对项目集资活动的开展执行非常严谨的环保审查监督。这一金融机构通过政府手段来刘公司的节能减排活动给予相应的支持，并积极参加政策性经济单位对生态绿色项目的集资活动。直到 2015 年，这一金融机构已经为 20 多个项目给予了集资帮助，其采用与国际协力银行（JBIC）合作的形式，对可再生资源的绿色项目的开展给予集资帮助。

# 第16章

# 中国绿色金融评价标准研究

近年来，我国绿色金融政策发展快速。截至 2018 年末，我国绿色信贷规模超过 9 万亿元，绿色债券发行额突破 300 亿美元，全球占比超过 20%。截至 2019 年 5 月底，全国碳市场试点配额累计成交二氧化碳 3.1 亿吨，累计成交额约 68 亿元。政府、企业绿色发展基金加快设立，在浙江省、广东省等地建立了绿色金融改革创新试验区。虽然我国绿色金融发展势头良好，但是各地区绿色金融发展水平如何评价尚无统一的标准，因此，建立统一的绿色金融评价标准十分必要。

## 16.1　国际绿色金融标准体系

绿色金融体系涵盖了企业、金融机构、投资者以及中介机构等市场主体；由各类金融产品与服务构成的客体，以及市场环境三个维度，作为反映特定市场状况的量化测度，绿色金融的标准体系也应从上述三个维度入手，进行分析与归纳。

### 16.1.1　主体维度

绿色金融市场的主体，包括融资企业，金融机构和投资者。相关主体对环境保护及可持续发展的关注，是绿色金融市场区别于普通金融市场的基本特征。在"主体"的维度上，绿色金融指数根据分析对象和功能的不同，可以分为两类：反映企业生产经营过程绿色绩效的指数，以及反映金融机构践行绿色责任的指数。

企业绿色绩效指数，是对相关企业生产、经营过程中造成的环境影响进行的量化度量，不仅能够反映绿色理念在企业间的认知与落实情况，还可以为绿色金融产品开发提供依据，是绿色金融健康、有序、规模化和多元化发展的重要基础。

近年来，追求长期价值增长、兼顾经济和社会效益的社会责任投资理念在资产管理行业受到越来越多的重视，以环境（E）、社会（S）和公司治理（G）为核心的 ESG 投资成为新兴的投资策略，很多国家和地区相继出台了 ESG 的相关政策。

（1）ESG 发展的历史沿革。在企业绿色绩效指数体系中，由联合国责任投资原则组织（UN-PRI）提出的 ESG 框架影响最为广泛。ESG 社会责任投资在选择投资标的时，不仅关注其财务绩效，而且关注其社会责任的履行，考量其在环境、社会及公司治理方面的表现。在 ESG 理念下，投资决策和行为注重考量企业的环境保护、对社会的贡献和良好的公司治理。

20 世纪 60～70 年代，应投资者和社会公众的需求，在投资选择中开始强调劳工权益、种族及性别平等、商业道德、环境保护等问题。例如，美国的帕斯全球基金（Pax World Funds，1971），拒绝投资利用越南战争获利的公司，并强调劳工权益问题；英国的梅林生态基金（Merlin Ecology Fund，1988），只投资于注重环境保护的公司。

20 世纪 90 年代，社会责任投资由道德转向投资策略层面，综合考量公司的 ESG 绩效表现，衡量其对投资风险和投资收益的影响。联合国环境规划署在 1992 年里约热内卢的地球峰会上提出了金融倡议，希望金融机构把环境、社会和治理纳入决策过程。2006 年形成了联合国社会责任投资原则。

（2）ESG 在国际上的发展。从全球来看，各经济体自发行动，区域合作机制、社会团体以及金融市场"自下而上"的需求不断推动，相关指引框架和投资机制不断健全，包括全球报告倡议组织可持续发展报告指引、国际标准化组织的 ISO26000 社会责任指引、联合国责任投资原则协定、环境规划署金融行动（UNEP-FI）、可持续发展会计准则委员会（SASB）针对不同行业制定的系列可持续会计准则等，以及 CDP、气候信息披露标准委员会、金融稳定理事会气候变化相关金融信息披露工作组等组织。

ESG 是倡议性的投资决策框架，PRI 未对其具体的内容和评估方法做出统一的规定，只是提示性地列举了影响企业环境绩效的部分考量因素，因此，在应用中采用主观打分，将定性的信息定量化。具体而言，首先，根据 ESG 框架体系设定考察内容。其次，针对各项内容，调研"最佳实践"。在此基础上，评估被考核企业或机构与"最佳实践"的差距，并进行打分。最后，对各项分值赋以权重，并计算综合分值。由于不同机构对 ESG 框架的具体内容有认识上的差异，对"最佳实践"以及分项权重的设定也可能存在差异，因此，ESG 指数没有统一的标准。

随着责任投资的不断发展，ESG 框架的理念受到了金融市场越来越高的关注。根据美国可持续投资论坛组织（USSIF）2016 年的报告，美国责任投资规模超过 8.72 万亿美元，其中 8.1 万亿元是 ESG 投资。欧洲可持续投资论坛组织（EUROSIF）2016 年的报告显示，欧洲责任投资规模（SRI）接近 23 万亿欧元，其中 2.6 万亿欧元是 ESG 投资（见表 16 - 1）。

表 16 - 1 ESG 框架主要内容

| 环境因素 | 社会因素 | 公司治理因素 |
|---|---|---|
| 减缓和适应气候变化 | 劳动力多元化与平等 | 现代企业治理结构 |
| 控制危险、有毒、核废物 | 保护人权 | 劳资关系维护 |
| 提高资源利用效率 | 消费者权益保护 | 股东权利保护 |
| 提高环境可持续性 | 动物权利保护 | 会计准则 |

资料来源：https：//en wikipedia org/wiki/Environmental，_social_and_corporate_governance#cite_ref - 13.

企业绿色绩效指数是判断企业、项目以及产品是否符合"绿色性"的标准，更是开发绿色股票、债券指数过程中标的筛选的重要依据。随着绿色金融市场的快速发展，完善企业环境监测与信息披露机制，构建绿色绩效指数体系，对于促进责任投资的发展，以及激发绿色股票、债券指数等的开发有非常重要的作用。

## 16.1.2 客体维度

国外绿色产业起步较早，绿色金融市场的发展也相应较为成熟，呈现发行主体、投资主体、产品结构多样化的发展态势。从市场需求入手，可以将国外绿色金融产品分成以下几类（见表 16 - 2）。

表 16 - 2 国际绿色金融产品按市场需求分类

| 具体产品 | 服务对象 | 金融属性 | 发行主体 |
|---|---|---|---|
| 项目贷款 | 企业/大型项目 | 信贷 | 银行 |
| 融资租赁 | 企业/大型项目 | 信贷 | 银行 |
| 能效贷 | 个人/小型商业项目 | 信贷 | 银行 |
| 房产抵押贷款 | 个人/小型商业项目 | 信贷 | 银行 |
| 汽车消费贷款 | 消费金融 | 信贷 | 银行 |
| 绿色信用卡 | 消费金融 | 信贷 | 银行 |

| 具体产品 | 服务对象 | 金融属性 | 发行主体 |
|---|---|---|---|
| 债券 | 企业大型项目 | 证券 | 投行 |
| 股权 | | | |
| 指数 | 市场投资者 | | |
| 衍生品 | | | |
| 投资基金 | | 资管 | 资管 |
| 碳资产管理 | | | |
| 环境责任险 | 企业大型项目 | 保险 | 保险 |
| 巨灾险 | | | |
| 财产险 | 个人、企业 | | |

（1）绿色信贷标准。

一是赤道原则。赤道原则（EPs）是 2003 年由花旗集团等私人银行根据世界银行的环保标准提出的，其在 2006 年重新修订后确立了项目融资环境与社会评审的最低行业基准。该原则是参照国际金融公司（IFC）的可持续发展政策与指南建立的一套自愿性金融行业基准，旨在判断、评估和管理项目融资中的环境与社会风险。截至 2017 年 7 月，全球已有 37 个国家的 90 家银行和金融机构表示接受"赤道原则"，涵盖了新兴经济体 70% 以上的国际贷款项目。赤道原则将项目按照对于环境和社会的影响分成 A、B 和 C 三类（见表 16-3）。

表 16-3　　　　　　　　　　　　赤道原则主要分类方式

| 类别 | 特　　征 |
|---|---|
| A | 项目对环境和社会有潜在重大利益，涉及多样、不可逆转或前所未有的影响 |
| B | 项目对环境和社会影响可能有限和/或数量较少，而影响一般局限于特定地点，且大部分可逆并易于通过减缓措施加以解决 |
| C | 项目对社会和环境影响轻微或无不利风险和/或影响 |

资料来源：https：//baike. so. com/doc/5766293 – 5979061. html.

二是个人与小型绿色项目产品标准。个人与小型绿色项目产品包括绿色房产抵押贷款、绿色商业楼宇贷款，以及为个人或企业购买、更新和使用绿色节能环保设备、新能源设施，为小型节能高效生产设备提供融资的能效贷款（见表 16-4）。

表 16 - 4　　　　　　　　　　　国际个人与小型绿色项目产品标准

| 分　类 | 要　　　求 |
|---|---|
| 绿色房产抵押贷款 | 以国家或者行业标准为基础，对经过第三方认证满足绿色建筑标准的住宅提供优惠利率、低费率等 |
| 绿色商业楼宇贷款 | 借助金融市场工具为业主购买绿色建筑的额外成本进行融资，以实现的节能收益偿还贷款本息，或者建立节能效益基金作为贷款担保，政府或第三方机构的能效认证是产生节能收益的基础保障。加拿大多伦多市政府与商业房产开发集团合作，发起"绿色贷款"行动，由多伦多气候基金（TAF）对绿色建筑的额外建造成本提供融资，并由业主设立节能基金用于偿还贷款本息。"绿色贷款"的商业房产需经第三方认证比国家标准节能 25% 以上 |
| 能效贷款 | 针对个人与小规模企业绿色环保和高能效设备的购买、使用与升级的贷款，比普通贷款享有低息、低费率等优惠及较低的抵押担保要求、灵活的还款条件 |
| 绿色租赁 | 以融资租赁的形式为企业更新或添置环境友好型设备提供融资，绿色技术设备融资租赁，具有相对较低的融资成本，一方面来自新技术、新设备带来生产效率的提高以及节能收益的增加，另一方面则是来源于政府对相关设备提供的税收抵扣、加速折旧等优惠政策 |

资料来源：https：//baike. so. com/doc/5766293 - 5979061. html.

三是绿色消费金融产品标准。引导消费者采取绿色、可持续的消费行为，是绿色金融的另一项重要任务。从目前国际绿色消费金融产品的发展经验看，绿色汽车消费贷款和绿色银行卡是最主要的两种绿色消费金融产品（见表 16 - 5）。

表 16 - 5　　　　　　　　　　　国际绿色消费金融产品标准

| 分　类 | 要　　　求 |
|---|---|
| 绿色汽车消费贷款 | 加拿大对各款低排放车的能效进行评级，据此设定贷款利率。能效最高的一级车辆的最低贷款利率比普通车辆低 3~4 个百分点；<br>澳大利亚针对市场上所有的车款都进行了能效和排放评估和分级，并根据能效级别设定不同的贷款利率；<br>欧美市场建立完善的汽车能效与排放认证体系，成为绿色车贷发挥环境效应的重要前提 |
| 绿色银行卡及个人账户 | 荷兰、德国及部分北欧国家发行将碳减排行动与用户消费行为挂钩的绿色信用卡，用户用该卡购物，发卡机构即在碳交易市场上购入与该消费品生产和使用所产生的二氧化碳相应的配额，进行碳抵减；<br>巴克莱银行对用户购买环保产品和服务，例如节能型设备或公共交通卡等时提供优惠的借款利率；<br>美洲银行发起一项个人账户管理活动，承诺每有一位客户选择停止递送纸质对账单，其就会向非政府组织提供 1 美元的捐款 |

资料来源：https：//baike. so. com/doc/5766293 - 5979061. html.

（2）绿色债券标准。

一是绿色债券原则（GBP）。GBP是国际市场最早被市场主体普遍接受的绿色债券自愿性指引，由国际资本市场协会（ICMA）联合多家金融机构在2014年推出，最新于2017年6月再修订。GBP列述了绿色债券项目的行业类别范围，并为发行人在债券发行前后的行为标准提供了指引参考（见表16-6）。

表 16-6　　　　　　　　　　绿色债券原则（GBP）主要内容

| 募集资金用途 | 发行人在债券法律文件中对资金用途进行描述，对绿色项目产生环境收益做量化评估 |
|---|---|
| 项目评估流程 | 发行人应给出符合条件项目的具体流程，包括如何判断项目是否符合GBP中绿色项目类别定义，使项目符合环境可持续发展和绿色债券收益标准的目标 |
| 募集资金管理 | 绿色债券净收益应被放在专门账户中，由发行人运用适当方式进行跟踪监督，通过内部正式流程表明资金用于绿色项目的投资和运作 |
| 出具年度报告 | 对于募集资金用途报告，发行人每年至少需要提供一次绿色债券收益使用情况、绿色项目清单等 |

资料来源：《绿色债券原则2017》。

二是气候债券标准（CBS）。这是气候债券倡议组织针对低碳气候领域的债券发行制定的，并组织开发了气候债券标准和认证，提供了用于市场统一识别的"绿色认证"的认证流程。气候债券标准于2011年发布，2015年进行了订正（见表16-7）。

表 16-7　　　　　　　　气候债券标准（CBS）项目分类及认证要求

| 项目分类 | 可再生能源与能源管理<br>工业能效项目<br>废弃物与污染物控制<br>农林与土地利用<br>清洁交通<br>气候变化适应<br>信息技术和通信<br>低碳建筑 |
|---|---|
| 认证要求 | 与验证机构合作，进行认证程序监督。包括发行前认证、发行后认证及定期认证 |

资料来源：中国金融信息网、碳交易网。

三是绿色金融衍生品标准。目前国际市场上常见的绿色金融衍生品主要包括绿色资产支持证券（ABS）、绿色指数产品以及绿色资产管理服务等（见表16-8）。

表 16 - 8　　　　　　　　　　　国际绿色金融衍生品标准

| 分　类 | 要　求 |
|---|---|
| 绿色资产支持证券 | 强化对相关基础资产进行详细的信息披露，从源头确保资金使用到指定绿色项目 |
| 绿色抵押贷款支持证券（MBS） | 以绿色房产抵押贷款，或者绿色商业建筑贷款为基础资产，将其结构化后出售给投资者。房利美（Fannie Mae）设立了绿色房贷项目，为经过能源之星（Energy Star）认证的房产提供优惠贷款；同时以该项目下的抵押贷款为基础，发行 MBS。房利美的这项 MBS 是基于单一贷款项目，而非大量贷款项目的组合。因此，房利美每发放一单抵押贷款，就相应发行一份绿色 MBS 进行再融资 |
| 绿色股票指数 | 以各交易所上市的绿色相关企业股票价格，通过一定方法核算得到，根据各企业碳排放效率或者环境表现调整指数权重 |
| 绿色债券指数 | 除了直接以绿色债券价格作为指数核算依据外，还有部分指数对传统计算方法进行修正，依据发行企业的环境表现或相关绩效进行加权 |
| 企业碳排放权等碳资产管理 | 对企业或其他主体所持有的环境资产进行管理，实现其货币价值的保值、增值，其中最主要的是对于企业排放权等碳资产的管理 |
| 绿色基金 | 明确将投资目标限定于特定产业，以新能源及节能设备产业为主；或更偏向于在环境保护、可持续增长等相关领域表现较好的项目 |

资料来源：中国金融信息网、碳交易网。

（3）碳金融相关产品标准。《京都协定书》为全球减排行动以及排放权一体化市场搭建起了制度框架，而欧盟排放权交易机制（EU-ETS）的发展则实现了碳减排量规模、标准化交易（见表 16 - 9）。

表 16 - 9　　　　　　　　　　　国际碳金融相关产品标准

| 分　类 | 要　求 |
|---|---|
| 碳基金 | 大多以在清洁发展机制（CDM）下从发展中国家购买或直接投资于减排项目从而获得核证碳减排量（CER 或 ERU），并提供给客户用于完成减排指标，或直接在欧洲市场销售的方式获得利润（即碳市场的一级市场业务） |
| 碳资产托管和管理服务 | 核证减排量（CER 和 ERU）在碳排放二级市场上与排放权（EUA）一起，构成了碳交易的标的资产。由于企业持有碳资产与排放结算之间在时间上是分离的，因此，金融机构为企业提供碳资产托管、回购等服务，利用这个时间差实现碳资产的增值 |
| 基于碳排放的金融衍生产品 | 碳排放交易市场价格波动催生了控排企业以及其他相关投资者的风险控制需求。为此，欧洲部分投资银行开发了基于碳排放的金融衍生品，包括期货、期权、掉期协议等。这些衍生品的交易在欧洲市场上与排放权一样，通过场内（专业交易所的交易平台进行）与场外（由大投行撮合的双边直接交易）同时进行 |

资料来源：中国金融信息网、碳交易网。

（4）绿色保险标准。目前国际市场涉及"绿色"范畴的保险品种，主要包括环境责任险、绿色产险、巨灾险以及碳保险。绿色保险的"绿色"属性主要表现在两方面：针对环境、气候风险，以及绿色效益不确定性（见表16-10）。

表16-10　　　　　　　　　　　　　国际绿色保险标准

| 分　　类 | 要　　求 |
| --- | --- |
| 环境污染责任保险 | 美国、瑞典、芬兰为代表的国家以强制责任保险为主、自愿责任保险为辅的体制；<br>德国、意大利为代表的以国家利益和公众利益为目的的强制责任保险与财务保证或担保相结合的制度；<br>英国、法国为代表的国家以自愿责任保险为原则，仅在特殊领域实行强制责任保险的体制 |
| 针对节能及新能源汽车，以及绿色建筑领域的保险 | 英杰华集团为混合动力及节油型汽车提供10%的保费优惠；美国加利福尼亚州消防员基金保险公司发行绿色建筑置换更新险（Green-Gard），为节能/节水型住宅及现有建筑的绿色改造中的投资提供保险 |

资料来源：中国金融信息网、碳交易网。

## 16.1.3　市场维度

将绿色金融市场及其发展环境作为一个整体，进行全局性、系统性的评价，有助于了解绿色金融发展的时空阶段和评价绿色金融相关政策的总体效果。然而，由于目前不论是国际还是国内，绿色金融统计数据透明度和可得性均不足，导致绿色金融市场发展指数等定量分析的研究成果有限。对市场总体发展情况的评估可以从两个角度入手：评估绿色金融实现资金配置目标的效果和绿色金融市场环境。

债务融资工具（绿色信贷、绿色债券）、权益融资工具（绿色股票、绿色发展基金）的发行总规模反映了绿色金融市场引导资金的效果。绿色保险投保金额、碳配额价值等指标也反映了绿色金融市场相应领域的资源配置规模。市场流动性是反映市场环境的重要指标，表明市场对绿色金融产品的接受程度。基于绿色信贷、债券、股票等基础资产，衍生出的绿色信贷ABS、绿色指数投资产品、绿色主题投资基金等衍生产品和服务，主要提高市场总体的流动性。

由于不同产品在功能、风险结构，以及权责特征等方面都存在差异，因此，简单加总缺乏明确的经济意义，需要通过指数化、标准化，以及赋权方法，构建综合指数（见表 16 - 11）。具体方法的选择取决于指数的应用：在跨地区、跨市场对比时往往将绝对量折算成相对指标，进而对指标进行标准化并通过熵权法、主观赋权法等方法设定权重，计算综合指标（曾学文等，2014；上海市金融办，2016）；在跨期分析时，则不需折算成占比指标，而可以直接指数化并通过主观赋权方法进行赋权，计算综合指数。

表 16 - 11                      绿色金融发展指数体系要素结构

| 分　类 | | 规模（占比） | 衍生品 |
|---|---|---|---|
| 融资功能 | 绿色信贷 | 余额 | 绿色信贷 ABS；绿色金融债 |
| | 绿色公司/企业债券 | 余额 | |
| | 绿色股票 | IPO 和股权再融资规模 | 绿色股票指数；绿色投资基金 |
| | 绿色发展基金 | 资产规模 | |
| 绿色保险 | | 环责险、巨灾险投保额 | |
| 碳金融 | | 碳配额、CCER 总值 | |

资料来源：中国金融信息网、碳交易网。

## 16.2　中国现有绿色金融标准体系

2017 年，中国人民银行等五部门联合发布了《金融业标准化体系建设发展规划（2016—2020）年》，提出的绿色金融标准体系主要包括产品标准、信息披露标准，以及绿色信用评级标准。

### 16.2.1　产品标准

（1）绿色信贷标准。中国人民银行在 2018 年建立了《绿色贷款专项统计制度》，对绿色贷款专项统计实行管理引导。中国银监会等在《绿色信贷指引》的基础上，先后出台了《绿色信贷统计制度》《绿色信贷实施情况关键评价指标》《能效信贷指引》等绿色信贷政策，明确提出绿色信贷范围（见表 16 - 12）。

表 16 – 12　　　　　　　　　　　国内绿色信贷标准

| 分　类 | 要　求 |
|---|---|
| 中国人民银行《绿色贷款专项统计制度》 | 一是绿色贷款统计。包括对节能环保项目及服务贷款的统计，包括 12 类：绿色农业开发项目的贷款、绿色林业开发项目的贷款、工业节能节水环保项目的贷款、自然保护、生态修复及灾害防控项目的贷款、资源循环利用项目的贷款、垃圾处理及污染防治项目的贷款、可再生能源及清洁能源项目的贷款、农村及城市水项目的贷款、建筑节能及绿色建筑项目的贷款、绿色交通运输项目的贷款、节能环保服务贷款、采用国际惯例或国际标准的境外项目的贷款。二是对存在环境、安全等重大风险企业贷款的统计。包括 4 类：涉及环境保护违法违规且尚未完成整改的企业贷款、涉及安全生产违法违规且尚未完成整改的企业贷款、涉及落后产能且尚未完成淘汰的企业贷款、涉及职业病预防控制措施不达标且尚未完成整改的企业贷款 |
| 中国银监会《绿色信贷统计制度》 | 节能环保项目及服务贷款统计口径包含 12 类贷款，分别为工业节能节水环保项目、可再生能源及清洁能源项目、建筑节能及绿色建筑项目、垃圾处理及污染防治项目、自然保护、生态修复及灾害防控项目、资源循环利用项目、绿色交通运输项目、农村及城市水项目、节能环保服务、绿色农业项目、绿色林业项目等 |

资料来源：中国金融信息网、碳交易网。

（2）绿色债券标准。国内现有的绿色债券标准主要包括《在银行间债券市场发行绿色金融债券的公告》《绿色债券支持项目目录》（以下简称《目录》），以及国家发改委发布的《绿色债券发行指引》（以下简称《指引》）。2016 年上交所发布的《关于开展绿色公司债券试点的通知》对《目录》和《指引》进行了补充（见表 16 – 13）。

表 16 – 13　　　　　　　　　　　国内绿色债券标准

| 分　类 | 要　求 |
|---|---|
| 中国金融学会绿色金融专业委员会《绿色债券支持项目目录》 | 6 大类和 31 小类，包括节能、污染防治、资源节约与循环利用、清洁交通、清洁能源、生态保护和适应气候变化等类别项目 |
| 国家发改委《绿色债券指引》 | 项目范围包括 12 大类，分别为节能减排技术改造、绿色城镇化、能源清洁高效利用、新能源开发利用、循环经济发展、水资源节约和非常规水资源开发利用、污染防治、生态农林业、节能环保产业、低碳产业、生态文明先行示范实验、低碳试点示范 |

资料来源：中国金融信息网、碳交易网。

## 16.2.2　信息披露标准

人民银行、沪深交易所及交易商协会公布了关于绿色债券信息披露的标准

（见表16－14）。要求发行人按年度或半年度披露募集资金使用、项目进展以及环境效益等情况。另外，国内银行按照《绿色信贷指引》，定期披露绿色信贷投放情况及实现的节能减排环境绩效。基金业协会也在积极推进研究，探索上市公司 ESG 评估体系。

表 16－14　　　　　　　　　　　国内绿色金融信息披露标准

| 绿色金融产品 | 信息披露标依据 | 信息披露标准 |
| --- | --- | --- |
| 绿色项目环境影响及资金用途信息披露 | 中国人民银行《中国人民银行公告〔2015〕第 39 号》 | 发行人应当按季度向市场披露募集资金使用情况，应当于每年 4 月 30 日前披露上一年度募集资金使用情况的年度报告和专项审计报告，以及本年度第一季度募集资金使用情况，并将上一年度绿色金融债券募集资金使用情况报告中国人民银行 |
| | 中国证监会《关于支持绿色债券发展的指导意见》 | 按公司债一般规定披露常规信息，同时披露资金使用情况、绿色项目进展和环境效益等 |
| | 交易商协会《非金融企业绿色债务融资工具业务指引》 | 按一般规定披露信息；按半年度披露资金使用和绿色项目进展情况 |
| | 中国银监会《绿色信贷指引》 | 公开绿色信贷战略和政策；披露绿色信贷发展情况；依据法律法规，披露涉及重大环境与社会风险影响的授信情况等相关信息 |
| 上市公司强制性环境 | 中国证监会《公开发行证券的公司信息披露内容与格式准则第 2 号——年度报告的内容与格式（2015 年修订）》 | 要求部分重点排污单位自 2017 年起强制披露污染排放情况 |
| | 港交所《ESG 报告指引》 | 对在港交所挂牌的上市公司提出 ESG 信息披露要求，明确了需要披露的"关键绩效指标（KPI）" |

资料来源：笔者自行整理。

## 16.2.3　认证评级标准

绿色认证评级标准援引各具体行业相关技术标准、排放标准等，主要包括金融机构绿色信用评级、绿色债券评级、企业主体绿色评级和 ESG 评估四个方面（见表 16－15）。

表 16 – 15　　　　　　　　　　国内绿色金融认证评级标准

| 评级对象 | 评级部门 | 评级标准 |
|---|---|---|
| 金融机构绿色信用评级 | 中国银监会 | 对绿色信贷 KPI 指标的评价 |
| | 中国人民银行 | 宏观审慎评估体系（MPA） |
| 绿色债券评级 | 中国人民银行、中国证监会 | 《绿色债券评估认证行为指引（暂行）》 |
| | 东方金诚 | 《自然环境信用分析框架暨绿色债券信用评级方法》 |
| | 中诚信国际 | 《中诚信国际绿色债券评估方法》 |
| 企业主体绿色评级 | 联合赤道环境评价有限公司 | 《企业主体绿色评级方法体系》 |
| | 环境保护部、国家发改委、中国人民银行、中国银监会 | 《企业环境信用评价办法（试行）》2013 |
| | 环境保护部和国家发改委 | 《关于加强企业环境信用体系建设的指导意见》2015 |
| ESG 评估 | 润灵环球责任评级（RKs）机制、中国社会科学院经济学部企业社会责任报告评级机制、中证指数有限公司 ECPI-ESG 机制 | 中国社科院企业社会责任研究中心则主要针对企业社会责任报告本身开展评级工作；RKs 体系包括 ESG 评级、企业社会责任报告评级、社会责任投资者服务等；ECPI-ESG 评级体系则更关注公司在环境保护、社会责任和公司治理方面的长期表现 |

资料来源：笔者自行整理。

（1）金融机构绿色信用评级。

金融机构是绿色金融市场的另一类重要主体。通过指数量化地评估金融机构落实绿色责任的效果，有利于在金融市场和机构间开展绿色金融业务的合作（见表 16 – 16）。

表 16 – 16　　　　　　　　　国内金融机构绿色业务评价案例

| 机 构 | 报 告 | 基本内容 |
|---|---|---|
| 马塞尔·杰肯 | 《金融可持续发展与银行业》《金融部门与地球的未来》 | 将银行对待环境保护的态度分为抗拒、规避、积极和可持续发展四阶段。通过调研，对全球 34 家知名银行进行了绿色金融发展评价 |
| WWF、中国银监会、PWC | 《中外银行绿色绩效比较》 | 采用待查问卷的形势，对国开行、工行等 12 家中国银行与花旗银行等 10 家赤道银行开展绿色金融的行为进行了比较评价 |
| 可持续发展工商理事会（WBCSD）、UNEP | 《金融业的环境绩效评价体系》 | 定性衡量了四种类型金融机构在环境保护、可持续发展领域的表现 |
| 环境保护部环境与经济政策研究中心现生态环境部环境与经济政策研究中心 | 《绿色信贷报告》 | 采用专家打分法，从绿色信贷战略、绿色信贷管理、绿色金融服务、组织能力建设、沟通与合作五个维度对我国 50 家中资银行绿色信贷实施成效和信息披露水平进行评价 |

续表

| 机　构 | 报　告 | 基本内容 |
|---|---|---|
| 绿色家园等 9 家民间组织 | 《中国银行业环境记录》 | 利用社会责任报告等公共信息，对我国 14 家中资上市银行和 3 家在华外资赤道银行（花旗、汇丰、渣打）的绿色金融情况进行定性分析 |
| 碳信息披露组织（CDP） | 《CDP 年度报告》 | 对全国包括金融机构在内的 5000 多家公司碳披露情况的支票评价 |
| 英国国家可持续发展中心 | 关于银行绿色服务渠道的评价分析 | 构建了评价银行渠道与绿色金融关系的指标，欧诺个就网点、电子机具以及虚拟银行三种渠道形势在节约能源、环境保护绩效 |

资料来源：曾学文等，中国绿色金融发展程度的测度分析，《中国延安干部学院学报》，2014 年 7 卷 6 期。

（2）绿色债券认证评级。

开展绿色债券第三方认证业务的第三方认证机构，包括安永、普华永道、德勤、商道融绿等国外知名认证机构，也有中节能咨询、中债咨信等国内认证机构，以及中央财经大学气候与能源金融研究中心、北京中财科创绿色投资有限公司等国内研究机构。我国不少评级机构也开始了绿色债券评级工作，并发布了评级方法及认证体系，如东方金诚的《自然环境信用分析框架暨绿色债券信用评级方法》，中诚信国际的《中诚信国际绿色债券评估方法》等。

（3）企业主体绿色评级。

2013 年，环境保护部、国家发改委、中国人民银行、中国银监会印发了《企业环境信用评价办法（试行）》，将企业的环境信用分为环保诚信企业、环保良好企业、环保警示企业、环保不良企业四个等级，并以绿牌、蓝牌、黄牌、红牌表示。2015 年，环境保护部会同国家发改委发布了《关于加强企业环境信用体系建设的指导意见》，要求建立和完善企业环境信用记录。

（4）ESG 在我国的发展。

我国 ESG 发展起步较晚，却得到了政府、监管机构和市场主体的高度重视。2008 年，兴业全球基金管理有限公司成为国内第一家引入社会责任投资理念的公募基金公司，发布国内首只社会责任主题的基金——兴全社会责任证券投资基金。早在 2012 年，香港联合交易所就出台了《环境、社会及管治报告指引》，并于 2015 年将披露准则从自愿遵守提升至"不遵守就解释"。2015 年，中国金融学会成立绿色金融专业委员会，系统性地提出构建中国绿色金融政策体系的建议。2016 年 G20 杭州峰会首次将"绿色金融"纳入议题并写进峰会公报。"十三五"规划纲要明确提出"建立绿色金融体系，发展绿色信贷、绿色债券，设立绿色发展基金"。2016 年 8 月七部委联合发布《关于构建绿色金融体系的指导意见》，全面部署了绿色金融的改革方向。

责任投资在我国的发展尚处于起步阶段，尽管中证 ESG 指数、上证 180 公司治理指数等涉及 ESG 的指数，但总体来看 ESG 在我国还没有形成有影响力的体系。企业环境表现的检测和信息披露机制的缺位，是 ESG 体系发展阻滞、应用受限的重要原因，也限制了市场在 ESG 框架基础上进一步开发绿色金融产品指数等。

## 16.3　中国绿色金融标准化的构建

发展绿色金融，绿水青山转变为金山银山，是落实党中央"五大理念"、推进"五位一体"总体布局的重要举措，是推进供给侧结构性改革的重要内容。绿色金融标准的制定，有利于维护绿色金融市场规范运行，扩大绿色金融市场规模；同时能够增强金融机构开展绿色金融业务的规范性，营造良好的金融秩序，推动绿色发展，加快经济结构调整和转型升级。

### 16.3.1　绿色金融标准化的构建原则

（1）体现绿色金融的本质特征。绿色金融的本质是支持环境改善、应对气候变化、节约和高效利用资源的经济活动。因此，绿色金融标准体系要以是否有利于促进生态改善、资源节约为评价重点，剔除掉相关性不大的影响因素，从而强化评价结果的针对性。

（2）突出绿色金融的全面性和主要方面。标准体系的设计应围绕绿色金融服务进行，真实反映不同地区绿色金融的业务发展水平。绿色金融涉及信贷、债券、基金、股票、保险、碳金融等多个领域。目前我国金融体系以银行为主导，因此，在绿色金融标准设计上，重点突出银行业金融机构的主体地位，覆盖债券、股票等多个维度，提高指数的全面性。

（3）突出指标的代表性、数据的可得性和地区的可比性。在构建测度标准时，一方面要考虑指标的代表性，要求指标能客观反映我国绿色金融的发展情况；另一方面要兼顾数据来源的公共性和权威性，即所有数据必须是公开、连续的，同时采用能够被广泛认可的评价标准，从而提高标准体系的适用性和可比性。

（4）发挥绿色金融绩效考核作用。标准体系设计应当突出绿色金融绩效的评价作用，这将有助于政府和金融机构改进和推动绿色金融发展。

### 16.3.2　我国绿色金融标准化的制约因素

（1）统计口径标准不统一。以绿色债券为例，我国目前存在中国人民银行和国家发改委发布的两个界定标准，且界定范围存在区别。举例来说，国家发改委支持的绿色项目中包括核电类项目，但中国人民银行未将核电项目列入绿色债券支持范围。国家发改委绿色债券指引中纳入了节能环保重大装备、技术产业化、合同能源管理、节能环保产业基地（园区）建设等项目，但中国人民银行目录中未提及。相同的产品在不同监管口径下的标准不统一，影响了绿色债券标准的严谨性与权威性。

（2）现有标准之间缺乏衔接。由于受条块分割等体制性因素影响，现有的产品标准之间缺乏统一和衔接。例如，中国银监会的绿色信贷标准与中国人民银行、国家发改委的绿色债券标准，在支持项目范围及分类方法上存在差异，导致银行机构的绿色信贷资产无法直接对应到绿色债券发行所需的绿色资产池，需重新对基础资产梳理和认定，增加了业务管理的成本。绿色主体的认定标准以及绿色股票、基金等产品标准的缺失，也导致了绿色金融产品链条出现断裂。基于金融行业内不同机构的利益竞争使得绿色金融标准的执行出现碎片化现象，导致绿色金融服务政策不清晰。

（3）绿色金融分类标准有待完善。以中国人民银行 2015 版的《绿色债券支持项目目录》（以下简称《目录》）为例，目录对于 6 大类绿色项目又细分为二级分类和三级分类，但从分类的严谨性和科学性上看，《目录》仍存在有待进一步完善空间。例如，工业节能类项目包含了生物质、低热值燃料供热发电等项目，而在资源节约和循环利用类别项目中同样包含了农林生物质发电、供热装置/设施。而从产业分类角度看，生物质能的利用，无论是发电还是供热都属于可再生能源利用的范畴，可从国家能源局关于印发的《生物质能发展"十三五"规划》中得到印证。

（4）绿色认证和评级缺乏方向性指引。目前在绿色认证和评级方面，存在的主要问题是：各家认证机构都采用自主开发的绿色债券评估体系，侧重点不同，导致传递的信息不一致；各家认证机构的评估方法不同，难以确保绿色认证评估报告的质量；认证机构依据的评估标准不一，导致投资人难以对不同认证机构的评估报告进行横向对比。目前各监管机构对认证机构的资质、准入、监管、认证标准、认证质量等要求均未出台明确的文件。

（5）环评标准执行缺乏奖惩机制。一是激励和惩戒措施约束强度有限。以《企业环境信用评价办法》为例，能否落实很大程度上依靠相关部门对环境信用评价的重视，由于激励和惩戒措施缺少强制性，具体执行标准尚未明确，受主观因素的影响较大。二是执行层面认识不足。部分地方环保部门形成行政管制手段处理环境问题的习惯，认为环境信用评价非主流手段；他们虽然肯定评价的作用，但对评价工作的认识仍停留在"为评价而评价"的层面，没有将评价结果与奖惩措施挂钩。同时，企业环境定量评估体系不完善、环境数据公开不足，评估方法较为简单且缺乏透明度。

### 16.3.3　促进我国绿色金融标准化的政策建议

（1）完善绿色金融标准化主要架构。一是借鉴国际绿色产业分类经验，建立健全绿色产业行业分类标准，明确绿色产业技术标准、产业认证、信息披露，将绿色产业分类标准应用到产业规划和产业结构调整指导目录，或及时发布通用的绿色项目或绿色产业目录。二是制定绿色金融统一标准。由绿色金融标准化领导小组组织金融监管机构，制定我国绿色金融标准体系，统一绿色金融分类标准，明确绿色金融产品范围，规定绿色金融统计及信息披露要求。

（2）加大绿色金融标准化监督管理。金融监管机构按照绿色产业标准和绿色金融统一标准，中国人民银行和中国银监会联合制定绿色信贷监管办法，加强绿色信贷认证、统计，建立绿色信贷考核制度，健全绿色信贷奖惩机制，将绿色信贷业绩纳入 MPA 考核。出台绿色债券统一管理办法，建立绿色项目统一认证和评级标准，明确第三方准入与认定规则，推动绿色债券指数化，加快绿色债券标准输出。

（3）加强绿色金融标准化内部管理。一是健全绿色信贷管理机制。金融机构应按照绿色信贷标准和流程，健全绿色信贷管理体系，一旦发现承贷主体有排污超标等环保问题，及时采取暂停贷款等措施。二是加强绿色债券内部管理机制。债券发行机构按照绿色债券标准要求，加强对绿色债券的发行审查，引入绿色债券第三方评估，强化绿色债券发行事后监管，确保绿色债券资金切实用到绿色产业。三是稳步发展绿色基金和绿色保险业务。四是加快绿色金融产品创新，提升绿色金融产品科技含量，探索形成我国绿色金融价值标准。

# 第17章

# 构建中国绿色金融体系的
# 发展战略及建议

## 17.1 构建中国绿色金融体系的发展战略

绿色金融作为引导社会资本进行绿色投资的桥梁，不仅是促进经济绿色转型、培育新增长点的源泉，也是金融业发展的重要方向。当前，我国正处于经济结构调整和发展方式转变的关键时期，绿色金融发展进入全面提速阶段。中共十九大报告明确提出发展绿色金融，绿色金融成为一项国家战略，也成为生态文明建设和金融业发展的重要金融手段和工具。

### 17.1.1 构建中国绿色金融绿色信贷体系的发展战略

随着全社会对于生态文明建设的重视，越来越多的银行意识到，绿色金融在推进生态文明建设中将发挥不可替代的重要作用，绿色信贷将在未来相当长时间内成为主要发展方向。为推动银行业金融机构以绿色信贷为抓手，积极调整信贷结构，有效防范环境与社会风险，更好地服务实体经济，促进经济发展方式转变和经济结构调整，中国银监会制定了《绿色信贷指引》（以下简称《指引》）。《指引》对银行业金融机构有效开展绿色信贷、大力促进节能减排和环境保护提出了明确要求，配合国家节能减排战略的实施，充分发挥银行业金融机构在引导社会资金流向、配置资源方面的作用。

（1）从三方面着力推进绿色信贷。银行业金融机构应加大对绿色经济、低碳经济、循环经济的支持；严密防范环境和社会风险；关注并提升银行业金融机构自身的环境和社会表现，并以此优化信贷结构，提高服务水平，促进发展方式转变。

第一，从绿色经济方面着力推进绿色信贷。绿色经济是以市场为导向、以传统产业经济为基础、以经济与环境的和谐为目的而发展起来的一种新的经济形式，是产业经济为适应人类环保与健康需要而产生并表现出来的一种发展状态。

绿色经济与传统产业经济的区别在于：传统产业经济是以破坏生态平衡、大量消耗资源、损害人体健康为特征的经济，是损耗式经济；绿色经济则是以维护人类生存环境、合理保护资源与能源、有益于人体健康为特征的经济，是平衡式经济。绿色经济融合人类的现代文明，以高新技术为支撑，使人与自然和谐相处，将市场化与生态化有机结合，体现了自然资源价值和生态价值。

"全面推进绿色信贷"是银行业"十三五"规划的重要战略方向之一。银行业金融机构应依据绿色经济与绿色信贷相秉承的理念与服务，围绕国家发展战略，积极倡导将绿色金融与绿色经济相融合，努力助推我国绿色经济发展，持续加大对绿色经济的绿色信贷资金注入。在信贷政策上，银行业金融机构应根据国家产业政策、环保标准和行业运行情况，制定涵盖各行业的绿色信贷政策，并按行业分类设置不同的经济资本调节系数，鼓励和引导全行业将信贷资源优先投向生态保护、清洁能源、节能环保、循环经济等绿色经济和能效节约领域。

第二，从低碳经济方面着力推进绿色信贷。在全球气候变暖的背景下，以低能耗、低污染为基础的"低碳经济"已成为全球热点。欧美发达国家大力推进以高能效、低排放为核心的"低碳革命"，着力发展"低碳技术"，并对产业、能源、技术、贸易等政策进行重大调整，以抢占先机和产业制高点。

银行业金融机构应把落实节能减排、推进绿色信贷作为优化信贷结构的抓手，制定"绿色信贷"等相关政策措施和贯彻落实意见，从战略规划、内部控制、风险管理、业务发展等方面完善业务流程。在信贷方面，要严格控制"高耗能、高污染"两高行业信贷，加快淘汰落后产能项目，重点围绕低碳经济、循环经济、节能减排等绿色环保领域，大力推进绿色信贷。另外，对于那些还处在"高耗能、高污染"的企业，银行金融机构应注重客户重大耗能、污染风险隐患治理情况，及时查询跟踪企业环保信息，加强与节能减排主管部门的沟通合作，通过定期信息沟通、互访等形式及时了解节能环保标准和政策要求，了解企业节能减排目标完成情况和环保合规情况。

第三，从循环经济方面着力推进绿色信贷。循环经济（cyclic economy）即物质循环流动型经济，是指在人、自然资源和科学技术的大系统内，在资源投入、企业生产、产品消费及其废弃的全过程中，把传统的依赖资源消耗的线性增长的经济，转变为依靠生态型资源循环来发展的经济。循环经济观要求走出传统工业经济"拼命生产、拼命消费"的误区，提倡物质的适度消费、层次消费，在消费的同时就考虑到废弃物的资源化，建立循环生产和消费的观念。

（2）有效控制环境和社会风险。银行业金融机构应当有效识别、计量、监测、控制信贷业务活动中的环境和社会风险，建立环境和社会风险管理体系，完善相关信贷政策制度和流程管理。

银行业金融机构应重点关注其客户及其重要关联方在建设、生产、经营活动中可能给环境和社会带来的危害及相关风险，包括与耗能、污染、土地、健康、安全、移民安置、生态保护、气候变化等有关的环境与社会问题。

银行业金融机构应当树立并推行节约、环保、可持续发展等绿色信贷理念，重视发挥银行业金融机构在促进经济社会全面、协调、可持续发展中的作用，建立与社会共赢的可持续发展模式。

（3）完善绿色信贷政策制度。银行业金融机构应当根据国家环保法律法规、产业政策、行业准入政策等规定，建立并不断完善环境和社会风险管理的政策、制度和流程，明确绿色信贷的支持方向和重点领域，对国家重点调控的限制类以及有重大环境和社会风险的行业制定专门的授信指引，实行有差别、动态的授信政策，实施风险敞口管理制度。

银行业金融机构应当制定针对客户的环境和社会风险评估标准，对客户的环境和社会风险进行动态评估与分类，相关结果应当作为其评级、信贷准入、管理和退出的重要依据，并在贷款"三查"、贷款定价和经济资本分配等方面采取差别化的风险管理措施。对存在重大环境和社会风险的客户实行名单制管理，要求其采取风险缓释措施，包括制定并落实重大风险应对预案，建立充分、有效的利益相关方沟通机制，寻求第三方分担环境和社会风险等。

（4）加强绿色信贷的流程管理。银行业金融机构应从贷前、贷中和贷后三个方面加强对环境和社会风险的管理。首先，银行业金融机构应当加强授信尽职调查，根据客户及其项目所处行业、区域特点，明确环境和社会风险尽职调查的内容，确保调查全面、深入、细致。必要时可以寻求合格、独立的第三方和相关主管部门的支持。其次，银行业金融机构应当对拟授信客户进行严格的合规审查，针对不同行业的客户特点，制定环境和社会方面的合规文件清单和合规风险审查清单，确保客户提交的文件及相关手续的合规性、有效性和完整性，确信客户对相关风险点有足够的重视和有效的动态控制，符合实质合规要求。而且应加强授信审批管理，根据客户面临的环境和社会风险的性质和严重程度，确定合理的授信权限和审批流程。再次，银行业金融机构应当加强信贷资金拨付管理，将客户对环境和社会风险的管理状况作为决定信贷资金拨付的重要依据。在已授信项目的设计、准备、施工、竣工、运营、关停等各环节，均应当设置环境和社会风险评估关卡，对出现重大风险隐患的，可以中止直至终止信贷资金拨付。最后，银行业金融机构应当加强贷后管理，对有潜在重大环境和社会风险的客户，制定并实行有针对性的贷后管理措施。制定合规风险审查清单、加强信贷资金拨付管理和贷后管理。

（5）完善内控管理与信息披露。银行业金融机构应至少每两年开展一次绿色信贷的全面评估工作，将绿色信贷执行情况纳入内控合规检查范围，建立绿色信贷考核评价和奖惩体系，公开绿色信贷战略、政策及绿色信贷发展情况。对涉及重大环境与社会风险影响的授信情况，应当依据法律法规披露相关信息，接受市场和利益相关方的监督。必要时可以聘请合格、独立的第三方，对银行业金融机构履行环境和社会责任的活动进行评估或审计。

## 17.1.2　构建中国绿色金融市场体系的发展战略

（1）构建信托投资基金体系的发展战略。在绿色金融的发展过程中，各种类型的金融机构都将发挥重要作用，基金机构也可以在其中发现新的契机。信托投资基金也叫投资信托，即集合不特定的投资者，将资金集中起来，设立投资基金，并委托具有专门知识和经验的投资专家经营操作，使中小投资者都能在享受国际投资的丰厚报酬的同时减少投资风险。为了构建绿色金融体系，相关部门应积极培育投资者的绿色投资意识，尤其是应增强机构投资者、长期资金投资者的绿色投资理念，在投资决策时，不仅考虑经济效益，而且更多关注绿色低碳行业。我国"十三五"规划中明确提出创新、协调、绿色、开放和共享五大发展理念。2015 年推出的《关于加快推进生态文明建设的意见》和《生态文明体制改革总体方案》，对优化产业结构、构建低碳能源体系、发展绿色建筑和低碳交通等政策做出了部署，并首次提出了建立绿色金融体系的要求。构建绿色金融体系对信托投资基金业带来的影响主要包括以下四个方面。

第一，我国巨大的绿色融资需求，对绿色信托投资基金带来新的发展机遇。绿色融资需求是为支持环境改善、应对气候变化和高效利用和节约资源提供的服务，对于环保、节能、清洁能源、绿色交通、绿色建筑等领域的发展发挥融资作用。据中国环境与发展国际合作委员会 2015 年 11 月发布的《绿色金融改革与促进绿色转型研究》报告显示，未来一段时间我国具有巨大的绿色融资需求。该报告核算的资金需求涵盖可持续能源、基础设施建设、环境修复、工业污染处理、能源与资源节约、绿色产品六大领域，涉及十六个子类，对 2014~2030 年的绿色融资需求做了估算，并按资金需求划分为"低方案""中方案""高方案"。"低方案"是按照 2013 年国家制定的绿色发展目标和2013 年达到的环境保护水平，以及当年投入的绿色金融资金。"中方案"是达到 2013 年国家制定的环境保护标准和 2015 年制定的绿色发展目标。"高方案"是达到 2015 年国家制定的绿色发展目标和 2015 年制定的环境保护标准。该报告研究测算估计，2014~2030 年期间，"低方案""中方案""高方案"下的我国绿色融资需求分别为 40.3 万亿元、70.1 万亿元、123.4 万亿元。如此巨大的绿色融资需求，不是我国目前以财政资金和银行贷款为主体的融资渠道能够完全满足的，其中不乏大量既有生态效益又有长期投资价值的投资对象，将对信托投资基金业带来新的投资机遇。

　　第二，绿色投资理念的不断推广，将带来新的价值投资理念，推动信托投资基金业在投资过程中更多关注低碳和绿色行业。随着日益趋严的环境监管政策，自然资本负债严重的企业将面临更高的生产经营风险和环境监管风险，其价值评估过程中将面临理更高的折现率。据普华永道 2016 年全球 CEO 年度调研报告显示，资源和气候因素被看作是最有可能影响行业利益相关者业务期望的五大因素之一。这些都促使企业在衡量其财务指标时，将自然资本负债纳入盈余预测或未来企业财务估值的贴现率中，推动企业实现外部环境成本内部化。这一投资理念即绿色投资理念，在强调收益准则的同时还强调环境准则、社会准则，在促进企业追求经济利益的同时积极承担节约资源、改善环境等社会责任，以实现资产所有者、投资者、监管者和全社会共同收益的共赢局面。研究表明，环境、社会责任和公司治理指数对公司财务绩效有着长期的正向作用。MSCI 的研究报告显示，新兴市场 ESG 指数的长期收益率高于同期市场表现，且波动率小，风险收益率高。仅从指数年度表现来看，2008~2014 年间MSCI 新兴市场 ESG 指数比新兴市场指数表现年均高至 3~6 个百分点。由此可见，机构投资者、长期资金投资者在选择绿色投资产品时，可能获取到更好的、更稳定的长期市场收益。

　　第三，构建绿色金融体系，为发展绿色信托投资基金产品创造了有利的环境条件。按照构建绿色金融体系指导意见的要求，各金融监管机构正在有序落实国内各项绿色金融政策，引导国内地方政府、金融机构、实体企业开展各类绿色产品的研发和投资，大力推动国内绿色低碳经济的发展，并积极支持符合条件的绿色企业上市融资和再融资，支持开发绿色债券指数、绿色股票指数以及相关产品，逐步建立和完善上市公司强制性环境信息披露制度，引导各类机构投资者投资绿色金融产品。这些政策举措都为我国信托投资基金的发展创造了有利条件。

截至 2017 年底，中国碳强度已经下降了 46%，提前三年实现了 40% ~ 45% 的上限目标。绿色能源占比达到 13.8%，预计 2020 年完成 15% 的既定目标。累计节能占全球节能量的 50% 以上。绿色金融在推动中国走上绿色低碳可持续发展之路方面发挥了至关重要的作用。未来一段时期是我国信托投资基金业面临绿色经济发展的重大契机，信托投资公司应积极适应绿色投资发展的需要，充分学习借鉴国际经验与方法，主动参与国际市场竞争，有力促进资本市场的健康发展。

（2）构建绿色债券体系的发展战略。我国经济发展方式的转变需要加快发展绿色经济和绿色金融，国家"十三五"规划指出要通过体制机制创新发展绿色债券。在绿色发展理念的指引下，市场主管部门陆续出台绿色债券相关政策，为中国绿色债券的发展提供政策指引。2015 年 12 月 22 日，央行发布《关于发行绿色金融债券有关事宜的公告》为银行间债券市场绿色金融债券发行提供指导。2016 年 8 月 31 日，七部委又联合发布《关于构建绿色金融体系的指导意见》，绿色金融上升至国家战略。

2016 年，我国绿色债券市场迅速起步，首单绿色金融债券、绿色信贷资产支持证券、绿色企业债券、境外绿色债券等相继发行，实现了从制度框架到产品发行的落地。目前，我国银行业绿色信贷余额超过 8 万亿元。2017 年中国境内外发行贴标绿色债券共计 2 483.14 亿元人民币，相比 2016 年的 2 314.18 亿元增长了 7.3%。2017 年全球发行绿色债券 1 555 亿美元（约合 1.01 万亿元人民币），中国贴标绿色债券发行金额约占全球的 24.59%。《中共中央国务院关于全面加强生态环境保护坚决打好污染防治攻坚战的意见》明确提出"完善助力绿色产业发展的价格、财税、投资等政策。大力发展绿色信贷、绿色债券等金融产品。设立国家绿色发展基金。"[1] 具体措施包括完善绿色债券相关规章制度、统一绿色债券界定标准、降低绿色债券融资成本、探索绿色债券第三方评估和评级标准、开发绿色债券指数、建立完善发债企业强制环境信息披露制度，以及推动绿色债券市场双向开放等。

## 17.1.3　构建中国绿色金融监管体系的发展战略

在目前我国金融业实行分业经营、分业监管的条件下，由央行牵头推动与

---

① 中共中央，国务院. 中共中央国务院关于全面加强生态环境保护坚决打好污染防治攻坚战的意见 [Z]. 2018 - 06 - 24.

绿色金融相关的监管协调，明晰绿色金融体系的顶层设计，加强金融部门与其他有关部门的沟通协调，有利于央行全力推进的以宏观审慎管理为核心的金融监管体制改革。

绿色金融监管是指金融监管当局依据国家法律法规对整个绿色金融业（包括绿色金融机构和绿色金融业务）实施的全面性、经常性的检查与监督，以此促进金融机构依法稳健地经营和发展，使之符合绿色金融发展的要求。

（1）下设绿色金融监管机构。由中央银行牵头成立绿色金融监管协调领导小组，由"一行两会"的部级领导组成，下设绿色金融监管协调办公室，以绿色金融发展的战略目标为导向，描绘出加强绿色金融监管协调的综合性蓝图。

绿色金融监管机构应加强对系统重要性金融机构的绿色金融活动进行微观审慎监管，并对其与绿色金融相关的产品和服务进行功能监管。此外，绿色金融监管机构加强金融监管部门和金融机构与其他有关政府部门在绿色金融发展方面的沟通协调，包括国家发改委、财政部和生态环境部等，推动构建绿色金融体系的各项举措的实施落实。

（2）加强绿色金融监管制度创新。在绿色金融在我国大力发展的同时，相对应的绿色金融监管制度也要进行创新。可以借鉴国外金融监管制度设立的相关经验，结合我国绿色发展状况，加强对绿色金融监管制度的创新。

绿色金融监管制度要通过立法保证国家或地区对绿色金融实施监管的有效性，包括监管主体设置、职责及权力；监管客体准入条件及经营活动总则，例如许可证制度规范；推进国际组织在该领域达成有约束力的法律条款。

（3）注重绿色金融国际协调监管。绿色金融立足于国际金融市场，在监管过程中要注重国际协调监管，积极参与国际监管规则的制定。同时，推动绿色金融法律体系的提升和完善，包括出台专门的绿色金融法律，修订商业银行法、证券法和保险法等相关金融法规以使之生态化，并嵌入审慎管理和混业经营方面的考虑。

## 17.2　构建中国绿色金融体系的建议

绿色金融的发展是一项系统的工程，需要我们不断地去探索并进行创新。构建我国的绿色金融体系，要求政府及各相关机构建立健全相关法律法规；发展绿色金融市场；创新绿色金融工具和金融产品；培育绿色金融机构；加强绿色金融基础设施建设；加大政府与金融机构合作；增强国际间的交流与合作，培育我国多元高效的绿色金融市场。

## 17.2.1　健全绿色金融法规制度

绿色金融法规制度是一国以法律形式确立的绿色金融体系结构，涉及绿色金融活动的各个环节，由相关的国家成文法和非成文法，政府规章、条例、法规以及约定俗成的惯例和行业公约等构成。

由于各个国家资源的禀赋及发展阶段各不相同，为了更好地服务于本国经济的可持续发展及产业的转型，我们在制度层面构建中国绿色金融体系应不拘泥于国际标准和体制，要更关注于本国的区域特征和产业特征，制度构建应注重本土化及自主化。构建中国绿色金融制度要以尊重国际公约为基本前提，在中国现有的法律法规体系下，借鉴发达国家相关规则和标准。具体应包括以下三个方面：构建绿色金融基本法律制度、绿色金融业务开展的具体实施制度，以及绿色金融监管制度。

（1）构建绿色金融基本法律制度。构建绿色金融基本法律制度是制定绿色金融业务实施细则及确立监管制度的前提和依据，我国应确立总量控制计划确认排放权合法性。其中，总量控制为企业和机构对环境容量的使用设定了上限，其明确了资源的稀缺特性，从而提供了以排放权作为商品进行交易的可能。

中国要建设支持绿色金融的法律法规体系。首先，要在更多领域全面强制性实行绿色保险，利用保险市场的相关机制对污染性投资进行制约并提供环境修复的资金。其次，要明确银行在环境方面的法律责任，允许污染受害者向对污染项目提供资金、负有连带责任的贷款性金融机构起诉。最后，中国证监会与证券交易所应建立上市公司环保信息强制性的披露机制，为上市公司的环境风险评估和准确估值提供基础，引导资本市场把更多的资金配置到绿色产业。

（2）构建绿色金融业务具体实施制度。构建绿色金融业务具体实施制度包括完善碳交易市场的交易制度及制定绿色信贷、绿色保险和绿色证券等业务操作细则。中国的碳排放权交易市场的建设定位即一个涵盖项目市场、自愿减排市场与配额交易市场多层次市场的交易体系，所以碳排放交易制度旨在逐步地规范这三个市场的行为主客体以及相关的交易活动。中国人民银行和国家环保总局在 2007 年和 2008 年联合发布了《关于落实环保政策法规防范信贷风险的意见》《关于环境污染责任保险工作的指导意见》《关于加强上市公司环保监管工作的指导意见》，初步建立了绿色信贷、绿色保险和绿色证券领域的基本制度框架，但在操作层面，还有一些规则需要去进一步地完善。

我国要加大对财政金融及相关领域的政策支持力度。例如，健全财政对绿色贷款的高效贴息机制；建立绿色 IPO 保荐机制，积极地推动绿色股票指数的开发运用，大力引导资本市场更多投向绿色产业；在更多的领域实行强制性绿色保险，用保险市场机制去约束污染性的投资并提供环境修复。

（3）构建绿色金融监管制度。绿色金融领域具有特殊性，这对中国现有监管制度提出了新的挑战，用市场化机制来解决环境问题要依赖政府有效的监督，必要时需要进行行政干预，否则具体的交易制度将无法发挥应有的作用。国家发改委、生态、环境部、中国人民银行联合发布的关于开展绿色金融业务的一系列办法均属于监管制度中的行政规章制度。随着我国绿色金融市场逐级递进以及绿色金融业务逐步的深入，后续我国应逐一地对制定规章制度进行研究并完善监管制度。

## 17.2.2　发展绿色金融市场

绿色金融市场是指为了保护环境，例如水、土壤、大气、森林等，或考虑环保因素进行投融资活动形成的市场。当前的国际绿色金融市场主要是指在"京都机制"下所形成的以碳排放权为基础的一系列碳信用工具交易的碳金融市场，包括项目市场、自愿减排市场和配额交易市场。根据市场功能分类，绿色金融市场可分为一级市场和二级市场；根据市场组织形式分类，可分为场内交易市场和场外交易市场。

未来中国应以发展碳交易市场为先导。当前中国还正处于工业化的阶段，碳市场面临着市场需求不足及总量控制不现实等因素，建议未来碳市场应把试点放在重点行业和重点地区开展。根据世界银行和联合国的预测，2020 年全球的碳交易市场容量将会超过石油市场，成为世界上最大的交易市场。从目前的国际碳交易发展格局看，以配额市场为主，项目交易为辅，自愿减排市场在全球碳交易市场的占比很小，但过去的几年中，该市场的需求得到稳固提升，显示出迅速上扬的态势，前景乐观，特别是亚洲和北美地区。主流观点认为，考虑到中国目前所处的发展阶段，在 2020 年以前中国不会作出强制减排的承诺，短期仍以清洁发展机制（CDM）项目为侧重点，与此同时发展场外交易市场和自愿减排场内；就长期来看中国应逐步发展碳配额交易市场，从单强制过渡性地到双强制，先进行试点交易，再全面的推广。市场构建的另一重要方面是对交易机制的探索，从某种意义讲，中国需要建立独立且本土化的交易机制以开拓我国的碳金融市场，应在更高层次上构建自主的、适合我国国情的本土化绿色金融交易机制，在全国搭建统一的碳交易平台，制定市场标准和相关制度，完善 CDM 一级市场，发展培育服务于碳交易的中介机构，建立健全激励机制，扩大市场的参与主体，最大限度地刺激碳交易市场的活跃度。中国还要加快排污权市场的建设，构建绿色评级体系于公益性的环境成本核算数据库，引导地方政府积极建立绿色 GDP 测算体系，为第三方提供节能减排效益测算和环境评估提供咨询服务。

## 17.2.3 创新绿色金融工具和金融产品

目前中国绿色金融产品的创新还处于起步阶段，产品种类单一。因为绿色金融产品发展所需基础和条件不尽相同，中国开发绿色金融市场交易工具要坚持从基础到创新、从简单到复杂的原则，逐步提供更多的套利和风险管理工具。中国应完善绿色金融市场利益补偿机制。依据绿色金融市场发展的整体进行布局，可先发展碳市场中的原生交易工具，例如，原始 CDM 市场的核证减排单位（CER）交易及自愿减排市场的自愿减排单位（VER）交易；可以搭建交易平台来实现场外和场内市场的同步交易。

随着我国绿色金融市场体系渐趋成熟，在金融衍生品交易方面积累一定经验后，我国可借鉴美国、欧盟等发达国家的成功经验，开发满足市场参与者套期保值的传统衍生工具，尝试和发展新型的绿色金融衍生品，例如根据碳资产或与碳资产挂钩的传统气候衍生品来设计结构性产品等。建议银行积极创新产品和服务，以绿色产业的特点和实际需求为根据，开发出新的金融产品，来改善我国的绿色金融产品和服务的水平。

## 17.2.4 培育绿色金融机构

绿色金融的发展需要具体金融机构的支持，绿色金融理念的执行和实施也要依托绿色金融机构这个载体。目前参与绿色金融的主要金融机构是商业银行，参与主体太过单一，影响绿色金融的发展。各地方政府应鼓励更多金融机构参与其中以增强绿色金融市场的活力，鼓励绿色金融中介机构的发展，这对消除绿色金融市场的信息不对称，扩大绿色金融发展空间具有重要意义。

随着中国绿色金融市场全方位、多层次的逐步深入发展，市场中的参与主体会日益增多。中国的绿色金融中介服务体系的构建应包括以下几个方面。

第一，鼓励现有的中介机构积极参与绿色金融业务。一方面，要实现商业银行绿色转型，大力推行绿色金融理念、践行绿色金融业务。在信贷投放决策中，高度重视信贷结构的调整：要重点支持环境保护类重点工程、节能重点工程、新能源开发或利用项目、清洁发展机制项目等一些符合绿色信贷条件的项目；要严格控制对"两高一资"（即高污染、高耗能和资源性）行业的贷款投放；要严格控制对产能过剩行业及潜在过剩行业的贷款。另外，应突破传统地产抵押信贷思路，探索以节能减排效益的权利进行质押的模式。另一方面，应积极鼓励专业机构在技术上为绿色金融业务提供支持，例如，项目谈判的咨询、项目融资担保、项目评估、审计和法律等服务。

第二，培育基于绿色金融业务的专业中介机构。例如，大力发展本土第三方核证机构、专业研究机构、绿色信用评级机构、独立的绿色金融业务登记结算平台等。

第三，设立政策性绿色金融机构。为支持绿色金融的发展，我国可借鉴国际发展经验，创立专门的政策型绿色金融机构，例如"生态银行"或"绿色银行"，为可持续发展和绿色发展项目提供政策性的融资活动；设立绿色专项基金，例如"生态专项基金""环保专项基金"，来支持环保业的发展，亦可用于对环境污染重大事件受害者的赔偿。

同时，为了提高我国绿色金融机构业务的集中化管理和专业化经营水平，绿色金融机构应加大对具备环境和金融知识、具备对贷款项目环境及社会风险的评估能力的复合型人才的引进，金融机构应建立拥有深厚行业知识背景的专家库，为绿色金融业务的发展提供组织和人才的保障。

## 17.2.5　加强绿色金融基础设施建设

绿色金融基础设施建设的构建是建立中国绿色金融体系的基础，因此，我国应首先开展基础设施建设。例如，构建交易平台、完善激励机制、设立事业部专项开展绿色金融业务、建立绿色担保机制等。

（1）构建交易平台。应该通过能源交易所、环境产权交易所等碳交易平台，来为碳排放权的供给方和需求方搭建沟通和议价的场所，这对于市场的整合和价格最终的发现具有重要意义。然而，中国在构建交易平台方面的整体规划还存在不足。对此，需要进行统筹安排，并依托建设上海国际金融中心、构建中国碳交易市场的网络，来推进交易所制度的进一步完善，促进参与主体范围不断地扩大，为进一步与国际市场接轨奠定良好基础。

（2）完善激励机制。首先，完善财政政策激励机制。政府应出钱来组建政策性金融机构（政策性银行、碳基金），支持绿色经济项目的投融资活动，发挥财政资金以小博大的作用，进一步引导商业资本、外资、民间资本的介入。此外，财政政策也可以在税收方面有所作为，可以通过降低绿色金融项目的税率、适当的延长免税期、对金融机构开展绿色金融业务所得进行税收优惠等一系列措施来提高金融机构参与绿色金融的积极性。

其次，完善货币政策激励机制。可以采取在绿色金融项目贷款额度内适当的减免存款准备金要求、扩大项目贷款利率浮动的范围、降低绿色金融项目贷款资本金的要求、延长还款期等差异化监管等一系列措施，引导社会资本向绿色金融领域聚集。

最后，完善投资政策激励机制。应尽快完善对于跨国绿色投资的准入、待遇、保护等方面的政策并给予适当政策优惠；要鼓励发达国家投资中国的低碳环保项目及相关的金融业务。随着我国人民币国际化战略的推进，可以考虑将跨境绿色资本自由流动列为逐步的实现资本项目可兑换的先行目标，应鼓励外国的投资者以战略投资者的身份、资金或低碳技术入股。

（3）设立事业部专项开展绿色金融业务。我国可以设立事业部来专项开展绿色金融业务。第一，起到示范性作用，体现了金融业对于生态文明的重视程度；第二，提高业务的专业化程度，加大对绿色金融的产品开发和模式创新力度；第三，便于业务组织、把控、协调，实现分工与管理清晰、垂直。

（4）建立绿色担保机制。专业化的绿色担保机制可有效地解决部分风险比较高的绿色项目融资贵的问题。在国际上，美国能源部对新能源项目的担保计划就通过有限的财政资金，撬动了大量信贷资金投入清洁能源产业，成功地帮助美国的光伏、核能、风能等清洁能源行业实现了快速的发展。我国的一些地方政府也应规划并成立专业性的绿色贷款担保机构，应考虑由省、市、县多级出资建立绿色项目风险补偿基金，用于分担部分绿色项目的风险损失，以支持绿色担保机构的运作。

## 17.2.6　加大政府与金融机构合作

首先，应将目前的合作领域由只局限于项目贷款的合作，向地方绿色金融发展规划、重大项目的投融资规划、投融资建设规划与投融资政策等前期的工作领域延伸。金融机构，特别是大型的金融机构应当发挥对国内外环保产业的发展趋势、运作经验及国家相关政策等较熟悉的优势，积极地参与地方政府有关环保发展规划的研究与制定；要将地方政府在促进环保方面的发展设想与金融机构的业务拓展需求紧密的结合，推动地方政府落实绿色金融发展的设想。

其次，应结合绿色金融的发展需要，不断拓展已经取得成效的合作领域。要鼓励有条件的地方政府快速建立促进绿色金融发展的政府投融资平台（公司），构建合法合规的承贷主体，促进信贷合作的规范化运作。拓展金融机构与政府合作，推动中小企业信用体系与信用平台建设、投资担保体系建设、融资租赁服务、处置不良贷款、项目转贷等领域的合作模式，切实提高合作水平。

最后，为加快提升政府和金融机构的合作能力创造更有利的条件。通过提高政府在现有"分税制"财税体系中的分享比重，来增强政府对绿色金融发展的财政资金投入能力。

## 17.2.7　增强国际交流与合作

发达国家较早面临工业化和化石能源消耗带来的环境问题。为应对环境挑战，这些国家已经在体制建设、绿色金融政策和产品创新方面积累了大量成功经验，并以此推动了经济的转型且培育了新的经济增长点。例如，我国可借鉴赤道原则中相关的做法，要求金融机构审慎地核查项目融资中的环境和社会问题，只有项目发起人可以证明该项目执行中会对社会和环境负责，金融机构才会对项目融资。我国要确立项目融资的环境和社会最低行业标准，为金融机构在环境保护和节能减排方面提供可参照的准则。

建议银行加强与国际金融组织及跨国银行在国际银团贷款、金融咨询和服务等领域开展双边、多边合作，并积极地推动绿色金融理念的普及、环境管理体系的建设和实践经验的交流。一方面，银行要努力引进国际金融机构的优惠资金以及先进的技术和管理理念；另一方面，银行还要尝试与国际金融机构联合融资、风险共担等融资模式，加大与在碳金融、碳交易等绿色金融创新领域的交流与合作，借鉴绿色金融产品和服务方面的国际先进经验，搭建绿色金融国际交流合作平台。

随着经济的快速发展，其与生态环境的矛盾日益加剧，发展绿色金融体系已成为我国发展的必由之路。绿色金融对于促进我国产业结构升级，践行可持续发展观等方面有重要作用，但我国的绿色金融体系起步较晚，构建过程中还有一些问题。因此，构建完善、全面、科学的绿色金融体系已经迫在眉睫，我国要从健全相关法律法规；发展绿色金融市场；创新绿色金融工具和金融产品；培育绿色金融机构；加强绿色金融基础设施建设；加大政府与金融机构合作；增强国际间的交流与合作等方面来构建中国绿色金融体系。

# 参 考 文 献

［1］ WEF, 2013. The Green Investment Report：The Ways and Means to Un-lock Private Finance for Green Growth ［R/OL］. http：//www3. weforum. org/docs/WEF_Green Investment_Report_2013. pdf.

［2］ Marcel Jeucken. Sustainable Finance and Banking ［M］. London：Earth-scan Publications Ltd, 2001.

［3］ Sonia Labatt, Rodney R. White Environmental Finance：A Guide to Envi-ronmental Risk Assessment and Financial Products ［M］. Canada：John Wiley & Sons, 2002.

［4］ Mogg J. commission white paper on enviromental liability ［J］. Brussels：European Comission Insurance Committee, 2004.

［5］ Alberto Monti. Environmental Risks and Insurance A Comparative Analysis of the Roleof Insurance in the Management of Environment-Related Risks ［J］. OECD Report, June24, 2008.

［6］ Adam Whitmore. Compulsory environmental liability insurance as a means of dealing with climate change risk ［J］. Energy Policy, 2000, 28 （11）.

［7］ Jota Shohtoku, Green Insurance Research Teanm ［J］. Energy Efficiency and the Environment, 2009.

［8］ 蔡芳. 环境保护的金融手段研究 ［D］. 青岛：中国海洋大学, 2008.

［9］ 孟耀. 绿色投资问题研究 ［D］. 大连：东北财经大学, 2006.

［10］ 蔡林海. 低碳经济：绿色革命与全球创新竞争大格局 ［M］. 北京：经济科学出版社, 2009.

［11］ 张云. 国外绿色金融发展状况 ［J］. 经营管理者, 2016 （5）：33.

［12］ 王刚, 贺章获. 我国商业银行发展绿色金融的现状、挑战与对策 ［J］. 环境保护, 2016 （19）：18 – 21.

［13］ 曹超, 陈秋露. 我国绿色金融发展探析 ［J］. 现代管理科学, 2018 （8）：109 – 111.

［14］ 苏州市农村金融学会课题组. 浅析我国绿色金融发展现状、问题和

对策 [J]. 现代金融，2016（12）：44 – 45.

　　[15] 刘钰俊. 绿色金融发展现状、需关注问题及建议 [J]. 金融与经济，2017（1）：76 – 78.

　　[16] 杨帆，邵超峰，鞠美庭. 绿色金融在国内外的发展及其在天津自贸区建设的启示 [J]. 未来与发展，2016（11）：35 – 39，58.

　　[17] 田海龙. 我国绿色金融发展现状及对策研究 [J]. 现代商贸工业，2015（10）：5 – 6.

　　[18] 翁智雄，葛察忠，段显明，龙凤. 国内外绿色金融产品对比研究 [J]. 中国人口·资源与环境，2015（6）：17 – 22.

　　[19] 闫玲玲. 我国商业银行发展绿色金融业务研究 [D]. 吉林大学，2015.

　　[20] 马苏南，吉伦奇. 我国商业银行发展绿色金融存在的问题及对策建议 [J]. 金融经济，2010（14）：106 – 108.

　　[21] 文同爱，倪宇霞. 绿色金融制度的兴起与我国的因应之策 [J]. 公民与法，2010，1（1）：33 – 36.

　　[22] 和秀星. 实施"绿色金融政策是"是金融业面向 21 世纪的战略选择 [J]. 南京金专学报，1998（4）.

　　[23] 高建良. "绿色金融"与金融可持续发展 [J]. 金融理论与教学，1998（4）.

　　[24] 乔海曙. 树立金融生态观生态经济 [J]. 生态经济，1999（5）：18 – 19.

　　[25] 汤伯虹. 我国发展绿色金融存在的问题及对策分析 [J]. 长春大学学报，2009（9）.

　　[26] 马骏、施娱、姚斌. 绿色金融政策及在中国的运用 [R]. 中国人民银行工作论文，2014.

　　[27] 陈雨露. 推动绿色金融标准体系建设 [J]. 中国金融，2018（20）：9 – 10.

　　[28] 马骏. 绿色金融的中国发展之路及国际影响力 [J]. 新金融评论，2018（4）：50 – 67.

　　[29] 赵细康. 环境保护与产业国际竞争力理论与实践分析 [M]. 北京：中国社会科学出版社，2003.

　　[30] 曹秀芬. 绿色经济与可持续发展战略 [J]. 经济论坛，2014（11）.

　　[31] 陈振兴. 绿色金融：我国商业银行业务新领域 [D]. 厦门：厦门大学，2008.

［32］陶小平，陈巍巍．构建绿色金融的思考与建议［J］．时代经贸，2008（109）．

［33］天大研究院课题组．后金融危机时代国际金融体系改革［J］．经济研究参考，2010（9）．

［34］马骏．构建绿色金融的理论框架［J］．金融市场研究，2016（2）：2－8．

［35］蒋旭成，梁才．"绿色保险"的国际经验与借鉴［J］．广西金融研究，2008：35－37．

［36］王健生，王砾尧．中国2017年启动全国碳排放交易市场［N］．中国改革报，2016－11－15．

［37］任辉，周建农．循环经济与我国绿色保险体系的构建［J］．国际经贸探索，2010（8）：75－80．

［38］赵昊东．环责险为何发展缓慢？［N］．中国保险报，2016－06－07．

［39］张爽．保险在绿色金融体系建设中大有可为［N］．中国保险报，2017－04－17．

［40］冷静．绿色金融发展的国际经验与中国实践［J］．时代金融，2010（422）：9．

［41］李瑶函，刘俊．我国商业银行绿色金融业务的发展现状、问题及对策分析［J］．科技经济市场，2018（8）：52－54．

［42］陈雨露．以新发展理念为指导深化试验区建设［J］．中国金融，2018（13）：12－14．

［43］饶淑玲，陈迎，马骏．纵深发展绿色金融［J］．中国金融，2018（18）：55－56．

［44］方怡向，詹晓青．我国绿色债券标准体系建设进展及建议［J］．债券，2018（9）：23－27．

［45］钱立华，鲁政委．中国绿色债券市场的新机会和新挑战［J］．中国银行业，2018（9）：83－85．

［46］王颖，张敏思．上海碳排放权交易试点碳金融业务创新［J］．中国经贸导刊（理论版），2018（17）：45－47．

［47］中国进出口银行战略规划部课题组．政策性银行的绿色金融实践［J］．海外投资与出口信贷，2016（6）：11－13．

［48］杨海霞，侯洁如．绿色金融大有可为——专访兴业银行绿色金融部总经理罗施毅［J］．中国投资，2018（17）：102－104．

［49］陈一洪．中小银行绿色金融战略体系构建研究［J］．当代金融研究，

2018（5）：106－116.

　　［50］吴晓迪．我国绿色债券发展概况及问题研究［J］．时代金融，2018（23）：186－187.

　　［51］张艳，沈惟维．我国绿色债券市场发展的现状、问题与风险防范［J］．对外经贸实务，2018（6）：37－39.

　　［52］周洁．我国绿色债券市场发展现状与问题研究［J］．全国流通经济，2018（15）：80－81.

　　［53］乔玲．从全球绿色债券看中国绿色债券发展现状［J］．中外企业家，2016（27）：39－40.

　　［54］单科举．我国绿色发展基金运作情况探析［J/OL］．金融理论与实践，2018（11）：93－96.

　　［55］安国俊，张宣传，柴麒敏，白波，张旗．《国内外绿色基金发展研究》［J］．金融纵横，2018（8）：102.

　　［56］梁刚，蒋励佳，姚登程，莫丽茵，陈红．绿色基金助力 PPP 模式发展研究［J］．中国市场，2018（5）：272－273.

　　［57］白国强．绿色基金助力绿色发展值得期待［N］．梅州日报，2017－11－06.

　　［58］安国俊．我国绿色基金发展前景广阔［J］．银行家，2017（8）：72－74.

　　［59］安国俊．绿色基金如何驱动绿色发展［J］．银行家，2016（10）：90－92.

　　［60］胡鹏．论我国绿色保险法律制度的完善［J］．税务与经济，2018（4）：7－12.

　　［61］邵传林，雒玉箫．动态博弈视角下绿色保险发展的背景、动因及政策支持研究［J］．北京化工大学学报（社会科学版），2018（2）：6－13.

　　［62］龙恒．绿色保险发展研究［J］．北方经贸，2018（5）：89－90.

　　［63］易诺，黄波．金融强监管背景下商业银行发展碳金融业务策略分析［J］．金融经济，2018（20）：47－48.

　　［64］程凯，许传华．碳金融风险监管的国际经验［J］．湖北经济学院学报（人文社会科学版），2018，15（10）：44－47.

　　［65］司令．我国商业银行开展碳金融业务相关问题研究［J］．环渤海经济瞭望，2018（10）：49.

　　［66］胡维．绿色发展视阈下商业银行碳金融创新发展研究［J］．现代经济信息，2018（16）：291－292.

[67] 安国俊，王钦方．我国绿色金融发展挑战与对策 [J]．银行家，2018 (3)：58 – 59.

[68] 徐忠，郭濂，冯殷诺．绿色金融的可持续发展 [J]．南方金融，2018 (10)：3 – 14.

[69] 董方冉．分担环境风险 守护绿水青山——人民大学重阳金融研究院绿色金融部副主任曹明弟谈发展绿色保险 [J]．中国金融家，2018 (7)：52.

[70] 余婷，段显明，葛察忠，李晓亮．中国绿色股票指数的现状分析与发展建议 [J]．环境保护，2018, 46 (18)：42 – 46.

[71] 胡乃武，曹大伟．绿色信贷与商业银行环境风险管理 [J]．经济问题，2011 (3)：103 – 107.

[72] 李卢霞，黄旭．中国银行业绿色信贷发展的同业比较 [J]．金融论坛，2011, 16 (2)：42 – 50.

[73] 陈伟光，胡当．绿色信贷对产业升级的作用机理与效应分析 [J]．江西财经大学学报，2011 (4)：12 – 20.

[74] 胡静怡，陶士贵．绿色信贷：研究现状及分析 [J]．特区经济，2018 (4)：147 – 151.

[75] 陈立琴．论环境污染责任保险制度 [J]．浙江林学院学报，2003 (3)：78 – 82.

[76] 毕思勇，张龙军．进一步推广和完善我国环境污染责任保险的建议 [J]．宏观经济研究，2009 (11)：31 – 33, 63.

[77] 田辉．中国绿色保险的现状问题与未来发展 [J]．发展研究，2014 (5)：4 – 7.